Die rechtliche Gestaltung der Außenbeziehungen der Europäischen Gemeinschaft am Beispiel der Mittelmeerpolitik und der Sonderbeziehungen zu Israel

Europäische Hochschulschriften

Publications Universitaires Européennes
European University Studies

Reihe II
Rechtswissenschaft

Série II Series II
Droit
Law

Bd./Vol. 4597

PETER LANG
Frankfurt am Main · Berlin · Bern · Bruxelles · New York · Oxford · Wien

Claudia Menzel

Die rechtliche Gestaltung der Außenbeziehungen der Europäischen Gemeinschaft am Beispiel der Mittelmeerpolitik und der Sonderbeziehungen zu Israel

PETER LANG
Internationaler Verlag der Wissenschaften

Bibliografische Information der Deutschen Nationalbibliothek
Die Deutsche Nationalbibliothek verzeichnet diese Publikation in der Deutschen Nationalbibliografie; detaillierte bibliografische Daten sind im Internet über <http://www.d-nb.de> abrufbar.

Zugl.: Bielefeld, Univ., Diss., 2007

D 361
ISSN 0531-7312
ISBN 978-3-631-56658-9

www.peterlang.de

Vorwort

Zuallererst danke ich meinem guten, leider mittlerweile verstorbenen Freund, Ephraim Wagner aus Jerusalem, dafür, dass er mich in unzähligen Küchengesprächen während meiner Wahlstation in Israel dazu ermutigt hat, überhaupt meine Doktorarbeit und dann auch noch über Israel zu schreiben. Danken möchte ich auch dem ehemaligen Präsidenten des Obersten Gerichtshof, Prof. Dr. Aharon Barak. Durch die Arbeit in seiner Kammer habe ich sehr interessante Einblicke in das israelische Rechtssystem erhalten. Meinen beiden Freunden Eli Bar-On aus Jerusalem und Nicole Wexler aus Tel Aviv gebührt ebenfalls großer Dank. Eli, Rechtsberater in der israelischen Armee, hat mir die nötigen Hintergrundinformationen über die israelische Sicherheitspolitik gegeben und von Nicole habe ich viel über die israelische Gesellschaft gelernt.

Dann danke ich natürlich meinem Doktorvater, Prof. Dr. Armin Hatje, zum einen dafür, dass er sich auf dieses ungewöhnliche Thema eingelassen hat und mir bei der Bearbeitung weitestgehend freie Hand gelassen hat. Zum anderen danke ich ihm dafür, dass er immer ein offenes Ohr für mich hatte und mir viele wertvolle Tipps gegeben hat. Und besonderer Dank gebührt ihm für die extrem schnelle Begutachtung. Noch vor der offiziellen Eröffnung des Promotionsverfahrens lag sein Gutachten vor. Fast ebenso schnell lag das Gutachten der Zweitgutachterin, Prof. Dr. Ulrike Davy, vor.

Ein herzliches Dankeschön gebührt den vielen Korrekturlesern: Monika Kliss, Stephan Ritz, Heidrun Groß, Miriam Bröckel und Dr. Jörg Philipp Terhechte. Vor allem die Verständnisfragen und kritischen Anmerkungen der Nichtjuristen waren besonders hilfreich.

Zuletzt möchte ich meinem Mann, Matthias Groß, dafür danken, dass er mich immer unterstützt hat und vor allem nach der Geburt unserer Tochter Nina für ein Jahr in Elternzeit gegangen ist, damit ich meine Arbeit beenden konnte.

Wülfrath, Mai 2007 Claudia Menzel

Inhaltsverzeichnis

ABKÜRZUNGSVERZEICHNIS XVII

EINLEITUNG 1

A. RECHTLICHER RAHMEN DER AUßENBEZIEHUNGEN 5

I. Handelsabkommen, Art. 133 EG 6
1. Begriff der Gemeinsamen Handelspolitik 7
a) Subjektiv-finalistische Auffassung des Rates 7
b) Objektiv-instrumentaler Begriff der Kommission 7
c) Auffassung des EuGH 8
d) Bewertung der Rechtsprechung 9
e) Einordnung der handelspolitischen Maßnahmen 10
aa) Maßnahmen, die offen und spezifisch den Handel mit Drittstaaten regeln 10
bb) Maßnahmen mit handelspolitischer Zielsetzung 10
f) WTO-Gutachten des EuGH 11
g) Konsequenzen des Gutachtens 12
aa) Handel mit Waren 12
bb) Dienstleistungen 12
cc) Grundfreiheiten 13
dd) Internationale Verkehrsabkommen 13
ee) Schutz geistigen Eigentums 14
h) Bewertung des WTO-Gutachtens 14
i) Änderung des EG-Vertrags aufgrund des WTO-Gutachtens 15
j) Änderungen durch die Verfassung 17
2. Instrumentarien der vertraglichen Handelspolitik 18
a) Präferentielle Abkommen 19
b) Kooperationsabkommen 19

II. Assoziierungsabkommen, Art. 310 EG 20

1. Begriff der Assoziierung 20
2. Kriterien für eine Assoziierung 22

a) Gegenseitige Rechte und Pflichten ... 22
b) Gemeinsames Vorgehen und besonderes Verfahren ... 23
aa) Assoziationsrat, -ausschuss, -schiedsgericht ... 23
bb) Kooperationsabkommen nach Art. 133, 181 EG ... 24
cc) Kooperationsabkommen nach Art. 133, 308 EG ... 24
dd) Kooperationsabkommen nach Art. 133, 308, 310 EG ... 25
ee) Ergebnis ... 25
c) Dauerhaftigkeit ... 26
d) Teilweise Teilnahme am Gemeinschaftssystem ... 26
e) Politische Voraussetzungen ... 28
3. Sachlicher Regelungsbereich ... 28
a) Restriktive Auslegung des Rates ... 28
b) Auffassung der Kommission und der Literatur ... 30
aa) Wortlaut von Art. 310 EG ... 30
bb) Funktion von Art. 310 EG ... 30
cc) Systematik von Art. 310 EG ... 31
c) Rechtsprechung des EuGH ... 31
d) Technische und finanzielle Hilfsleistungen ... 32
e) Bewertung ... 33
4. Zusammenfassung ... 33
5. Arten von Assoziierungsabkommen ... 34
a) Beitrittsassoziierung ... 34
b) Freihandelsassoziierung ... 35
c) Entwicklungsassoziierung ... 36
aa) Entwicklungsassoziierung nach Art. 182 EG ... 37
bb) Entwicklungsassoziierung nach Art. 310 EG ... 37
6. Abgrenzung zu anderen Abkommen ... 38
a) Kooperationsabkommen nach Art. 133 EG ... 38
b) Kooperationsabkommen nach Art. 310 EG ... 39
7. Neuregelung in der Verfassung ... 39
a) Assoziierungsabkommen ... 39
b) Nachbarschaftsabkommen ... 40

III. Implizite Vertragsschlusskompetenzen ... 40

1. Keine implizite Vertragsschlusskompetenz ... 40
2. AETR-Rechtsprechung ... 41
3. Gutachten 1/76 ... 41
4. ILO-Gutachten ... 41

5. WTO-Gutachten ... 42
a) Vollständige Harmonisierung ... 42
b) Ausdrückliche Übertragung von Zuständigkeiten ... 43
c) Potentielle ausschließliche Außenkompetenz ... 43
6. Zusammenfassung ... 44
7. Regelung in der Verfassung ... 45

IV. Weitere ausdrückliche Kompetenzen ... 47

1. Forschungspolitik, Art. 170 Abs. 2 EG ... 48
2. Umweltpolitik, Art. 174 Abs. 4 EG ... 49
3. Entwicklungszusammenarbeit, Art. 181 Abs. 1 EG ... 50
4. Wirtschaftliche, finanzielle und technische Zusammenarbeit, Art. 181 a Abs. 3 EG ... 51
5. Währungspolitik, Art. 111 EG ... 52

V. Art. 308 EG ... 52

VI. Verfahren ... 54

1. Allgemeines Verfahren ... 54
2. Verfahren für Assoziierungsabkommen ... 54
3. Verfahren für Handelsabkommen ... 55
4. Sonstige Abkommen ... 55
5. Änderungen durch die Verfassung ... 56
6. Integrierender Bestandteil der Gemeinschaftsordnung ... 56
7. Gemischte Abkommen ... 57

VII. Beitritt, Art. 49 EU ... 59

1. Kein Anspruch auf einen Beitritt ... 59
2. Europäischer Staat ... 59
3. Achtung der Grundsätze nach Art. 6 Abs. 1 EU ... 61

B. AUSGESTALTUNG DER BEZIEHUNGEN ZU DEN MITTELMEERLÄNDERN 63

I. Begriff der Mittelmeerregion 63

II. Anfangsjahre der EG 64

1. Völkerrechtliche Anerkennung durch Drittstaaten 65
2. Beziehungen der Gemeinschaft zu den Mittelmeerländern 66
3. Handelsabkommen mit Israel 67
4. Konzentration auf die EU-Innenpolitik 67
5. Assoziierungsabkommen mit Tunesien und Marokko 68
6. Abkommen mit Israel, Ägypten und Libanon 69
7. Zusammenfassung 70

III. Globalisierte Mittelmeerpolitik 1972 bis 1990 71

1. Globalkonzept 72
2. Schwierigkeiten bei der Realisierung des Konzepts 73
3. Kooperationsabkommen mit den Maghreb-Staaten 74
4. Abkommen mit Israel 75
   a) Handelsabkommen von 1975 76
   b) Finanz- und Zusatzprotokoll 76
5. Kooperationsabkommen mit den Mashrek-Staaten 77
6. Inhaltliche Bewertung der Abkommen 78
7. Rechtliche Einordnung der Abkommen 80
   a) Abkommen mit den Maghreb- und Mashrek-Staaten 81
   b) Abkommen mit Israel 81
      aa) Handelsabkommen von 1975 81
      bb) Zusatz- und Finanzprotokoll von 1977 82
   c) Verfahren 83
      aa) Gemischte Abkommen 83
      bb) Anhörung des EP 84
8. Zweite Finanzprotokolle 85
   a) Maghreb- und Mashrek-Staaten 85
   b) Finanzprotokoll für Israel 85
      aa) Venedig-Erklärung 86
      bb) Verzögerung der Unterzeichnung 86
9. Zusatzprotokolle wegen der Süderweiterung der EG 88

10. Dritte Finanzprotokolle ... 89
a) Finanzprotokolle mit den Maghreb- und Mashrek-Staaten ... 89
b) Finanzprotokoll mit Syrien ... 90
c) Finanzprotokoll mit Israel ... 91
11. Vierte Finanzprotokolle ... 92
12. Rechtliche Einordnung der Zusatz- und Finanzprotokolle ... 93
a) Protokolle mit den Maghreb- und Mashrek-Staaten ... 93
b) Protokolle mit Israel ... 94
c) Beteiligung der Mitgliedstaaten ... 94
13. Bewertung des Globalkonzepts ... 95
a) Sonderrolle Israels ... 95
b) Politische Einflussnahme der Gemeinschaft ... 95
c) Ergebnis ... 96

IV. Euro-Mediterrane Partnerschaft ... 97

1. Erste Initiativen zur Neuausrichtung der Mittelmeerpolitik ... 98
a) Initiative von Spanien und Italien ... 98
b) Initiative Frankreichs ... 98
2. Neue Mittelmeerpolitik der Kommission ... 99
a) Konzept für die Maghreb-Staaten ... 100
b) Konzept für die Mashrek-Staaten und Israel ... 100
c) Gesamtkonzept ... 101
3. Barcelona Erklärung ... 103
a) Politische und sicherheitspolitische Partnerschaft ... 103
b) Partnerschaft im Wirtschafts- und Finanzbereich ... 104
c) Partnerschaft im sozialen, kulturellen und menschlichen Bereich 105
d) Arbeitsprogramm ... 105
4. Bewertung ... 106
a) Abhängigkeit vom Nahost-Friedensprozess ... 106
b) Fehlender Wille zur Demokratisierung ... 108
c) Mangelnder Einfluss der Zivilgesellschaften ... 109
5. Europa-Mittelmeer-Abkommen ... 110
a) Wesentlichkeits- und Suspendierungsklausel ... 110
b) Politischer Dialog ... 113
c) Freihandel ... 114
aa) Gewerbliche Güter ... 114
bb) Agrarprodukte ... 115
cc) Handelsbezogene Vorschriften ... 115
dd) Ursprungsregeln ... 115

d) Niederlassungsrecht und Dienstleistungsfreiheit 116
e) Freizügigkeit der Arbeitnehmer 117
f) Kapitalverkehrsfreiheit 117
g) Zusammenarbeit in verschiedenen Bereichen 117
aa) Wettbewerbsrecht 118
bb) Beschaffungswesen 118
cc) Wissenschaft und Forschung 118
dd) Soziale und kulturelle Zusammenarbeit 119
ee) Sonstige Zusammenarbeit 120
ff) Finanzielle Unterstützung 120
h) Institutionelle Bestimmungen 121
aa) Assoziationsrat, -ausschuss und -schiedsgericht 121
bb) Abkommen mit der PLO 121
cc) Laufzeit und Kündigungsrecht 121
6. Rechtliche Einordnung der Abkommen 122
a) Abkommen mit den arabischen Mittelmeerländern 122
b) Abkommen mit Israel 123
c) Verfahren 124
d) Abkommen mit der PLO 124
7. Bewertung der Europa-Mittelmeer-Abkommen 125
a) Freihandel nach europäischen Vorstellungen 125
aa) Beschränkung auf gewerbliche Produkte 125
bb) Ausnahmen für Agrarprodukte 126
cc) Verschlechterung der Finanzsituation in den Mittelmeerländern 126
dd) Fehlende Partnerschaft 127
b) Unzureichende Finanzmittel 127
c) Ausklammerung der Freizügigkeit des Personenverkehrs 128
d) Lange Verhandlungs- und Ratifizierungsprozesse 128
8. Regionale Zusammenarbeit 130
a) Probleme der regionalen Zusammenarbeit 131
b) Agadir-Abkommen 131
c) Weitere Abkommen 132
9. Zusammenfassung 132

V. Europäische Nachbarschaftspolitik 133

1. Nachbarschaftskonzept 134
a) Teilnehmende Staaten 134

b) Inhalt des Konzepts ... 135
aa) Ring befreundeter Staaten ... 135
bb) Konditionalität ... 136
cc) Differenzierung der Staaten ... 136
2. Aktionspläne ... 137
a) Entwicklung der Aktionspläne ... 137
b) Bekenntnis zu gemeinsamen Werten ... 137
c) Wirtschaftliche Kooperation ... 138
d) Vernetzung ... 138
e) Regionale Zusammenarbeit ... 139
f) Nachbarschaftsabkommen ... 139
3. Europäisches Nachbarschafts- und Partnerschaftsinstrument ... 140
4. Inkrafttreten der ersten Aktionspläne ... 140
a) Aktionsplan für Israel ... 141
b) Aktionsplan für Marokko ... 142
c) Aktionsplan für Tunesien ... 143
d) Aktionsplan für Jordanien ... 144
e) Aktionsplan für die Palästinensische Autonomiebehörde ... 144
5. Strategische Partnerschaft der EU ... 145
6. Bewertung ... 147
a) Frage der Mitgliedschaft ... 147
b) Einheitlichkeit trotz Differenzierung ... 149
c) Gemeinsame Verantwortung ... 151
d) Fehlende Finalität der Nachbarschaftspolitik ... 152
7. Nachbarschaftspolitik in der Verfassung ... 154

C. PRIVILEGIERTER STATUS ISRAELS ... 157

I. Verleihung des „privilegierten Status“ an Israel ... 157

1. Gründe für die deutsche Initiative ... 157
2. Bereitschaft der EU zu der Einräumung der Sonderrolle ... 159
3. Veränderung der politischen Rahmenbedingungen ... 160
4. Privilegierter Status – privilegierte Partnerschaft ... 161

II. Umsetzung des privilegierten Status ... 162

1. Beitritt Israels zur EU ... 162

a) Europäischer Staat ... 164
aa) In demographischer Hinsicht ... 164
bb) In kultureller Hinsicht ... 165
cc) Praxis anderer internationaler Organisationen ... 166
dd) Sicherheitspolitische Gründe – Vorbild Türkei ... 167
ee) Vertragsänderung ... 168
b) Erfüllung der Kopenhagener Kriterien ... 168
aa) Politisches Kriterium ... 168
aaa) Weitergeltung der Notstandsgesetze ... 169
bbb) Sicherheitszaun ... 171
ccc) Umgang mit der arabischen Minderheit ... 173
bb) Wirtschaftliches Kriterium ... 174
cc) Acquis-Kriterium ... 176
c) Probleme des Beitritts aus israelischer Sicht ... 177
aa) Jüdische Identität des Staates ... 177
bb) Rückkehrrecht ... 179
cc) Überschwemmung mit ausländischen Arbeitskräften ... 180
dd) Sicherheit des israelischen Staates ... 181
ee) Verhältnis zu den USA ... 183
d) Zusammenfassung ... 184
2. Teilnahme am Europäischen Wirtschaftsraum ... 185
a) Merkmale des EWR ... 185
aa) Übernahme des acquis communautaire ... 185
bb) Institutionelle Ausgestaltung ... 186
cc) Sonstige Zusammenarbeit ... 188
b) Aufnahme Israels in den EWR ... 188
c) EWR-Modell für Israel ... 189
d) Vorteile für Israel ... 190
e) Probleme aus israelischer Sicht ... 191
f) Probleme aus europäischer Sicht ... 192
3. Schweizer Modell ... 193
a) Merkmale des Schweizer Modells ... 193
b) Vorteile für Israel ... 194
c) Nachteile für Israel ... 195
4. Modell Türkei ... 196
a) Zollunion ... 196
b) Privilegierte Partnerschaft ... 196
c) Abgestufte Integration ... 198
5. Levante-Modell ... 198
6. Sonderstatus für Regionalgruppe ... 199

7. Verwirklichung durch bestehende Abkommen 200
a) Privilegierung durch das Assoziierungsabkommen von 1995 200
b) Verwirklichung durch sonstige Abkommen 201

III. Zusammenfassung 203

D. GESAMTERGEBNIS 205

ZEITTAFEL ZUR GESCHICHTE ISRAELS 207

LITERATURVERZEICHNIS 219

Abkürzungsverzeichnis

AETR	Accord européen sur les transports routiers (Europäisches Übereinkommen über die Arbeit des im internationalen Straßenverkehr beschäftigten Fahrpersonals)
AKP-Staaten	Afrikanische, karibische und pazifische Staaten
COST	Coopération européenne dans le domaine de la recherche scientifique et technique (Wissenschaftliche und technische Zusammenarbeit in Europa)
EFTA	European Free Trade Association (Europäische Freihandelsvereinigung)
EG	Europäische Gemeinschaft bzw. Bestimmungen des EG-Vertrags
EMP	Euro-Mediterrane Partnerschaft
ENP	Europäische Nachbarschaftspolitik
EP	Europäisches Parlament
EU	Europäische Union bzw. Bestimmungen des EU-Vertrags
EUREKA	European Research Coordination Agency (Europäische Agentur für die Koordinierung der Forschung)
EWR	Europäischer Wirtschaftsraum
GASP	Gemeinsame Außen- und Sicherheitspolitik
GATT	General Agreement on Tariffs and Trade (Allgemeines Zoll- und Handelsabkommen)
IDF	Israeli Defence Forces (Israelische Verteidigungsarmee)
ILO	International Labour Organisation (Internationale Arbeitsorganisation)
KSZE	Konferenz für Sicherheit und Zusammenarbeit in Europa
MEDA	**Me**sures **d'A**ccompagnement Financières et Techniques à la Réforme des Structures Economiques et Sociales dans le Cadre du Partenariat Euro-Méditerranéen (Finanzielle und technische Begleitmaßnahmen zur Reform der wirtschaftlichen und sozialen Strukturen im Rahmen Partnerschaft Europa-Mittelmeer)
OGH	Israelischer Oberster Gerichtshof in Jerusalem
PA	Palästinensische Autonomiebehörde
PHARE	Poland and Hungary: Aid for Restructuring of the Economies (Polen und Ungarn: Hilfe für die Restrukturierung der Wirtschaft)
PLO	Palestine Liberation Organisation (Palästinensische Befreiungsorganisation)

TACIS	Technical Assistance to the Commonwealth of Independent States (Förderprogramm zur Unterstützung für die GUS-Staaten)
UNHCR	United Nations High Commissioner for Refugees (Amt des Hohen Flüchtlingskommissars der Vereinten Nationen)
WTO	World Trade Organisation (Welthandelsorganisation)

Die weiteren Abkürzungen richten sich nach dem Abkürzungsverzeichnis der Rechtssprache von H. Kirscher und C. Butz, 5. Auflage, Berlin/New York 2003.

Einleitung

Seit ihrer Gründung im Jahr 1958 pflegt die Europäische Gemeinschaft enge Beziehungen zu den Staaten im südlichen und östlichen Mittelmeerraum. Dabei hatten die Beziehungen zu Israel in wirtschaftlicher, aber auch in politischer Hinsicht immer einen besonderen Stellenwert.

In den Anfangsjahren der Gemeinschaft war die Mittelmeerpolitik noch sehr durch die nationalen Interessen der einzelnen Mitgliedstaaten geprägt. In den frühen 1970er Jahren entwickelte die Gemeinschaft dann aber ein Globalkonzept für diese Region, dessen Ziel es war, die bestehenden bilateralen Strukturen zwischen der Gemeinschaft und den jeweiligen Mittelmeerländern zu vereinheitlichen und ein System zu schaffen, das nicht nur von wirtschaftlichen, sondern auch von politischen Interessen geleitet wird und auf den Grundsätzen von Demokratie und Menschenrechten basiert. Die politische Einflussnahme scheiterte aber ebenso wie die Gleichbehandlung der Mittelmeerländer.

Bereits zu diesem frühen Zeitpunkt zeigte sich, dass Israel aufgrund seiner wirtschaftlichen Leistungsfähigkeit eine Sonderrolle innerhalb der Mittelmeerregion innehatte. Die zwischen der Gemeinschaft und Israel geschlossenen Abkommen waren dementsprechend weitreichender als die mit den arabischen Mittelmeerländern. Diese Sonderrolle führte auch dazu, dass die Staats- und Regierungschefs der EU-Mitgliedstaaten Israel auf dem Europäischen Gipfel von Essen 1994 „in Anbetracht seines hohen Entwicklungsstandes auf der Grundlage der Gegenseitigkeit und des gemeinsamen Interesses im Verhältnis zur Europäischen Union" einen „privilegierten Status" verliehen[1] – ohne allerdings in der Folgezeit näher auszuführen, was damit gemeint sein sollte.

Stattdessen konzentrierte sich die Europäische Gemeinschaft darauf, für den gesamten Mittelmeerraum ein neues einheitliches Konzept zu entwickeln. Verschiedene Initiativen führten schließlich im Jahr 1995 zur Gründung der Euro-Mediterranen-Partnerschaft in Barcelona.[2] Im Rahmen dieser Partnerschaft wollte die Gemeinschaft über den klassischen Bilateralismus, der lange die Beziehungen zwischen der Gemeinschaft und den Mittelmeerländern geprägt hatte, hinausgehen und einen multilateralen Rahmen schaffen, in dem wirtschaftliche und sicherheitspolitische Aspekte eng miteinander verbunden sind und der auch eine soziale, menschliche und kulturelle Dimension enthält. Aber gerade in den Bereichen, in denen die Euro-Mediterrane-Partnerschaft konzeptionell innovativ

[1] Schlussfolgerungen des Europäischen Rats von Essen v. 9./10.12.1994, Außenbeziehungen der Europäischen Union, 2. Mittelmeerpolitik, http://www.europarl.eu.int/summits/ess1_de.htm.

[2] Barcelona-Erklärung v. 27./28.11.1995, http://europa.eu.int/comm/external_relations/euromed/bd.htm.

war, nämlich dem multilateralen und dem regionalen Bereich, waren bislang die geringsten Fortschritte zu verzeichnen. Deswegen hat sich die Gemeinschaft auch primär auf den wirtschaftlichen Bereich konzentriert und mit nahezu allen Mittelmeerstaaten umfassende Assoziierungsabkommen geschlossen, deren Kernstück die Liberalisierung des Handels mit gewerblichen Gütern, Agrarerzeugnissen und Dienstleistungen ist. Die Abkommen sehen aber auch einen politischen Dialog vor sowie die Möglichkeit, das Abkommen bei Verletzung der Grundsätze der Demokratie und der Menschenrechte auszusetzen. Diese „Europa-Mittelmeer-Abkommen" sind im Wesentlichen ähnlich aufgebaut. Das Abkommen mit Israel enthält allerdings, wie auch schon die vorherigen Abkommen Israels mit der Gemeinschaft, die weitreichendsten Regelungen.

Durch die 2003 von der Gemeinschaft entwickelte Nachbarschaftspolitik sollen „die Beziehungen zu den Nachbarländern nach der Erweiterung der EU auf der Grundlage gemeinsamer politischer und wirtschaftlicher Werte ausgebaut werden, um so neue Trennungslinien in Europa zu vermeiden und Stabilität und Wohlstand über die neuen Grenzen der EU hinaus zu fördern".[3] Dieses Konzept, das die Euro-Mediterrane-Partnerschaft ergänzt, soll zwar einheitlich für alle Nachbarstaaten gelten, will aber gleichzeitig nach der Leistungsfähigkeit der einzelnen Staaten differenzieren und kommt damit vor allem Israel zugute. Insgesamt kehrt die Gemeinschaft mit diesem Konzept für den Mittelmeerraum zu eher bilateral organisierten Beziehungen zurück.

Im Rahmen dieser Arbeit wird am Beispiel der Mittelmeerpolitik im Allgemeinen und der Sonderbeziehungen zu Israel gezeigt, wie die Gemeinschaft ihre Beziehungen zu Drittstaaten gestaltet. Dazu wird im ersten Teil der rechtliche Rahmen der Außenbeziehungen abgesteckt. Dabei werden die ausdrücklichen und impliziten Vertragsschlusskompetenzen der Gemeinschaft sowie die Voraussetzungen eines Beitritts eines Drittstaats zur Union erläutert.

Im zweiten Teil wird dargestellt, wie die Europäische Gemeinschaft ihre Beziehungen zu den Mittelmeerstaaten seit ihrer Gründung inhaltlich und rechtlich ausgestaltet hat. Dabei wird sich in Bezug auf das Land Israel zeigen, dass es – sowohl hinsichtlich der inhaltlichen Reichweite und rechtlichen Ausgestaltung der einzelnen Abkommen als auch hinsichtlich der Anforderungen, die im jeweiligen Verhandlungsprozess an Israel gestellt wurden – auch schon vor Verleihung des privilegierten Status eine Sonderrolle innehatte.

---

[3] Schlussfolgerungen des Europäischen Rates von Kopenhagen v. 12./13.12.2002, EG Bull. 12-2002, I.7.22 ff.

Im dritten Teil wird schließlich untersucht, wie der privilegierte Status Israels verwirklicht werden kann bzw. ob er durch die bestehenden Abkommen bereits umgesetzt wurde.

A. Rechtlicher Rahmen der Außenbeziehungen

Die Europäische Gemeinschaft besitzt nach Art. 281 EG Rechtspersönlichkeit. Aus der Gegenüberstellung mit Art. 282 EG ergibt sich, dass damit nicht die innerstaatliche, sondern die völkerrechtliche Rechtspersönlichkeit gemeint ist, also die Fähigkeit, Träger völkerrechtlicher Rechte und Pflichten zu sein.[4] Allerdings handelt es sich dabei zunächst nur um die Zuerkennung der Völkerrechtsfähigkeit durch die Mitgliedstaaten, die Drittstaaten gegenüber keine unmittelbaren Wirkungen entfaltet.[5] Im Verhältnis zu Drittstaaten kommt es vielmehr darauf an, dass diese selbst die Völkerrechtssubjektivität der Gemeinschaft anerkennen. Angesichts der Tatsache, dass mittlerweile die meisten Staaten diplomatische Vertretungen in Brüssel eingerichtet und damit die Gemeinschaft zumindest konkludent als Völkerrechtssubjekt anerkannt haben, kann von einer allgemein anerkannten, fast universellen Völkerrechtsfähigkeit der EG ausgegangen werden.[6] Aus der Völkerrechtssubjektivität der EG folgt unproblematisch ihre Fähigkeit, völkerrechtliche Verträge mit Drittstaaten zu schließen.

In Art. 281 EG ist allerdings nicht geregelt, in welchem Umfang die Gemeinschaft Verträge mit Drittstaaten schließen kann. Nach dem in Art. 5 Abs. 1 EG geregelten Prinzip der begrenzten Einzelermächtigung darf die Gemeinschaft nur aufgrund einer im EG-Vertrag ausdrücklich genannten Kompetenzermächtigung tätig werden. Maßgeblich sind daher für die Bestimmung des Umfangs der Vertragsschlusskompetenzen die konkreten Einzelbestimmungen im EG-Vertrag. Der EG-Vertrag verleiht der EG in einer Reihe von Bestimmungen ausdrückliche Befugnisse zum Abschluss von Abkommen mit Drittstaaten: So ist die EG nach Art. 133 EG zum Abschluss von Handelsabkommen befugt, nach Art. 310 EG und Art. 182 EG kann sie Assoziierungsabkommen mit Drittstaaten schließen. Weitere Kompetenzen sind später hinzugetreten im Bereich des Umweltschutzes (Art. 174 Abs. 4 EG), der Forschungspolitik (Art. 170 Abs. 2 EG), der Währungspolitik (Art. 111 EG), der Entwicklungszusammenarbeit (Art. 181 EG) und der wirtschaftlichen, finanziellen und technischen Zusammenarbeit (Art. 181 a Abs. 3 EG). Eine allgemeine Kompetenzklausel für den Abschluss völkerrechtlicher Verträge enthält der EG-Vertrag hingegen nicht.[7] Eine solche umfassende Kompetenz kann auch nicht aus Art. 308 EG abgeleitet werden, da dies dem Prinzip der begrenzten Einzelermächtigung widerspräche.[8]

---

[4] *Bleckmann*, Europarecht, Rn. 1381.
[5] *Tomuschat*, in: von der Groeben/Schwarze, Bd. 4, Art. 281 EG, Rn. 3 und 26.
[6] *Pache/Bielitz*, Verhältnis der EG zu völkerrechtlichen Verträgen, S. 316, 318.
[7] *Oppermann*, Europarecht, Rn. 1701.
[8] *Bleckmann*, Europarecht, Rn. 1381.

Nach der Rechtsprechung des EuGH verfügt die Gemeinschaft aber nicht nur über Kompetenzen zum Abschluss völkerrechtlicher Verträge, wo ihr diese im EG-Vertrag ausdrücklich zugewiesen wurden, sondern auch überall dort, wo ihr der EG-Vertrag nur Kompetenzen für den Innenbereich zuweist (sog. implizite Vertragsschlusskompetenzen.

Im Folgenden sollen Regelungsgegenstand und Reichweite der ausdrücklichen sowie der impliziten Vertragsschlusskompetenzen untersucht werden. Dabei wird auch kurz auf die Änderungen hingewiesen, die sich durch den Vertrag über eine Verfassung für Europa (VVE)[9] ergeben würden. Anschließend wird das für den Abschluss von Abkommen mit Drittstaaten erforderliche Verfahren erläutert. Zum Schluss werden noch, als intensivste Form der vertraglichen Beziehung zu einem Drittstaat, die Voraussetzungen für einen Beitritt zur Union dargestellt.

I. Handelsabkommen, Art. 133 EG

Nach Art. 133 Abs. 1 EG hat die Europäische Gemeinschaft die Kompetenz zum Abschluss von Zoll- und Handelsabkommen. Der EuGH nimmt seit seiner ersten einschlägigen Entscheidung im Jahr 1973 an, dass diese der Gemeinschaft in Art. 133 Abs. 1 EG zugewiesene Kompetenz eine ausschließliche ist.[10] Sämtliche Gemeinschaftsorgane, die Mitgliedstaaten sowie das Schrifttum teilen diese Ansicht.[11] Umstritten ist aber zwischen Kommission und Mitgliedstaaten der Umfang dieser ausschließlichen Kompetenz, da der Souveränitätsverlust für die Mitgliedstaaten in diesem Bereich besonders ausgeprägt ist.[12] Deswegen wird im Folgenden zunächst ermittelt, wie der Begriff der Gemeinsamen Handelspolitik auszulegen ist. Dabei wird insbesondere die zur Gemeinsamen Handelspolitik ergangene Rechtsprechung des EuGH, wie das WTO-Gutachten, sowie die daraufhin ergangenen Änderungen des EG-Vertrags und die geplanten Ände-

[9] Vertrag über eine Verfassung für Europa v. 29.10.2004, Abl. EG 2004, C 310, S. 1 ff. Zwar ist nicht damit zu rechnen, dass der Vertrag in der vorliegenden Fassung in Kraft treten wird, aber die Regelungen, die die Außenbeziehungen betreffen, sind wenig umstritten und werden daher wahrscheinlich so wie im derzeitigen Verfassungsvertrag vorgesehen eines Tages geltendes Recht.

[10] St. Rspr. des EuGH, vgl. Rs. 8/73 (Massey-Ferguson), Slg. 1973, 897, Rn. 3; Rs. 41/76 (Donckerwolcke), Slg. 1976, 1921, Rn. 31/37; Gutachten 1/94 (WTO-Gutachten), Slg. 1994, I-5267, Rn. 22.

[11] *Müller-Huschke*, in: Schwarze, EU-Kommentar, Vorb. zu Art. 131 – 134 EG, Rn. 9; *Hahn*, in: Calliess/Ruffert, Art. 133 EG, Rn. 7.

[12] *Herrmann*, Die Außenhandelsdimension des Binnenmarktes, S. 175, 183.

rungen durch die EU-Verfassung kritisch untersucht. Anschließend werden die Instrumentarien der Handelspolitik aufgezeigt.

1. Begriff der Gemeinsamen Handelspolitik

Aus der Systematik und dem Wortlaut der Bestimmungen zur Gemeinsamen Handelspolitik ergibt sich, dass damit die Außenhandelspolitik gemeint ist.[13] Weder Art. 133 EG noch andere Normen des EG-Vertrags definieren die Begriffe Handelsabkommen bzw. Handelspolitik. Art. 133 Abs. 1 EG nennt als Gegenstand der gemeinsamen Handelspolitik „insbesondere die Änderung von Zollsätzen, den Abschluss von Zoll- und Handelsabkommen, die Vereinheitlichung der Liberalisierungsmaßnahmen, die Ausfuhrpolitik und die handelspolitischen Schutzmaßnahmen, zum Beispiel im Fall von Dumping und Subventionen“. Diese Aufzählung ist nicht abschließend, wie sich schon aus dem Wort „insbesondere“ ergibt.[14] Durch verschiedene Ansätze wurde versucht, den Begriff der Handelspolitik zu definieren.

a) Subjektiv-finalistische Auffassung des Rates

Nach der vom Rat der EG und damit von den Mitgliedstaaten vertretenen subjektiv-finalistischen Auffassung fallen nur solche Rechtsakte unter Art. 133 EG, die auf die „Beeinflussung des Handelsvolumens oder der Handelsströme abzielen“ und zwar ausschließlich und nicht nur neben einem von mehreren Zielen.[15]

b) Objektiv-instrumentaler Begriff der Kommission

Die Kommission vertritt hingegen einen objektiv-instrumentalen Begriff und sieht als handelspolitische Maßnahmen die Rechtsakte an, die objektiv geeignet sind, der Regelung des internationalen Handels zu dienen, unabhängig von der

[13] *Hilpold*, Die EU im GATT/WTO-System, S. 67.
[14] *Bourgeois*, in: von der Groeben/Schwarze, Bd. 3, Art. 133 EG, Rn. 1.
[15] Stellungnahme des Rates im Gutachten 1/78 des EuGH (Internationales Naturkautschuk-Übereinkommen), Slg. 1979, S. 2871, 2884; vgl. Schlussantrag des Generalanwalts Lenz in der Rs. 45/86 (Allgemeines Präferenzsystem), Slg. 1987, 1493, Rn. 54, 57.

mit ihnen möglicherweise zusätzlich verfolgten Zielsetzung.[16] Die Kommission ist vor allem darum bemüht, durch eine weite Interpretation des Begriffes der Handelspolitik der Gemeinschaft eine möglichst umfassende und kohärente Gestaltung ihrer außenwirtschaftlichen Beziehungen zu ermöglichen.[17] Der offene Wortlaut von Art. 133 EG bietet hierfür den Ansatzpunkt.

c) Auffassung des EuGH

In seinem Naturkautschuk-Gutachten von 1979 hat der EuGH beide Ansätze miteinander verbunden und auf „Gegenstand und Zielsetzung" des jeweiligen Abkommens abgestellt[18], ohne damit die Meinungsverschiedenheiten zwischen Rat und Kommission klar und endgültig zu entscheiden.[19] Vom Ergebnis her unterstützte er aber die Auffassung der Kommission und hat durch eine offene und dynamische Auslegung den Begriff der Handelspolitik weit ausgedehnt.[20] Nach seiner Ansicht ist der Bereich der gemeinsamen Handelspolitik nicht auf die herkömmlichen Aspekte des Außenhandels – die bloße Liberalisierung des Außenhandels – beschränkt, sondern schließt weiterentwickelte Mechanismen, die auf eine Regelung des Weltmarktes abzielen, nicht aus.[21] In der Entscheidung zum Allgemeinen Präferenzsystem erteilte der EuGH der vom Rat vertretenen finalistischen Theorie schließlich im Jahr 1987 eine deutliche Absage[22],

---

[16] Stellungnahme der Kommission im Gutachten 1/78 (Fn. 15), S. 2871, 2884; vgl. Schlussantrag des Generalanwalts Lenz in der Rs. 45/86 (Allgemeines Präferenzsystem), Slg. 1987, 1493, Rn. 55, 58.

[17] *Gilsdorf*, Die Außenkompetenzen der EG im Wandel, S. 145, 151.

[18] EuGH, Gutachten 1/78 (Fn. 15), Rn. 36.

[19] *Arnold*, in: Dauses, K.I (1. EL), Rn. 4; *Vedder*, in: Grabitz/Hilf, Bd. 2, Art. 133 EG (17. EL, 2001), Rn. 44; *Ehlermann*, The scope of Article 113 of the EEC Treaty, S. 145, 148; *Streinz*, Europarecht, Rn. 630; *Bourgeois*, in: von der Groeben/Schwarze, Bd. 3, Art. 133 EG, Rn. 4.

[20] EuGH, Gutachten 1/78 (Fn. 15), Rn. 44; auch schon EuGH Rs. 8/73 (Massey-Ferguson), Slg. 1973, 897, Rn. 4; *Ehlermann*, The scope of Article 113 of the EEC Treaty, S. 145, 148; *Geiger*, Vertragsschlusskompetenzen der Europäischen Gemeinschaft, S. 973, 978; *Gilsdorf*, Die Außenkompetenzen der EG im Wandel, S. 145, 151.

[21] EuGH, Gutachten 1/78 (Fn. 15), Rn. 44 f.

[22] *Arnold*, in: Dauses, K.I (1. EL), Rn. 4; *Vedder*, in: Grabitz/Hilf, Bd. 2, Art. 133 EG (17. EL, 2001), Rn. 44; so auch Schlussantrag des Generalanwalts Lenz in der Rs. 45/86 (Allgemeines Präferenzsystem), Slg. 1987, 1493, Rn. 62, 63. Eigentlich hatte der EuGH bereits im Naturkautschuk-Gutachten der Auffassung des Rates eine Absage erteilt – wenn auch nicht in der Deutlichkeit –, indem er zu dem Schluss kam, dass es ausreichend sei, wenn der wesentliche Teil eines Abkommens in den Bereich der Handelspolitik falle; vgl. EuGH, Gutachten 1/78 (Fn. 15), Rn. 56.

indem er feststellte, dass auch zusätzliche Beweggründe wie etwa entwicklungspolitische Gründe begrifflich keineswegs den Bereich der Handelspolitik ausschließen würden, zumal der Zusammenhang zwischen Handel und Entwicklungspolitik in der modernen Weltwirtschaft immer enger werde.[23] Der EuGH erachtete dabei rein subjektive Abgrenzungsmerkmale für die Bestimmung der Rechtsgrundlage des Gemeinschaftshandelns auch unter dem Gesichtspunkt des effektiven Rechtsschutzes nicht für ausreichend, sondern verlangte, dass sich die Wahl der Rechtsgrundlage auf objektive, gerichtlich nachprüfbare Umstände gründen müsse[24] – ein paralleler, zusätzlich gegen die Konzeption des Rates sprechender Gesichtspunkt, der in späteren Entscheidungen zur Wahl der Rechtsgrundlage ganz allgemein als tragender Gedanke erscheint.[25]

d) Bewertung der Rechtsprechung

Insgesamt war die Rechtsprechung des EuGH in diesem Bereich äußerst integrationsfreundlich. So hat er mit der Feststellung, der Begriff der Handelspolitik habe den gleichen Inhalt, ob er nun auf die internationale Betätigung eines einzelnen Staates oder der Gemeinschaft angewendet werde[26], der Schaffung eines gesonderten gemeinschaftsrechtlichen Begriffs der Handelspolitik mit eingeschränkter Reichweite einen Riegel vorgeschoben.[27] Die vom EuGH vertretene offene Perspektive brachte eine Dynamisierung des gemeinschaftsrechtlichen Begriffs der Handelspolitik mit sich und ermöglichte den Gemeinschaftsorganen, auf neuere Entwicklungen im Bereich des internationalen Handels kompetenzrechtlich gestützt zu reagieren, ohne dass die Mitgliedstaaten insoweit isolierte Einzelinteressen wahrnehmen konnten.[28] Dem EuGH kam es in diesem Zusammenhang vorrangig darauf an, Störungen im innergemeinschaftlichen Handelsverkehr zu vermeiden, die drohen, wenn Handelsbeziehungen wegen einer engen Auslegung teilweise noch von den Mitgliedstaaten – gegebenenfalls unterschiedlich – geregelt werden.[29]

---

[23] EuGH, Rs. 45/86 (Fn. 22), Slg. 1987, 1493, Rn. 17, 20.

[24] EuGH, Rs. 45/86 (Fn. 22), Rn. 11.

[25] EuGH, Rs. C-269/97 (Kommission/Rat), Slg. 2000, I-2257, Rn. 43; EuGH, Gutachten 2/00 (Cartagena-Protokoll), Slg. 2002, I-9713, Rn. 22.

[26] EuGH, Gutachten 1/75 (Lokale Kosten), Slg. 1975, 1355, 1362; EuGH, Rs. 45/86 (Fn. 22), Rn. 16; *Vedder*, Die Auswärtige Gewalt des Europa der Neun, S. 17.

[27] *Hilpold*, Die EU im GATT/WTO-System, S. 68.

[28] *Nettesheim/Duvigneau*, in: Streinz, EUV/EGV, Art. 133 EG, Rn. 7.

[29] Vgl. EuGH, Gutachten 1/78 (Fn. 15), Rn. 45.

e) Einordnung der handelspolitischen Maßnahmen

Unter den Begriff der handelspolitischen Maßnahmen fallen Maßnahmen, die offen und spezifisch den Handel mit Drittstaaten regeln, sowie Maßnahmen mit handelspolitischer Zielsetzung. Für die Einordnung derartiger Maßnahmen werden objektiv-instrumentelle und subjektive Kriterien kombiniert.[30]

aa) Maßnahmen, die offen und spezifisch den Handel mit Drittstaaten regeln

Maßnahmen, die offen und spezifisch den Handel mit Drittstaaten regeln, fallen unabhängig von ihrer Zielsetzung per se unter Art. 133 EG.[31] Das gilt insbesondere für die in Art. 133 Abs. 1 EG ausdrücklich genannten Instrumente Zölle, mengenmäßige Beschränkungen und andere nichttarifäre Hemmnisse sowie für die mit diesen Instrumenten eng zusammenhängenden Maßnahmen und für alle anderen Maßnahmen, die offen diskriminierend wirken.[32]

Soweit der EG-Vertrag an anderer Stelle Sonderregelungen (z.B. Art. 37 EG für Handelsregelungen für Agrarprodukte) enthält, erfolgt die Abgrenzung zwischen Art. 133 EG und der Sonderregelung nach einem subjektiven Kriterium, nämlich dem vorherrschenden Zweck der Maßnahme.[33] Diese speziellen Regelungen im EG-Vertrag ermächtigen jedoch nur zum Erlass von autonomem Gemeinschaftsrecht, beziehen sich aber nicht auf vertragliche Beziehungen, so dass alle Abkommen, die offen und spezifisch den Handelsverkehr mit Drittstaaten regeln, auf der Grundlage von Art. 133 EG geschlossen werden.[34]

bb) Maßnahmen mit handelspolitischer Zielsetzung

Für Maßnahmen mit handelspolitischer Zielsetzung wird auf die subjektive Auffassung des Rates zurückgegriffen: Sie können auf Art. 133 EG gestützt werden, wenn ihr Hauptzweck darauf abzielt, das Handelsvolumen und den Handelsfluss

---

[30] *Ehlermann*, The scope of Article 113 of the EEC Treaty, S. 145, 152 f.; *Arnold*, in: Dauses, K.I (1. EL), Rn. 5; *Hahn*, in: Calliess/Ruffert, Art. 133 EG, Rn. 46; *Bourgeois*, in: von der Groeben/Schwarze, Bd. 3, Art. 133 EG, Rn. 5.

[31] *Ehlermann*, The scope of Article 113 of the EEC Treaty, S. 145, 152 f.; *Vedder*, Die auswärtige Gewalt des Europa der Neun, S. 23 ff.

[32] *Arnold*, in: Dauses, K.I (1. EL), Rn. 5; *Ehlermann*, The scope of Article 113 of the EEC Treaty, S. 145, 153.

[33] *Ehlermann*, The scope of Article 113 of the EEC Treaty, S. 145, 153.

[34] *Vedder*, in: Grabitz/Hilf, Bd. 2, Art. 133 EG (17. EL, 2001), Rn. 46.

zu beeinflussen.[35] Diese subjektive Zielsetzung der Maßnahme muss dabei, damit sie gerichtlich nachprüfbar ist, auf möglichst objektive Kriterien gestützt werden und in dem Abkommen selbst sowie seinen Rahmenbedingungen deutlich zum Ausdruck kommen.[36]

Das subjektive Kriterium dient in diesem Fall damit der Erweiterung des Kreises handelspolitischer Maßnahmen über den der spezifischen Maßnahmen hinaus und nicht zu dessen Einengung.[37] Auf diese Weise können Regelungen, die vordergründig zu anderen Politiken oder Regelungsbereichen gehören oder die in der Kompetenz der Mitgliedstaaten verblieben sind, Eingang in handelspolitische Regelungen der EG finden.[38]

f) WTO-Gutachten des EuGH

Dieser Einordnung handelspolitischer Maßnahmen hat sich im Prinzip auch der EuGH im Jahr 1994 in seinem Gutachten zur WTO angeschlossen.[39] In diesem Gutachten ging es der Kommission darum, den umstrittenen Anwendungsbereich von Art. 133 EG zu klären und die Außenhandelskompetenz der Gemeinschaft den neuen Erfordernissen der internationalen Austauschbeziehungen anzupassen.[40] Genau das gegenteilige Ansinnen hatten die meisten Mitgliedstaaten, denen es darauf ankam, die „schleichende Entmündigung" im GATT/WTO-Bereich rückgängig zu machen bzw. diese auf den traditionellen GATT-Bereich einzugrenzen.[41] Der EuGH bestätigte in dem Gutachten zunächst die offene Perspektive des Handelsbegriffs.[42] Allerdings reduzierte er in dem Gutachten Art. 133 EG auf Übereinkommen, die spezifisch den Warenaustausch betreffen.[43] Abkommen, die eine zweifache Zielsetzung verfolgen, können nur dann

---

[35] *Ehlermann*, The scope of Article 113 of the EEC Treaty, S. 145, 153; *Bourgeois*, in: von der Groeben/Schwarze, Bd. 3, Art. 133, Rn. 5.
[36] *Ehlermann*, The scope of Article 113 of the EEC Treaty, S. 145, 156; EuGH, Rs. 45/86 (Fn. 22), Rn. 11.
[37] *Vedder*, in: Grabitz/Hilf, Bd. 2, Art. 133 EG (17. EL, 2001), Rn. 47.
[38] *Arnold*, in: Dauses, K.I (1. EL), Art. 133 EG, Rn. 7.
[39] Bereits in seinem Naturkautschuk-Gutachten hatte der EuGH objektive und subjektive Kriterien kombiniert und auf „Gegenstand und Zielsetzung" des jeweiligen Abkommens abgestellt. S. o. A. I. 1. c).
[40] *Cremona*, EC External Commercial Policy, S. 5, 9, 13.
[41] *Hilpold*, Die EU im GATT/WTO-System, S. 103.
[42] EuGH, Gutachten 1/94 (WTO-Gutachten), Slg. 1994, I-5267, Rn. 9.
[43] EuGH, WTO-Gutachten (Fn. 42), Rn. 44, 57.

auf Art. 133 EG gestützt werden, wenn ihr wesentliches oder überwiegendes Ziel ist, den Handel unmittelbar zu beeinflussen.[44]

g) Konsequenzen des Gutachtens

Aus dem Gutachten des EuGH ergeben sich folgende Konsequenzen:

aa) Handel mit Waren

Gegenstand der Gemeinsamen Handelspolitik ist damit zunächst und vor allem der Handel mit Waren.[45] Erfasst ist davon auch der Handel mit landwirtschaftlichen Waren, soweit er in Abkommen mit Drittstaaten geregelt ist.[46] Soweit aber der Agraraußenhandel im Wege autonomer Rechtsetzung geregelt werden soll, ist ausschließlich Art. 37 EG die zutreffende Rechtsgrundlage, denn die Vorschriften über die gemeinsame Agrarpolitik beziehen sich grundsätzlich auch auf das Verhältnis zu dritten Staaten.[47] Das bedeutet, dass interne Durchführungsmaßnahmen für die im Rahmen von internationalen Abkommen eingegangenen Verpflichtungen auf der Grundlage von Art. 37 EG erlassen werden, die Gemeinschaft internationale Verpflichtungen selbst hingegen allein auf Grundlage von Art. 133 EG eingehen kann.

bb) Dienstleistungen

Der Austausch von Dienstleistungen im Verhältnis zu dritten Staaten wird nur dann von Art. 133 EG erfasst, wenn die Dienstleistung grenzüberschreitend erbracht wird, da sie keinen Grenzübertritt von Personen erfordert und damit dem Warenverkehr nicht unähnlich ist.[48] Das ist im Wesentlichen der Dienstleistungshandel auf elektronischem Weg, der in der Praxis eine große Bedeutung hat.[49] Zahlungen, die als Gegenleistung für die Lieferung von Waren bzw. von

---

[44] EuGH, WTO-Gutachten (Fn. 42), Rn. 58; vgl. dazu auch EuGH, Rs. C-281/01 (Energy Star), Slg. 2002, I-12049, Rn. 34, 40.
[45] *Nettesheim/Duvigneau*, in: Streinz, EUV/EGV, Art. 133 EG, Rn. 12.
[46] EuGH, Gutachten 1/78 (Fn. 15), Rn. 46; EuGH, WTO-Gutachten (Fn. 42), Rn. 29.
[47] EuGH, Rs. C-131/87 (Kommission/Rat), Slg. 1989, I-3743, Rn. 27 f.
[48] EuGH, WTO-Gutachten (Fn. 42), Rn. 44.
[49] *Hilf*, EG-Außenkompetenzen in Grenzen, S. 7.

personenungebundenen Dienstleistungen erbracht werden, fallen ebenfalls unter Art. 133 EG.[50]

cc) Grundfreiheiten

Aus dem Vorliegen spezifischer Kapitel über die Freizügigkeit natürlicher und juristischer Personen sowie über den Kapitalverkehr ergibt sich, dass diese Grundfreiheiten vom Kompetenzbereich der gemeinsamen Handelspolitik ausgeschlossen sind.[51] Bei diesen Freiheiten handelt es sich um den einseitigen Transfer von natürlichen bzw. juristischen Personen und von Kapital, um sich am Wirtschaftsprozess in einem anderen Staat zu beteiligen. Gegebenenfalls zurückfließende Gewinne aus Arbeit oder Kapital sind keine Gegenleistungen, sondern gezogener Nutzen. Es fehlt an einem für den Handel entscheidenden Austauschverhältnis.[52]

dd) Internationale Verkehrsabkommen

Internationale Verkehrsabkommen fallen nach dem Gutachten des EuGH nicht unter Art. 133 EG. Beim Transportwesen handelt es sich zwar um einen speziellen Bereich der Dienstleistung, und es besitzt gerade in seiner Funktion zur Förderung des Handelsaustauschs einen ausgeprägten grenzüberschreitenden Bezug.[53] Aber für Transportleistungen besteht in den Art. 70 bis 80 EG ein in sich geschlossenes Regelungssystem, welches die Gemeinschaft implizit zu verkehrspolitischen Maßnahmen gegenüber Drittländern ermächtigt.[54] Dies entspricht auch dem Grundsatz des Art. 51 Abs. 1 EG, nach dem sich die Dienstleistungsfreiheit auf dem Gebiet des Verkehrs nach den Vorschriften des Verkehrstitels richtet.[55]

---

[50] *Ehlermann*, The scope of Article 113 of the EEC Treaty, S. 145, 160; *Vedder*, in: Grabitz/Hilf, Bd. 2, Art. 133 EG (17. EL, 2001), Rn. 37.

[51] EuGH, WTO-Gutachten (Fn. 42), Rn. 46; *Nettesheim/Duvigneau*, in: Streinz, EUV/EGV, Art. 133 EG, Rn. 14.

[52] *Vedder*, in: Grabitz/Hilf, Bd. 2, Art. 133 EG (17. EL, 2001), Rn. 38.

[53] *Müller-Huschke*, in: Schwarze, EU-Kommentar, Vorbem. Art. 131 – 134 EG, Rn. 19.

[54] EuGH, Rs. 22/70 (AETR), Slg. 1971, 263, Rn. 23/29; EuGH, WTO-Gutachten (Fn. 42), Rn. 48.

[55] *Erdmenger*, in: von der Groeben/Schwarze, Bd. 2, Vorbem. Art. 70 – 80 EG, Rn. 23.

ee) Schutz geistigen Eigentums

Der Schutz geistigen Eigentums fällt – mit Ausnahme solcher Regelungen, die die Einfuhr nachgeahmter Waren verbieten – nicht unter Art. 133 EG.[56]

h) Bewertung des WTO-Gutachtens

In seinem Urteil zum Allgemeinen Präferenzsystem hatte der EuGH 1987 noch festgestellt, dass der EG-Vertrag im Hinblick auf die internationalen Handelsbeziehungen den möglichen Fortentwicklungen Rechnung tragen muss, was voraussetzt, dass sich die Handelspolitik einem möglichen Auffassungswandel in der Völkerrechtsgemeinschaft anpasst.[57] Auch im WTO-Gutachten hat der EuGH eingangs die stattfindende grundlegende Umstrukturierung der Weltwirtschaft, nach der die einfache Warenproduktion mehr und mehr von den sich entwickelnden Volkswirtschaften übernommen wird, während die entwickelten Volkswirtschaften vor allem zu Ausfuhrländern für Dienstleistungen und Güter mit hohem Wertschöpfungsanteil werden, bestätigt.[58] Auf der Basis dieser Rechtsprechung würde es nahe liegen, dass die gemeinsame Handelspolitik sämtliche Bereiche erfasst, die zum jeweiligen Zeitpunkt von der Staatengemeinschaft als dem Bereich der Handelspolitik zugehörig angesehen werden.[59] Einer solchen Sicht der Dinge hat der Gerichtshof durch seine auf den Warenverkehr reduzierte Auslegung der Handelspolitik im Gutachten 1/94 eine deutliche Absage erteilt, wodurch die vormalige Deckungsgleichheit des Begriffes der Handelspolitik i.S.v. Art. 133 EG und i.S.d. von GATT/WTO geprägten Wirtschaftsvölkerrechts vorbei ist.[60] Wegen der Vielfältigkeit des modernen Wirtschaftsverkehrs gibt es jedoch nur noch wenige internationale Verhandlungen allein über den Warenverkehr. Die Reduzierung der Gemeinsamen Handelspolitik auf Übereinkommen, die den Warenhandelsverkehr mit dritten Staaten regeln bzw. deren Hauptzweck die Beeinflussung der Warenhandelsströme oder des Warenhandelsvolumens ist, führt dementsprechend dazu, dass Abkommen mit erheblichen Auswirkungen auf den internationalen Handelsverkehr nicht mehr

---

[56] EuGH, WTO-Gutachten (Fn. 42), Rn. 71.

[57] EuGH, Rs. 45/86 (Allgemeines Präferenzsystem), Slg. 1987, 1493, Rn. 19.

[58] EuGH, WTO-Gutachten (Fn. 42), Rn. 40 f.

[59] *Hahn*, in: Calliess/Ruffert, Art. 133 EG, Rn. 28; *Müller-Huschke*, in: Schwarze, EU-Kommentar, Vorbem. Art. 131 – 134 EG, Rn. 17.

[60] *Bourgeois*, The EC in the WTO and Advisory Opinion 1/94, S. 763, 779; *Vedder*, in: Grabitz/Hilf, Bd. 2, Art. 133 EG (17. EL, 2001), Rn. 55; *Hilpold*, Die EU im GATT/WTO-System, S. 111; *Hahn*, in: Calliess/Ruffert, Art. 133 EG, Rn. 38.

von Art. 133 Abs. 1 EG erfasst sind. Der EuGH nimmt für die Zuordnung zu den einzelnen Kompetenztiteln eine ausschließlich am Schwerpunkt des jeweiligen Abkommens orientierte Betrachtungsweise vor; die Beseitigung von Handelshemmnissen steht aber oftmals nicht mehr zentral im Mittelpunk der Verhandlungen.[61] Als Folge werden i.d.R. gemischte Abkommen zwischen der Gemeinschaft, dem externen Vertragspartner sowie allen Mitgliedstaaten geschlossen, die zudem noch der Ratifizierung durch die Mitgliedstaaten bedürfen, was zu einer Schwächung der Handlungs- und Durchsetzungsfähigkeit der Gemeinschaft im Außenwirtschaftsbereich führt.[62]

i) Änderung des EG-Vertrags aufgrund des WTO-Gutachtens

Der im Gutachten 1/94 entwickelten Auslegung von Art. 133 Abs. 1 EG kann mit guten Gründen widersprochen und die Entscheidung als falsche Interpretation des Primärrechts charakterisiert werden.[63] Die Vertragsparteien des EG-Vertrages haben indes erkennbar die in diesem Gutachten vorgenommene Kompetenzverteilung in das Primärrecht übernommen und Art. 133 Abs. 1 EG durch den Vertrag von Amsterdam die enge Bedeutung zugemessen, die ihm das Gutachten 1/94 zuerkennen wollte. Aufgrund dieser Entscheidung der „Herren der Verträge" geht es damit nicht mehr um die Frage, ob die restriktive Auslegung der Gemeinsamen Handelspolitik durch das Gutachten 1/94 eine juristisch zutreffende ist.[64]

Durch den Vertrag von Amsterdam von 1997 wurde der Art. 133 EG um einen Absatz 5 erweitert, nach dem durch einstimmigen Ratsbeschluss die Art. 133 Abs. 1 bis 4 EG auf internationale Verhandlungen und Übereinkünfte über Dienstleistungen und Rechte des geistigen Eigentums, soweit sie nicht durch diese Absätze schon erfasst sind, ausgedehnt werden können – eine Befugnis, die die Mitgliedstaaten aber nicht genutzt haben, was angesichts des

[61] Vgl. EuGH, Gutachten 2/00 (Cartagena-Protokoll), Slg. 2001, I-9713, Rn. 34, 44; *Herrmann*, Die Außenhandelsdimension des Binnenmarktes, S. 175, 184; *Bourgeois*, in: von der Groeben/Schwarze, Art. 133 EG, Rn. 4.
[62] *Gilsdorf*, Die Außenkompetenzen der EG im Wandel, S. 145, 153; *Krenzler*, Außenhandelsbefugnisse der EU, S. 385, 387.
[63] So *Bourgeois*, The EC and the WTO, S. 763, 776 ff.; *Hilpold*, Die EU im GATT/WTO-System, S. 117 ff.; *Pescatore*, Opinion 1/94 on „Conclusion" of the WTO-Agreement, S. 387 ff.; *Hilf*, The ECJ's Opinion 1/94 on the WTO, S. 245, 256 ff.
[64] *Hahn*, in: Calliess/Ruffert, Art. 133 EG, Rn. 41.

Missbehagens der Mitgliedstaaten über die zunehmende Ausweitung der Gemeinschaftskompetenzen nicht weiter verwunderlich ist.[65]

Dieser Absatz 5 wurde durch den Vertrag von Nizza von 2002 bereits wieder geändert. Nach der Neufassung hat die Gemeinschaft dem Grunde nach die Außenkompetenz für die Verhandlung und den Abschluss von Verträgen betreffend den Handel mit Dienstleistungen und den Handelsaspekten des geistigen Eigentums, soweit nicht bereits Abs. 1 diesbezüglich (Teil-) Kompetenzen verleiht. Allerdings beschränkt sich die Kompetenz der EG i.S. v. Art. 133 Abs. 5 EG nur auf die Außenbeziehungen und umfasst nicht wie im „traditionellen" Bereich von Art. 133 Abs. 1 EG auch die Kompetenz zum Erlass von internen Regelungen. Auch kann der Abschluss von Abkommen i.S.v. Abs. 5 nur durch einstimmigen Ratsbeschluss erfolgen, wenn für entsprechende interne Gesetzgebung des Rates Einstimmigkeit erforderlich ist oder bei nicht vollständiger Ausnutzung interner Kompetenzen durch die Gemeinschaft. Im Außenverhältnis stimmt die handelspolitische Kompetenz der EG durch die Neufassung des Art. 133 EG wieder mit den derzeitigen Regelungsgegenständen des multilateralen Welthandelsrechts überein, wenngleich eine Fülle von Ausnahmen[66] diese grundsätzliche Kongruenz relativiert. Der Einfluss der Mitgliedstaaten auf diese Bereiche wurde durch diese Ausnahmen abgesichert.[67] Im Einzelnen sind in der Neufassung des Art. 133 EG eine ganze Reihe von Fragen umstritten und ungeklärt geblieben.

---

[65] *Gilsdorf*, Die Außenkompetenzen der EG im Wandel, S. 145, 153; *Cremona*, EC External Policy after Amsterdam, S. 5, 33 f.; *Herrmann*, Common Commercial Policy after Nice, S. 7, 12.

[66] Ausgenommen von Abs. 5 sind nach Abs. 6 Abkommen im Bereich des Handels mit kulturellen und audiovisuellen Dienstleistungen sowie Dienstleistungen im Bereich Bildung, Soziales und Gesundheitswesen. Eine Ausdehnung auf Abkommen über geistiges Eigentum ist nach Abs. 7 nur durch einstimmigen Ratsbeschluss möglich. Für Abkommen nach Abs. 5 besteht eine parallele Zuständigkeit der Mitgliedstaaten, d.h. gemischte Abkommen sind möglich, aber nicht verpflichtend (gleichwohl in der Praxis wohl der Regelfall). Für Abkommen nach Abs. 6 besteht eine gemischte Zuständigkeit, so dass Abkommen von der Gemeinschaft und den Mitgliedstaaten geschlossen und gebilligt werden müssen, vgl. dazu *Herrmann*, Common Commercial Policy after Nice, S. 7, 21 f.; *Krenzler*, Außenhandelsbefugnisse der EU, S. 385, 389.

[67] *Herrmann*, Die Außenhandelsdimension des Binnenmarktes, S. 175, 176; *Hahn*, in: Calliess/Ruffert, Art. 133 EG, Rn. 69.

j) Änderungen durch die Verfassung

Die Vorschriften über die Gemeinsame Handelspolitik finden sich in Art. III-314 und Art. III-315 VVE und korrespondieren im Wesentlichen mit Art. 131 und 133 EG, wenngleich sie eine Reihe nicht unerheblicher Änderungen enthalten. Die auffallendste Änderung ist, dass die Gemeinsame Handelspolitik in der Verfassung nicht mehr wie im EG-Vertrag für sich im wirtschaftspolitischen Teil steht, sondern als Kapitel III des Titels V „Auswärtiges Handeln der Union". Damit wird die Gemeinsame Handelspolitik aus ihrer besonderen Stellung als vormals zentrales außenpolitisches Handlungsfeld der EG mit dem Ziel des internationalen Abbaus von Handelshemmnissen herausgelöst und als Instrument in das Auswärtige Handeln der Union insgesamt eingebunden.

Nach Art. III-315 Abs. 1 VVE erfasst die Gemeinsame Handelspolitik auch den Handel mit Dienstleistungen und Handelsaspekten geistigen Eigentums sowie erstmalig ausländische Direktinvestitionen. Durch die Einbeziehung der Direktinvestitionen in die Gemeinsame Handelspolitik wird deutlich, dass die Union eine umfassende Weltordnungspolitik verfolgt. Dieses Ziel kommt auch in Art. III-292 Abs. 2 lit. h) VVE explizit zum Ausdruck. Mit der Aufnahme ausländischer Direktinvestitionen wird allerdings der Grundsatz der Parallelität der Innen- und Außenkompetenzen[68] aufgehoben, da die Verfassung im Binnenbereich keine Regelungsbefugnisse der EU im Bereich der Investitionspolitik enthält.[69]

Der EuGH hatte bereits frühzeitig festgestellt, dass die der Gemeinschaft in Art. 133 Abs. 1 EG zugewiesene Kompetenz eine ausschließliche ist.[70] Die durch den Vertrag von Nizza eingefügten bzw. geänderten Art. 133 Abs. 5 und 6 EG hatten diese Ausschließlichkeit für den Bereich Handel mit Dienstleistungen und Handelsaspekte geistigen Eigentums hingegen ausgeschlossen. Nach Art. I-13 Abs. 1 lit. e) VVE gehört die gesamte Gemeinsame Handelspolitik jetzt ausdrücklich zu den dort aufgezählten ausschließlichen Kompetenzen der Union. Diese Ausschließlichkeit der Kompetenz führt dazu, dass die Mitgliedstaaten über die fragliche Materie keine völkerrechtlichen Übereinkommen mehr schließen dürfen, wodurch zugleich gemischte Abkommen von Union und Mitgliedstaaten ausgeschlossen sind.[71] Der Einfluss der Mitgliedstaaten wird so reduziert, zumal zu erwarten ist, dass eine externe Regelung in einem bestimmten

---

[68] Siehe dazu im Einzelnen unten A. III.
[69] *Krenzler*, Außenhandelsbefugnisse der EU, S. 385, 391.
[70] Ständige Rechtsprechung des EuGH (siehe dazu Fn. 10).
[71] *Herrmann*, Die Außenhandelsdimension des Binnenmarktes, S. 175, 198.

Bereich als Impuls für die Schaffung einer internen Regelung auf der Grundlage konkurrierender Kompetenz dient.[72]

Nach wie vor sieht die Verfassung in Art. III-315 Abs. 4 UAbs. 2 VVE Einstimmigkeit für die Aushandlung und den Abschluss von Abkommen über den Dienstleistungsverkehr, Handelsaspekte des geistigen Eigentums oder ausländischen Direktinvestitionen vor, wenn das betreffende Abkommen Bestimmungen enthält, bei denen für die Annahme interner Vorschriften Einstimmigkeit erforderlich ist. Insoweit wird an der Parallelität der Innen- und Außenkompetenzen strikt festgehalten. Auch für den Handel mit kulturellen und audiovisuellen Dienstleistungen sowie mit Dienstleistungen des sozialen, des Bildungs- und des Gesundheitssektors sieht Art. III-315 Abs. 4 UAbs. 3 lit. a) und b) VVE nach wie vor Einstimmigkeit vor. Allerdings wird für diesen Bereich die bis dato bestehende gemischte Zuständigkeit zwischen der Union und den Mitgliedstaaten aufgehoben, die die nationale Ratifikation eines Abkommens nach sich ziehen würde.

Die durch die Verfassung vorgenommenen Änderungen der Gemeinsamen Handelspolitik sind grundsätzlich zu begrüßen. Bedauerlich ist nur, dass es nicht gelungen ist, die qualifizierte Mehrheit zur Abstimmungsregel zu machen. In der Praxis wird es damit bei allen substantiell angelegten Verträgen bei der Einstimmigkeit bleiben, was bei einer Union von 25 und mehr Mitgliedstaaten die Führung der Handelspolitik erheblich beeinträchtigen wird.[73]

2. Instrumentarien der vertraglichen Handelspolitik

Art. 133 EG ermächtigt die Gemeinschaft zum Abschluss von bilateralen und multilateralen Handelsabkommen, wenn letztere im Rahmen internationaler Organisationen verhandelt werden.[74] Handelsabkommen enthalten meist Zollregelungen, aber auch Regelungen über nichttarifäre Handelsbeschränkungen, Ursprungsregelungen, Veredelungsbestimmungen, Ein- und Ausfuhrregeln sowie Selbstbeschränkungsmaßnahmen.[75] Daneben sind präferentielle und nichtpräferentielle Abkommen zu unterscheiden.

---

[72] *Hable*, The European Constitution, S. 37.
[73] *Krenzler*, Außenhandelsbefugnisse der EU, S. 385, 394.
[74] *Fischer*, Handels- und Assoziierungsabkommen, S. 1, 4.
[75] *Oppermann*, Europarecht, Rn. 1786.

a) Präferentielle Abkommen

Präferentielle Abkommen gewähren Drittlandswaren den Zugang zum EG-Binnenmarkt, ohne dass Einfuhrabgaben zu entrichten sind.[76]

b) Kooperationsabkommen

Nichtpräferentielle Abkommen sind Kooperationsabkommen, die teilweise die Anwendung des Meistbegünstigungsprinzips vorsehen, sich aber meistens auf die generelle Verpflichtung zur wirtschaftlichen, industriellen und technischen Zusammenarbeit beschränken.[77] Sind in den Kooperationsabkommen Klauseln über die Meistbegünstigung, Kontingentfreiheit o.ä. enthalten, werden sie unproblematisch von Art. 133 EG erfasst, da sie eindeutig handelspolitische Einzelregelungen enthalten.[78] Aber auch solche Kooperationsabkommen, durch die Rahmenbedingungen zur Förderung der wirtschaftlichen, technischen und industriellen Zusammenarbeit geschaffen werden, gehören nach der Auffassung der Literatur zur Gemeinsamen Handelspolitik, da sie einen handelspolitischen Zweck verfolgen.[79] Ihr wesentliches Ziel ist die Intensivierung des Handelsverkehrs durch die Verbesserung der Exportgüterstruktur.[80]

Die Mitgliedstaaten vertreten hingegen die Auffassung, dass solche Kooperationsabkommen nicht von Art. 133 EG erfasst werden. In der Praxis werden daher handelspolitische Kooperationsabkommen entweder ausschließlich oder – wenn sie weitere Ziele, wie z.B. die entwicklungspolitische Zusammenarbeit verfolgen - in Kombination mit einer anderen Rechtsgrundlage (z.B. Art. 308 EG oder Art. 181 EG) auf Art. 133 EG gestützt.[81]

---

[76] *Müller-Huschke*, in: Schwarze, EU-Kommentar, Art. 133 EG, Rn. 203.

[77] *Oppermann*, Europarecht, Rn. 1787.

[78] *Sasse*, Kooperationsabkommen und Handelspolitik, S. 29, 39 f.

[79] *Bourgeois*, in: von der Groeben/Schwarze, Art. 133 EG, Rn. 39; *Vedder*, in: Grabitz/Hilf, Bd. 2, Art. 133 EG (17. EL, 2001), Rn. 17; *Streinz*, Europarecht, Rn. 626; *Sasse*, Kooperationsabkommen und Handelspolitik, S. 29, 41 f.

[80] *Sachs*, EG-Handelspolitik und zwischenstaatliche Kooperationsabkommen, S. 79.

[81] *Nettesheim/Duvigneau*, in: Streinz, EUV/EGV, Art. 133 EG, Rn. 53; *Oppermann*, Europarecht, Rn. 1787.

II. Assoziierungsabkommen, Art. 310 EG

Nach Art. 310 EG kann die Europäische Gemeinschaft mit einem oder mehreren Staaten oder einer oder mehreren internationalen Organisationen Abkommen schließen, die eine Assoziierung mit gegenseitigen Rechten und Pflichten, gemeinsamem Vorgehen und besonderen Verfahren herstellen. Was der EG-Vertrag unter Assoziierung versteht, wird dadurch nur ansatzweise zum Ausdruck gebracht. Präzise Aussagen über den Umfang der gemeinschaftlichen Assoziationskompetenz sind mit dieser rein formalen Umschreibung nicht möglich.

Im Folgenden wird daher zunächst der Begriff der Assoziierung erläutert. Danach werden die Kriterien dargestellt, die ein Abkommen erfüllen muss, um als Assoziierungsabkommen eingeordnet werden zu können. Der sachliche Regelungsbereich von Art. 310 EG, der als nächstes ermittelt wird, entscheidet darüber, ob ein Assoziierungsabkommen allein von der Gemeinschaft oder unter Mitwirkung der Mitgliedstaaten geschlossen werden kann und ist dementsprechend auch zwischen der Kommission und den Mitgliedstaaten umstritten. Anschließend werden die verschiedenen Arten von Assoziierungsabkommen dargestellt und gegen andere Abkommensarten abgegrenzt. Als letzter Punkt werden kurz die Änderungen erläutert, die sich durch die Verfassung für die Assoziierungskompetenz der Gemeinschaft ergeben.

1. Begriff der Assoziierung

Der EG-Vertrag verwendet den Begriff der Assoziierung zweifach: einmal für die konstitutionelle Assoziierung der Überseeischen Länder und Hoheitsgebiete nach Art. 182 EG und zum zweiten für die vertragliche Assoziierung nach Art. 310 EG.

Der vage Begriff der Assoziierung[82] lässt keinen Rückschluss auf den Umfang der gemeinschaftlichen Kompetenzen zu, da er im Völkerrecht für ganz unterschiedliche Rechtsbeziehungen verwendet wird.[83] Weder die in der Litera-

[82] Die Begriffe Assoziierung (zu deutsch: vertraglicher Zusammenschluss mehrerer Personen, Unternehmen oder Staaten zur Verfolgung bestimmter gemeinsamer wirtschaftlicher Interessen) und Assoziation (zu deutsch: Vereinigung, Zusammenschluss) werden im Sprachgebrauch gleichberechtigt nebeneinander verwendet. Gelegentlich wurde versucht, die Assoziierung als den Verlauf und die Assoziation als fertiges Endergebnis einzustufen, was sich jedoch nicht durchsetzte; vgl. *Schön*, Der rechtliche Rahmen der Assoziierungen, S. 4, Fn. 6.

[83] Z.B. für eine Assoziation einzelner Staaten mit anderen Staaten („Alliierte und Assoziierte Mächte" während des 1. Weltkriegs) oder mit abhängigen Überseegebieten („assoziierte Gebiete" Großbritanniens und Frankreichs); die Assoziation von Staaten oder Überseegebieten

tur zahlreichen Versuche einer Definition[84] noch die Staaten- und Assoziierungspraxis haben bislang zu einer gewohnheitsrechtlichen Konkretisierung des Begriffes geführt.

Die Entstehungsgeschichte zeigt, dass Art. 238 EWG besondere Verbindungen zur EWG ermöglichen sollte, nämlich eine Beteiligung an der durch die EWG in Gang gesetzte Integration, jedoch außerhalb der Organisation der EWG selbst.[85] Der EuGH hat sich zum Assoziierungsbegriff bislang ausdrücklich nur im Jahr 1987 in der Rechtssache Demirel geäußert. Dort führte er mit Bezug auf das Assoziierungsabkommen mit der Türkei aus, dass ein solches Abkommen „besondere und privilegierte Beziehungen mit einem Drittstaat schafft".[86]

Die Terminologie der auf der Grundlage von Art. 310 EG geschlossenen Abkommen ist uneinheitlich. Die früheren Abkommen wurden jeweils ausdrücklich als „Abkommen zur Gründung einer Assoziation" bezeichnet.[87] Seit dem ersten Abkommen von Lomé von 1975 wird allerdings der Begriff der Assoziation aus politischen Gründen weitgehend vermieden, um keine Zweifel an der souveränen Gleichheit der Vertragspartner aufkommen zu lassen. Insbesondere für die unabhängigen Commonwealth-Staaten war der Begriff der „associated states", der eine deutliche Abhängigkeit impliziert, nicht mehr akzeptabel.[88] So wurden z.B. die Abkommen mit den Mittel- und osteuropäischen Ländern als „Europa-Abkommen", die neueren Abkommen mit den Mittelmeerländern als „Europa-Mittelmeer-Abkommen" bezeichnet. Erst danach folgt der Zusatz „zur

---

mit internationalen Organisationen, wobei der Begriff der Assoziation für verschiedene Sonderformen der Beteiligung verwendet wird (z.B. associate member, Teilmitgliedschaft, lockere Mitarbeit innerhalb der Organisation); die Assoziation zwischen internationalen Organisationen (z.B. der „Brückenschlag" zwischen der EWG und der EFTA im Rahmen der seit 1950 wiederholt vorgeschlagenen „North Atlantic Free Trade Association") und die Bezeichnung einer internationalen Organisation als „Assoziation" (z.B. EFTA – European Free Trade Association); vgl. *Petersmann*, Struktur und aktuelle Rechtsfragen des Assoziationsrechts, S. 266, 283.

[84] So wird unter Assoziierung „ein Handelsabkommen plus 1 oder ein Beitritt minus 1" (auf Hallstein zurückgehende Formel, vgl. Erstes Hallstein-Memorandum v. 26.02.1959; *Hummer*, in: Dauses, K.III (6. EL), Rn. 13; vgl. *Weber*, in: von der Groeben/Schwarze, Bd. 4, Art. 310 EG, Rn. 1; *Vedder*, Auswärtige Gewalt, S. 56), eine beschränkte Form des Beitritts, ein loseres Band als die Mitgliedschaft oder als Vorstufe für die spätere Mitgliedschaft verstanden, vgl. *Richter*, Die Assoziierung osteuropäischer Staaten, S. 187 f.; *Schön*, Der rechtliche Rahmen für Assoziierungen, S. 4 f.

[85] *Vedder*, in: Grabitz/Hilf, Altband II, Art. 238 EWGV (1. EL 1987), Rn. 4.

[86] EuGH, Rs. 12/86 (Demirel), Slg. 1987, 3719, Rn. 9.

[87] Vgl. Abkommen mit der Türkei v. 12.09.1963, Abl. EG 1964, P 217, S. 3687; Abkommen von Yaoundé v. 29.07.1969, Abl. EG 1970, L 282, S. 2.

[88] *Vedder*, in: Grabitz/Hilf, Altband II, Art. 238 EWGV (1. EL 1987), Rn. 4a; *Schön*, Der rechtliche Rahmen für Assoziierungen, S. 6 f.

Gründung einer Assoziation".[89] Viele der auf Art. 310 EG gestützten entwicklungspolitischen Abkommen werden zudem als „Kooperationsabkommen" bezeichnet. Andererseits gibt es aber auch Kooperationsabkommen, die nicht auf Art. 310 EG, sondern auf Art. 133 EG beruhen. Dies zeigt, dass die Bezeichnung der Abkommen bedeutungslos für ihre Qualifikation ist, da sie wenig über die tatsächliche Ermächtigungsgrundlage aussagt. Assoziierungsabkommen i.S.d. EG-Vertrages sind demnach unabhängig von ihrer Bezeichnung alle – aber auch nur die – auf Art. 310 EG gestützten Abkommen.

2. Kriterien für eine Assoziierung

Eine Assoziierung setzt nach Art. 310 EG unter Berücksichtigung der Rechtsprechung des EuGH folgende Kriterien voraus – wobei einige von ihnen streitig sind: gegenseitige Rechte und Pflichten, gemeinsames Vorgehen und besonderes Verfahren, Dauerhaftigkeit sowie die teilweise Teilnahme am Gemeinschaftssystem.

a) Gegenseitige Rechte und Pflichten

Die Gegenseitigkeit der Rechte und Pflichten ist Merkmal aller völkerrechtlichen Verträge und kann daher nicht als Abgrenzungskriterium gegenüber anderen Abkommenarten dienen. Mit der in Art. 310 EG geforderten Gegenseitigkeit ist keine gleichwertige Reziprozität der Rechte und Pflichten gemeint, da anderenfalls die Entwicklungsassoziation aus dem Begriff der Assoziation ausscheiden würde.[90] Gerade die Entwicklungsassoziation ist vom Prinzip der „ausgleichenden Ungleichheit" geprägt.[91] Dementsprechend stellte auch der EuGH im Urteil Bresciani ausdrücklich fest, dass „das Abkommen nicht geschlossen wurde, um gleiche Verpflichtungen für die Gemeinschaft und die assoziierten Staaten aufzustellen, sondern vielmehr, um die Entwicklung dieser Staaten zu fördern"[92]. Diese Auslegung entspricht wohl auch der Realität, betrachtet man die unterschiedliche Leistungsfähigkeit der EG und der assoziierten Partner.

---

[89] Vgl. z. B. „Europa-Abkommen" mit der Tschechischen Republik v. 04.10.1993, Abl. EG 1994, L 360, S. 2; „Europa-Mittelmeer-Abkommen" mit Israel v. 20.11.1995, Abl. EG 2000, L 147, S. 3.

[90] *Weber*, in: von der Groeben/Schwarze, Bd. 4, Art. 310, Rn. 7; *Krück*, Die Freizügigkeit der Arbeitnehmer, S. 289, 297.

[91] *Schön*, Der rechtliche Rahmen für Assoziierungen, S. 47 f.

[92] EuGH, Rs. 87/75 (Bresciani), Slg. 1976, 129, Rn. 22/23.

Das Kriterium der Gegenseitigkeit von Rechten und Pflichten entfaltet vor allem eine Schutzfunktion gegenüber den assoziierten Staaten. Es soll sicherstellen, dass die assoziierten Staaten der Gemeinschaft und ihrer Politik nicht einfach untergeordnet werden, ohne auf sie Einfluss nehmen zu können.[93]

b) Gemeinsames Vorgehen und besonderes Verfahren

Das Merkmal „gemeinsames Vorgehen und besonderes Verfahren“ wird als das einzig konkrete Kriterium zur Begriffsbestimmung der Assoziation und zur Abgrenzung von anderen Abkommen angesehen.[94] Mit diesem Merkmal ist die institutionelle Ausgestaltung der Abkommen gemeint.

aa) Assoziationsrat, -ausschuss, -schiedsgericht

Aufgrund eines Assoziationsabkommens wird i.d.R. ein Assoziationsrat als oberstes Organ eingesetzt, der aus Mitgliedern des Rates der EG, Mitgliedern der Kommission und Mitgliedern der Regierung des jeweiligen Partnerlandes besteht. Daneben gibt es noch einen Assoziationsausschuss, der aus Vertretern der beteiligten Partner auf Beamtenebene zusammengesetzt ist, sowie die Möglichkeit, bei Streitigkeiten ein Ad-hoc-Schiedsgericht zu bestellen.

Der Assoziationsrat prüft alle wichtigen Fragen, die sich aus dem Abkommen ergeben, sowie alle anderen bilateralen oder internationalen Fragen von gemeinsamem Interesse. Zur Erreichung der Ziele des Abkommens und in den darin vorgesehenen Fällen ist der Assoziationsrat befugt, Beschlüsse zu fassen, die für die Vertragsparteien verbindlich sind.[95] Der Assoziationsausschuss ist für die Verwaltung des Abkommens zuständig. Zu diesem Zweck kann auch er verbindliche Beschlüsse fassen.

In einigen der auf Art. 133 EG gestützten Kooperationsabkommen findet sich allerdings eine vergleichbare Institutionalisierung:

---

[93] Anders als bei konstitutionellen Assoziierung nach Art. 182 EG; vgl. *Vedder*, in: Grabitz/Hilf, Altband II, Art. 238 EWGV (1. EL 1987), Rn. 5.

[94] *Weber*, in: von der Groeben/Schwarze, Bd. 4, Art. 310 EG, Rn. 8; *Vedder*, Auswärtige Gewalt, S. 56; *Schmalenbach*, in: Calliess/Ruffert, Art. 310 EG, Rn. 3.

[95] Vgl. Art. 67 ff. des Europa-Mittelmeer-Abkommens mit Israel v. 20.11.1995, Abl. EG 2000, L 147, S. 3 ff.; Art. 89 ff. des Europa-Mittelmeer-Abkommens mit Jordanien v. 24.11.1997, Abl. EG 2002, L 129, S. 3 ff.

bb) Kooperationsabkommen nach Art. 133, 181 EG

So sehen Kooperationsabkommen, die auf Grundlage von Art. 133, 181 EG geschlossen wurden, die Bildung eines Gemischten Ausschusses bzw. einen Kooperationsausschusses aus Vertretern beider Vertragspartner vor, der die Aufgabe hat, das ordnungsgemäße Funktionieren und die ordnungsgemäße Umsetzung des jeweiligen Abkommens sicherzustellen, Prioritäten für die Erreichung der Ziele dieses Abkommens zu setzen und für die Vertragsparteien unverbindliche Empfehlungen für die Erreichung der Ziele dieses Abkommens auszusprechen.[96] Der Gemischte Ausschuss ist allerdings strikt auf die Überwachung und Förderung der Durchführung des Abkommens beschränkt und hat lediglich Exekutivfunktionen.

cc) Kooperationsabkommen nach Art. 133, 308 EG

Kooperationsabkommen, die auf Art. 133, 308 EG gestützt wurden, sehen einen Kooperationsrat, der aus Vertretern beider Vertragspartner gebildet wird, sowie die Möglichkeit zur Unterstützung einen Kooperationsausschuss einzusetzen und im Streitfall einen Schiedsrichter zu ernennen, vor. Der Kooperationsrat ist zur Verwirklichung der Ziele des Abkommens befugt, für die Vertragsparteien verbindliche Beschlüsse zu fassen.[97] Ältere Kooperationsabkommen, die auf der Grundlage von Art. 133, 308 EG geschlossen wurden, haben allerdings nur einen Gemischten Ausschuss/Kooperationsausschuss, der über dieselben Befugnisse verfügt wie der Gemischte Ausschuss bei den nach Art. 133, 181 EG geschlossenen Kooperationsabkommen.[98]

---

[96] Vgl. Art. 12 des Kooperationsabkommen mit Bangladesch v. 22.05.2000, Abl. EG 2001, L 118, S. 48 ff.; Art. 15 des Kooperationsabkommen mit dem Jemen v. 25.11.1997, Abl. EG 1998, L 72, S. 18 ff.; Art. 22 des Kooperationsabkommen mit Indien v. 20.12.1993, Abl. EG 1994, L 223, S. 24 ff.

[97] Vgl. Art. 33 des Kooperationsabkommens mit Mazedonien v. 29.04.1997, Abl. EG 1997, L 348, S. 2 ff.; Art. 38 des Kooperationsabkommens mit Slowenien v. 05.04.1993, Abl. EG 1993, L 189, S. 2 ff.; Art. 12 des Kooperationsabkommens mit den arabischen Golfstaaten v. 15.06.1988, Abl. EG 1989, L 54, S. 3 ff.

[98] Vgl. Art. 7 des Kooperationsabkommen mit Costa Rica, El Salvador, Guatemala, Honduras und Nicaragua v. 12.11.1985, Abl. EG 1986, L 172, S. 2 ff.; Art. 5 des Kooperationsabkommen mit Bolivien, Kolumbien, Ecuador, Peru und Venezuela v. 17.12.1983, Abl. EG 1984, L 153, S. 2 ff.

dd) Kooperationsabkommen nach Art. 133, 308, 310 EG

Kooperationsabkommen, die wie z.B. die Partner- und Kooperationsabkommen mit einigen GUS-Staaten auf der Grundlage von Art. 133, 308, 310 EG geschlossen wurden, sehen ebenso wie „normale" Assoziationsabkommen einen Kooperationsrat, einen Kooperationsausschuss sowie ein Ad-hoc-Schiedsgericht vor. Der Kooperationsrat prüft alle wichtigen Fragen, die sich aus dem Abkommen ergeben, sowie alle sonstigen bilateralen oder internationalen Fragen, die zur Erreichung der Ziele dieses Abkommens von beiderseitigem Interesse sind. Allerdings kann er anders als ein Assoziationsrat nur unverbindliche Empfehlungen erlassen.[99]

ee) Ergebnis

Aus den dargestellten Abkommen ergibt sich, dass es nicht ausreichend ist, dass die assoziierten Partner über gemeinsame Organe verfügen. Vielmehr müssen diese Organe eine bestimmte Qualität besitzen. Nur ein Assoziationsrat hat die Befugnis, sich auch mit sonstigen, über das Abkommen hinausgehenden, Fragen von beiderseitigem Interesse zu beschäftigen und verbindliche Entscheidungen zu treffen. Bei den auf Art. 133 EG gestützten Kooperationsabkommen fehlt es zumindest an einem der beiden Kriterien. Dass nicht jedes Abkommen, das einen besonderen institutionellen Rahmen vorsieht, als Assoziierungsabkommen i.S.v. Art. 310 EG eingestuft werden kann, zeigt auch Art. 300 Abs. 3 Unterabsatz 2 EG: Ansonsten wäre die zweite Alternative, bei der eine Zustimmung des Europäischen Parlaments für sonstige Abkommen, die einen besonderen institutionellen Rahmen schaffen, erforderlich ist, überflüssig. Ein gemeinsames Vorgehen und ein besonderes Verfahren i.S.v. Art. 310 EG sind dementsprechend nur gegeben, wenn ein Abkommen paritätische, zu eigener Willensbildung befähigte Organe, die zur Lenkung und Weiterentwicklung der Assoziierung ermächtigt sind, schafft.[100]

---

[99] Art. 85 des Partner- und Kooperationsabkommen mit der Ukraine v. 14.06.1994, Abl. EG 1998, L 49, S. 3 ff.

[100] *Schön*, Der rechtliche Rahmen für Assoziierungen, S. 49; *Weber*, in: von der Groeben/Schwarze, Bd. 4, Art. 310 EG, Rn. 8; *Vedder*, in: Grabitz/Hilf, Altband II, Art. 238 EWGV (1. EL 1987), Rn. 5.

c) Dauerhaftigkeit

Aus der in Art. 310 EG vorgesehenen Institutionalisierung der Beziehungen wird geschlossen, dass Assoziierungsabkommen das Element der Dauerhaftigkeit aufweisen müssen, was aber nicht ihren Abschluss auf unbestimmte Dauer voraussetzt. Allerdings werden die meisten Assoziierungsabkommen im Gegensatz zu Handelsabkommen tatsächlich auf unbestimmte Zeit geschlossen,[101] oder sie gelten für eine bestimmte Anzahl von mehreren Jahren und sind jeweils erneuerbar.[102]

Dass das Merkmal der Dauerhaftigkeit aber kein eindeutiges Abgrenzungskriterium ist, verdeutlicht der Umstand, dass auch die Partner- und Kooperationsabkommen mit einigen GUS-Staaten, die auf der Grundlage von Art. 133, 308, 310 EG geschlossen wurden und lediglich erweiterte Handelsabkommen darstellen, für einen Zeitraum von zehn Jahren gelten und eine automatische Verlängerung um jeweils ein Jahr vorsehen, soweit keine Kündigung erfolgt.[103]

d) Teilweise Teilnahme am Gemeinschaftssystem

Im Demirel-Urteil hatte der EuGH festgestellt, dass „der Drittstaat zumindest teilweise am Gemeinschaftssystem teilhaben muss“.[104] Ob sich diese Teilhabe am Gemeinschaftssystem lediglich auf materielle Sachbereiche bezieht oder auch institutionell verstanden werden kann, ist nach dieser Formulierung durchaus offen.[105]

Die Formulierung steht aber bloß in einem Nebensatz und im Zusammenhang mit der vor dem Gerichtshof strittigen materiell-rechtlichen Reichweite von Art. 310 EG (Art. 238 EWG). Außerdem ging es im konkreten Fall primär um die Frage, ob der EuGH für die Auslegung von Bestimmungen in gemischten Ab-

---

[101] Vgl. Art. 93 des Europa-Mittelmeer-Abkommens mit Marokko v. 26.03.1996, Abl. EG 2000, L 70, S. 2 ff.

[102] Art. 366 des Vierten AKP-EWG-Abkommen (Lomé IV) v. 15.12.1989, Abl. EG 1991, L 229, S. 3 ff. (Befristung auf 10 Jahre); Art. 95 des AKP-Abkommen von Cotonou v. 23.06.2000, Abl. EG 2000, L 317, S. 3 ff. (Befristung auf 20 Jahre).

[103] Vgl. Art. 101 des Partner- und Kooperationsabkommen mit der Ukraine v. 14.06.1994, Abl. EG 1998, L 49, S. 3 ff.

[104] EuGH, Rs. 12/86 (Demirel), Slg. 1987, 3719, Rn. 9.

[105] In internationalen Organisationen lassen sich zwei Assoziationstypen unterscheiden: interne und externe Assoziierungen. Die interne Assoziierung (Binnenassoziierung) ermöglicht eine wie auch immer geartete Beteiligung an der Organisation selbst, während bei der externen Assoziierung der assoziierte Staat außerhalb der Organisation verbleibt und sich nur an bilateralen Organen beteiligt. *Richter*, Die Assoziierung osteuropäischer Staaten, S. 188.

kommen zuständig ist. Aus dem Kontext des Urteils lässt sich demnach nicht das Erfordernis einer institutionellen Teilhabe an den Gemeinschaftsorganen ableiten. Dagegen spricht auch, dass der EG-Vertrag als Adressaten der primärrechtlichen Pflichten und der Sekundärrechtsakte nur die Mitgliedstaaten kennt. Die Mitgliedschaft selbst kann nur durch einen Beitritt nach Art. 49 EU erworben werben. Die Einflussnahme auf die Willensbildung in den Organen der EG durch dritte Staaten über den Status als „assoziiertes Mitglied" oder „Teilmitglied" ohne gleichzeitige Bindung an die Gemeinschaftspflichten kann von Art. 310 EG nicht umfasst sein. Auch die Vertragspraxis der EG spricht gegen eine institutionelle Teilnahme von assoziierten Drittstaaten. Die assoziierten Staaten sind zwar in bestimmten Sachbereichen materiell-rechtlich mit der EG vertraglich verbunden und haben teilweise sogar Gemeinschaftsrecht übernommen, sie beteiligen sich aber in den Gemeinschaftsorganen in keiner Form.[106] Die assoziierten Drittstaaten wirken nur in den für die Assoziationsräte und -ausschüsse eingerichteten Verfahren paritätisch mit, nicht aber in gemeinschaftsrechtlichen Entscheidungsverfahren. Dies gilt selbst für das weitreichende EWR-Abkommen von 1992, durch das die EFTA-Staaten „auf einen Schlag" den EWR-relevanten acquis communautaire, d.h. etwa zwei Drittel des gegenwärtig geltenden EG-Rechts, übernommen haben.[107] Dennoch sind sie nicht in den internen Entscheidungsprozess der EG eingebunden.[108]

Die Formulierung „teilweise Teilhabe am Gemeinschaftssystem" ist daher materiell-rechtlich zu verstehen und zwar als eine über die Einräumung bloßer Handelszugeständnisse hinausreichende inhaltliche und politische Komponente i.S. der Entwicklung begrenzter gemeinsamer Politiken.[109] Das wird auch durch die Rechtsprechung des EuGH bestätigt, wonach das bloße Ziel der Zusammenarbeit zur Förderung der wirtschaftlichen Entwicklung des Vertragspartners keine Assoziierung ist.[110] Die Assoziierungspraxis zeigt, dass die Herstellung bestimmter Freizügigkeitsrechte, die Übernahme oder gegenseitige Anerkennung von Standards, die Einbindung der Assoziierungspartner in gemeinschaftliche Politiken und andere Formen des Zusammenwirkens, wie etwa die finanzielle Zusammenarbeit und der politische Dialog, zum klassischen „Assoziierungsprogramm" gehören.

---

[106] *Richter*, Die Assoziierung osteuropäischer Staaten, S. 189.
[107] Vgl. EWR-Abkommen v. 02.05.1992, Abl. EG 1994, L 1, S. 3 ff.; dazu: *Hummer*, in: Dauses, K.III (6. EL), Rn. 195.
[108] Siehe dazu unten C. II. 2. a) aa).
[109] *Mögele*, in: Streinz, EUV/EGV, Art. 310 EG, Rn. 12.
[110] EuGH, Rs. 18/90 (Kziber), Slg. 1991, I-199, Rn. 21.

e) Politische Voraussetzungen

Fraglich ist, ob ein Drittland bestimmte politische Voraussetzungen für eine Assoziierung erfüllen muss. Dazu wird zwischen europäischen und außereuropäischen Ländern differenziert: Mit europäischen Ländern ist eine Assoziierung nur möglich, wenn sie ein gewisses Mindestmaß an politischer Homogenität (d.h. vergleichbare Institutionen und Staatsformen) mit den Mitgliedstaaten aufweisen, da für sie ein Beitritt gegenwärtig aus verschiedenen Gründen zwar nicht in Frage kommt, er aber für die Zukunft anvisiert wird. Für eine Assoziierung mit einem außereuropäischen Land ist hingegen das Regierungssystem von untergeordneter Bedeutung für die Gemeinschaft, da „beitrittsähnliche" Bindungen zwischen der Gemeinschaft und solchen Staaten von vornherein ausgeschlossen sind.[111] Allerdings bleibt festzuhalten, dass auch außereuropäische Staaten bestimmte politische Voraussetzungen erfüllen müssen. So ist z.B. die Achtung der demokratischen Grundsätze und der Menschenrechte wesentliches Element aller neueren Abkommen mit Drittstaaten.[112]

3. Sachlicher Regelungsbereich

Die gegenständliche Reichweite der gemeinschaftlichen Assoziierungskompetenz entscheidet darüber, ob ein geplantes Assoziierungsabkommen i.S.v. Art. 310 EG allein von der EG oder nur im Zusammenwirken mit den Mitgliedstaaten als gemischtes Abkommen geschlossen werden darf und ist dementsprechend zwischen der Kommission und den Mitgliedstaaten umstritten.

a) Restriktive Auslegung des Rates

Nach der restriktiven Auslegung, die vom Rat bzw. den Mitgliedstaaten und vereinzelt in der Literatur vertreten wird, enthalte Art. 310 EG keine eigene Sachkompetenz der Gemeinschaft, sondern sei lediglich eine Verfahrensvorschrift, die zum Abschluss von Handelsabkommen in der institutionellen Ausgestaltung von Assoziierungen ermächtige.[113] Die Europäische Gemeinschaft

---

[111] *Schön*, Der rechtliche Rahmen für Assoziierungen, S. 41.

[112] Vgl. Art. 2 des Abkommens mit Marokko v. 26.03.1996, Abl. EG 2000, L 70, S. 2 ff.; Art. 2 des Abkommens mit Tunesien v. 17.07.1995, Abl. EG 1998, L 97, S. 2 ff.

[113] *Meessen*, Das Abkommen von Lomé als gemischter Vertrag, S. 36, 39 ff.; *Oppermann*, Europarecht, Rn. 1883; *Hailbronner*, Die Freizügigkeit türkischer Staatsangehöriger, S. 54, 58 ff.

könne Assoziationsabkommen nur im Bereich der ihr an anderer Stelle ausdrücklich übertragenen Vertragsschließungskompetenzen (vor allem Art. 133 EG) sowie im Bereich der impliziten Außenkompetenzen[114] abschließen. Die der Rechtsprechung des EuGH zugrundeliegende Konzeption einer Verbindung von Innen- und Außenkompetenzen spräche gegen eine umfassende Gemeinschaftskompetenz. Es könne nicht angenommen werden, dass über den „Umweg" über im Vertrag selbst nicht definierte Assoziationsvereinbarungen die Gemeinschaft in die Lage versetzt werden solle, die grundsätzliche Kompetenzverteilung zwischen ihr und den Mitgliedstaaten im Innenverhältnis zu verändern.[115] Nach dem Prinzip der begrenzten Einzelermächtigung, das ein fundamentaler Grundsatz im Europarecht ist und das auch im Rahmen von Art. 310 EG gilt, sei mangels eines auslegungsfähigen Hinweises in Art. 310 EG eine über die sonstigen Regelungsmöglichkeiten der Gemeinschaft in unbestimmter Weise hinausgehende Assoziierungsgewalt nicht möglich.[116]

Dieser Auffassung entspricht auch die Abkommenpraxis: Assoziierungsabkommen, durch die Grundfreiheiten auf assoziierte Staaten ausgedehnt werden, wurden stets als gemischte Abkommen – also unter Beteiligung der Mitgliedstaaten – geschlossen.[117] Die wenigen Assoziierungsabkommen, die alleine von der Gemeinschaft abgeschlossen wurden, enthalten vor allem in kompetenzieller Hinsicht unproblematische Zoll- und Handelsregelungen und hätten ebenso gut auf der Grundlage von Art. 133 EG abgeschlossen werden können.[118]

Auch wenn die Assoziierungspraxis der Auffassung des Rates entspricht, kann diese dennoch nicht überzeugen. Durch die restriktive Auslegung von Art. 310 EG wird die gemeinschaftliche Assoziierungskompetenz derart eingeschränkt, dass es der Gemeinschaft so gut wie unmöglich ist, – wie in Art. 310 EG vorgesehen – ohne Beteiligung der Mitgliedstaaten Assoziierungsabkommen mit Drittstaaten zu schließen.[119]

[114] Vgl. AETR-Rechtsprechung des EuGH, Rs. 22/70, Slg. 1971, 263; dazu im Einzelnen unter A. III.

[115] *Hailbronner*, Die Freizügigkeit türkischer Staatsangehöriger, S. 54, 60.

[116] *Oppermann*, Europarecht, Rn. 1884; insoweit auch *Schmalenbach*, in: Calliess/Ruffert, Art. 310 EG, Rn. 16; Hirsch, Rechtsprechung des EuGH zu den Assoziierungsabkommen, S. 41, 42.

[117] Vgl. Europa-Mittelmeer-Abkommen mit Marokko v. 26.03.1996, Abl. EG 2000, L 70, S. 2 ff.; EWR-Abkommen v. 02.02.1992, Abl. EG 1994, L 1, S. 3 ff; Assoziierungsabkommen mit der Türkei v. 12.09.1963, Abl. EG 1964, P 217, S. 3687.

[118] Vgl. Interimsabkommen über Handels- und Handelsfragen zwischen der Gemeinschaft und Israel v. 18.12.1995, Abl. EG 1996, L 71, S. 2 ff.

[119] *Mögele*, in: Streinz, EUV/EGV, Art. 310 EG, Rn. 17.

b) Auffassung der Kommission und der Literatur

Nach der Auffassung der Kommission und der überwiegenden Literatur ist Art. 310 EG dementsprechend eine Kompetenznorm mit originärem sachlichem Regelungsbereich, der über den handelspolitischen Bereich hinausgeht und mit dem jeweiligen gemeinschaftsrechtlichen Integrationsstand korrespondiert.[120] Diese Auffassung wird vor allem auf den Wortlaut, die Funktion und die Systematik von Art. 310 EG gestützt.

aa) Wortlaut von Art. 310 EG

Der Begriff der Assoziierung wird im EG-Vertrag wortgleich nur in den Art. 182-187 EG verwandt. Die dort geregelte Assoziierung geht weit über den Bereich der handelspolitischen Gemeinschaftskompetenzen hinaus und erlaubt die Schaffung eines Freihandelssystems unter Einbeziehung von Regelungen über die Freizügigkeit, das Niederlassungsrecht und die Kapitalhilfe. Durch die Aufnahme des Begriffes der Assoziierung in Art. 310 EG wird deutlich, dass die dort übertragene Assoziierungskompetenz ebenfalls nur als eine umfassende verstanden werden kann. Die gemeinschaftliche Assoziierungskompetenz erfasst somit alle vergemeinschafteten Bereiche und Politiken.[121] Das schließt auch Regelungen mit ein, die sich, wie etwa der freie Personenverkehr, auf die Binnensphäre der EG beschränken und somit weder Regelungen in Bezug auf Drittstaaten enthalten noch entsprechende Außenkompetenzen begründen.

bb) Funktion von Art. 310 EG

Für eine umfassende Sachkompetenz spricht auch die Funktion des Art. 310 EG: Er soll nämlich einerseits entsprechend den Zielsetzungen der Präambel des EG-Vertrags die schon 1957 erörterte Möglichkeit eines „Brückenschlags" zwischen der EG und den nicht beitrittswilligen oder -fähigen Ländern Europas offen halten. Andererseits soll er ein Instrument der Entwicklungshilfe sein. In den dem

---

[120] *Schön*, Der rechtliche Rahmen für Assoziierungen, S. 24 f.; *Richter*, Die Assoziierung osteuropäischer Staaten, S. 189 ff.; Krück, Die Freizügigkeit der Arbeitnehmer, S. 289, 297 ff.; Hirsch, Rechtsprechung des EuGH zu den Assoziierungsabkommen, S. 41, 42; *Petersmann*, Struktur und aktuelle Rechtsfragen des Assoziationsrechts, S. 266, 2284 ff.; *Vedder*, in: Grabitz/Hilf, Altband II, Art. 238 EWGV (1. EL 1987), Rn. 8.

[121] *Mögele*, in: Streinz, EUV/EGV, Art. 310 EG, Rn. 18; Herrnfeld, in: Schwarze, EU-Kommentar, Art. 310 EG, Rn. 5.

EWGV beigefügten Absichtserklärungen über die Assoziierung der unabhängigen Länder der Frankenzone, Libyens, Somalilands, Surinams und der Niederländischen Antillen wurden diesen Staaten schon für den Beginn der Übergangszeit Assoziationsverhandlungen angeboten. Hinsichtlich der Maghrebländer und Somalilands konnte damit nur eine Assoziierung nach Art. 310 EG (Art. 238 EWGV) gemeint sein und nicht etwa eine konstitutionelle Assoziierung nach Art. 182 ff. EG, da diese nur mit den abhängigen überseeischen Ländern, nicht aber mit den genannten unabhängigen Ländern möglich ist.[122]

cc) Systematik von Art. 310 EG

Aus seiner systematischen Stellung im sechsten Teil des EG-Vertrags, der allgemeine und Schlussbestimmungen enthält, ergibt sich, dass Art. 310 EG eine allgemeine, über die Beziehungen innerhalb der Gemeinschaft hinausgehende Vorschrift ist.[123] Es ist kaum nachvollziehbar, warum ein Artikel, der vom Wortlaut her keinerlei Bezug zur Handelspolitik herstellt und sich an einer ganz anderen Stelle im Vertrag als die Handelspolitik befindet, nur eine Verfahrensvorschrift hinsichtlich der Ausgestaltung eines Handelsabkommens sein soll, zumal Art. 133 EG selbst Verfahrensvorschriften enthält. Dagegen spricht auch der Umstand, dass durch den Vertrag von Maastricht von 1992 die Abs. 2 und 3 des Art. 238 EWG und damit auch die speziellen Vorschriften über das Verfahren aufgehoben und in Art. 300 EG verankert wurden. Spätestens dadurch ist der Auffassung, die Art. 310 EG als bloße Verfahrensnorm ansieht, der Boden entzogen worden.

c) Rechtsprechung des EuGH

Die Auffassung der Kommission und Literatur wird auch durch die Rechtsprechung des EuGH bestätigt. Im Demirel-Urteil hat er festgestellt, dass Art. 310 EG der Gemeinschaft notwendigerweise die Zuständigkeit dafür einräumen muss, die Erfüllung der Verpflichtungen gegenüber Drittstaaten in allen vom EG-Vertrag erfassten Bereichen sicherzustellen.[124] Dadurch wird deutlich, dass Art. 310 EG eine über den handelspolitischen Bereich hinausgehende, alle

---

[122] *Petersmann*, Struktur und aktuelle Fragen des Assoziationsrechts, S. 266, 285.
[123] *Weber*, in: von der Groeben/Schwarze, Bd. 4, Art. 310 EG, Rn. 13.
[124] EuGH, Rs. 12/86 (Demirel), Slg. 1987, 3719, Rn. 9.

der Gemeinschaft zugewiesenen Sachgebiete[125] umfassende Vertragsschlusskompetenz enthält. Keine Assoziierungskompetenz der Gemeinschaft besteht dagegen in den Bereichen, in denen die ausschließliche Zuständigkeit bei den Mitgliedstaaten verblieben ist, also insbesondere im Bereich der zweiten und dritten Säule.[126]

d) Technische und finanzielle Hilfsleistungen

Umstritten ist darüber hinaus, inwieweit Art. 310 EG die Gemeinschaft dazu ermächtigt, im Rahmen von Assoziierungsverhältnissen auch Vereinbarungen über technische und finanzielle Hilfsleistungen ohne die Beteiligung der Mitgliedstaaten zu treffen. Die finanzielle Kooperation ist ein natürlicher Bestandteil einer Assoziierung mit Entwicklungsländern, was auch Art. 183 Nr. 3 und 4 EG belegt. Allerdings bezieht sich Art. 183 EG nur auf die assoziierten Länder und Hoheitsgebiete. Die aus den Entwicklungsfonds finanzierte finanzielle Hilfe wurde aber später auch mit (inzwischen) unabhängigen Staaten fortgeführt und auf die Grundlage von Art. 310 EG gestützt.[127]

Technische und finanzielle Vereinbarungen können von der Gemeinschaft auf der Grundlage von Art. 310 EG geschlossen werden, wenn die Finanzhilfen im Gemeinschaftshaushalt budgetiert sind. Das gilt unabhängig davon, woher die Mittel stammen, aus denen der Haushalt der Gemeinschaft gespeist wird – seien es Beiträge der Staaten oder eigene Finanzmittel.[128] Geht hingegen die Finanzierung zu Lasten der Mitgliedstaaten, ist nach der Auffassung des EuGH hingegen ihre Beteiligung am Zustandekommen der Vereinbarung erforderlich.[129]

Diese Rechtsprechung ist bedenklich, da die Mitgliedstaaten es auf diese Weise in der Hand haben, die ausschließlichen Gemeinschaftskompetenzen zu umgehen. Die Beteiligung der Mitgliedstaaten an Abkommen der Gemeinschaft richtet sich aber ausschließlich nach der betroffenen Sachkompetenz. Mögliche

---

[125] D.h. alle Tätigkeitsfelder, in denen die Gemeinschaft über eine ausschließliche, konkurrierende bzw. parallele Zuständigkeit verfügt.

[126] *Herrnfeld*, in: Schwarze, EU-Kommentar, Art. 310 EG, Rn. 5.

[127] Vgl. Assoziierungsabkommen mit Mauritius v. 12.05.1972, Abl. EG 1973, L 288, S. 2 ff.

[128] Vgl. Antwort des Rates v. 19.10.1977 auf die schriftl. Anfrage Nr. 396/77 (Dondelinger), Abl. EG 1977, C 277, S. 7.

[129] Vgl. EuGH, Gutachten 1/78 (Internationales Naturkautschuk-Übereinkommen), Slg. 1979, 2871, Rn. 60 – auch wenn sich die Erwägungen des EuGH auf ein Handelsabkommen nach Art. 133 EG beziehen, dürfte hinsichtlich der Finanzierung für Assoziierungsabkommen nichts anderes gelten; so auch *Oppermann*, Europarecht, Rn. 1884.

finanzielle Aspekte fallen mit in diese Kompetenz.[130] Der Gemeinschaftsgesetzgeber ist auch ansonsten berechtigt, den Mitgliedstaaten finanzielle Belastungen aufzuerlegen, die diese zu Lasten ihrer Haushalte erfüllen müssen, wie zahlreiche Beispiele insbesondere aus dem Bereich der Agrarpolitik belegen und bei denen der EuGH selbst den Schluss gezogen hat, dass sich die Mitgliedstaaten einer solchen Verpflichtung nicht im Hinblick auf innerstaatliche Erfordernisse entziehen dürfen.[131]

e) Bewertung

Die dogmatische Grenze zwischen gemeinschaftlichen und mitgliedschaftlichen Kompetenzen hat jedoch in der Praxis eine relativ geringe Bedeutung, da Assoziierungsabkommen auf Gemeinschaftsseite regelmäßig als gemischte Verträge unter Beteiligung der Mitgliedstaaten geschlossen werden. Die Kommission hat diese ständige Übung des Rates noch nicht zum Gegenstand gerichtlicher Auseinandersetzungen oder von Gutachtenersuchen nach Art. 300 Abs. 6 EG gemacht, sondern scheint auf dem Gebiet eher resigniert zu haben.[132] Die Ratspraxis führt dazu, dass das Vertragsschlussverfahren zum einen dadurch zeitlich verzögert wird, dass alle Mitgliedstaaten dem jeweiligen Abkommen zustimmen und es ratifizieren müssen. Zum anderen verschwimmt so die Abgrenzung der Kompetenzen zwischen der Gemeinschaft und den Mitgliedstaaten nach außen wie auch nach innen. Rein tatsächlich sind die Mitgliedstaaten aus Prestigegründen bestrebt, ihren politisch und materiell wesentlichen Beitrag zum Zustandekommen von Assoziierungsabkommen durch vertragliche Mitbestimmung nach außen zu dokumentieren.[133]

4. Zusammenfassung

Unter Zugrundelegung der dargestellten Kriterien ist eine Assoziierung ein dauerhaftes völkerrechtliches Vertragsverhältnis, das institutionell mit besonderen, zur Rechtsetzung befähigten Organen ausgestattet ist und materiell in unterschiedlichem Umfang die gesamte Bandbreite zwischen wirtschaftlicher und entwicklungspolitischer Zusammenarbeit bis hin zur weitgehenden Übernahme

---

[130] *Gilsdorf*, in: von der Groeben/Thiesing/Ehlermann, Bd. 5, Art. 238 EWGV, Rn. 31; *Fischer*, Handels- und Assoziierungsabkommen, S. 1, 19.
[131] EuGH, Rs. 93/71 (Leonesio), Slg. 1972, 287, Rn. 21/23.
[132] *Gilsdorf*, in: von der Groeben/Thiesing/Ehlermann, Bd. 5, Art. 238 EWGV, Rn. 28.
[133] *Oppermann*, Europarecht, Rn. 1884.

des Gemeinschaftsrechts umfassen kann.[134] Welche Sachbereiche in einem solchen Abkommen geregelt werden, ist letztlich eine politische Entscheidung.

5. Arten von Assoziierungsabkommen

Sämtliche Assoziierungsabkommen sind durch sekundäres Assoziierungsrecht konkretisierungsbedürftige Rahmenverträge mit oft ähnlichen Rechtsstandards.[135] Sie werden im Allgemeinen in drei Arten unterteilt, die sich jeweils am mit der Assoziierung verfolgten politischen Ziel orientieren. Unabhängig von der jeweiligen Grundausrichtung spielt die Vertiefung der Wirtschafts- und Handelsbeziehungen in allen Fällen eine wichtige Rolle. Alle Assoziierungsabkommen enthalten zumindest Vorschriften über eine weitgehende, meist bilaterale, aber nicht notwendigerweise reziproke Liberalisierung des Handelsverkehrs, im Übrigen unterscheiden sie sich hinsichtlich ihrer Zweckbestimmung und ihres Inhalts.

a) Beitrittsassoziierung

Die Beitrittsassoziierung ist als Vorstufe für den Beitritt zur Gemeinschaft von beitrittswilligen, aber aus wirtschaftlichen oder politischen Gründen noch nicht beitrittsfähigen europäischen Ländern gedacht.[136] Diese Staaten sollen sich durch ein Assoziierungsabkommen der Gemeinschaft annähern und damit einen späteren Beitritt vorbereiten. Eine Beitrittsassoziierung ist dementsprechend nur mit europäischen Ländern möglich, da nur diese nach Art. 49 EU der Union beitreten können. Ein Rechtsanspruch auf einen späteren Beitritt wird durch ein Assoziierungsabkommen nicht begründet.

Ziel der Beitrittsassoziierung ist die Intensivierung der wirtschaftlichen Beziehungen zwischen den Vertragspartnern, die Förderung der wirtschaftlichen, sozialen und kulturellen Entwicklung in dem beitrittswilligen Staat sowie die Vorbereitung und Erleichterung der von dem Staat angestrebten Mitgliedschaft in der Europäischen Union. Zu diesem Zweck werden dem jeweiligen Land seitens der EU finanzielle Hilfen gewährt, um dessen Wirtschaft dem EU-Niveau anzugleichen. Häufig wird eine Zollunion vereinbart, die eine präferentielle Regelung umfasst, d.h. Steuern und Zölle werden bei der Einfuhr bestimmter Wa-

---

[134] *Schmalenbach*, in: Calliess/Ruffert, Art. 310 EG, Rn. 11; *Krück*, Die Freizügigkeit der Arbeitnehmer, S. 289, 297; *Vedder*, in: Grabitz/Hilf, Altband II, Art. 238 EWGV (1. EL 1987), Rn. 16.

[135] *Petersmann*, Struktur und aktuelle Fragen des Assoziationsrechts, S. 266, 271.

[136] *Gilsdorf*, in: von der Groeben/Thiesing/Ehlermann, Bd. 5, Art. 238 EWGV, Rn. 3.

ren in die EU bzw. in das beitrittswillige Land erlassen oder auf ein Mindestmaß gesenkt.

In diese Kategorie fallen die Assoziierungsabkommen mit Griechenland (1963) und der Türkei (1964)[137], die Europa-Abkommen mit den mittel- und osteuropäischen Staaten aus den 1990er Jahren. Angestrebtes Ziel dieser Abkommen ist nach der jeweiligen Präambel die Mitgliedschaft der einzelnen Staaten in der Gemeinschaft.[138] Die Assoziierungsabkommen mit Griechenland sowie mit den mittel- und osteuropäischen Staaten führten 1981 bzw. 2004 zum Beitritt dieser Staaten. Rumänien und Bulgarien wurden am 1. Januar 2007 Mitgliedsstaaten der EU.[139] Mit der Türkei hat die EU im Oktober 2005 Beitrittsverhandlungen aufgenommen.

b) Freihandelsassoziierung

Neben der Funktion der Vorbereitung eines Beitritts ist die Assoziierung auch als „Brückenschlag“ zwischen der EG und den nicht beitrittswilligen Ländern Europas gedacht. Diesem Ziel dient vor allem die Freihandelsassoziierung. Sie bezweckt eine substanzielle gegenseitige Integration auf dem Gebiet des Handels sowie auf anderen Politikfeldern, ohne dass damit eine konkrete Beitrittsperspektive verbunden wäre.[140] Eine Vollmitgliedschaft steht diesen Ländern aber, wie allen anderen europäischen Staaten, grundsätzlich offen.

Die ersten Freihandelsabkommen, die die EG auf der Grundlage von Art. 310 EG geschlossen hat, waren die mit Malta und Zypern.[141] Kernbestand beider

---

[137] Abkommen zur Gründung einer Assoziation zwischen der EWG und Griechenland v. 09.07.1961, Abl. EG 1963, S. 294 ff.; Abkommen zwischen der EWG und der Türkei v. 12.09.1963, Abl. EG 1964, 217, S. 3687 ff. (Türkei).

[138] Vgl. die Präambel des Abkommens mit der Türkei: „In der Erkenntnis, dass die Hilfe, welche die Europäische Wirtschaftsgemeinschaft dem türkischen Volk bei seinem Bemühen um die Besserung seiner Lebenshaltung zuteil werden lässt, später den Beitritt der Türkei zur Gemeinschaft erleichtern wird.“ sowie – beispielhaft – die Präambel des Europa-Abkommens mit der Slowakei v. 04.10.1993: „In der Erkenntnis, dass die Slowakische Republik letztlich die Mitgliedschaft in der Gemeinschaft anstrebt und dass diese Assoziation nach Auffassung der Vertragsparteien der Slowakischen Republik bei der Verwirklichung dieses Ziels helfen wird.“, Abl. EG 1994, L 359, S. 2 ff.

[139] Europa-Abkommen zur Gründung einer Assoziation v. 01.02.1993, Abl. EG 1994, L 357, S. 2 ff. (Rumänien) bzw. v. 08.03.1993, Abl. EG 1994, L 358, S. 3 ff. (Bulgarien).

[140] *Mögele*, in: Streinz, EUV/EGV, Art. 310 EG, Rn. 6.

[141] Abkommen mit Malta v. 05.12.1970, Abl. EG 1971, L 61, S. 2 ff. und Abkommen mit Zypern v. 19.12.1972, Abl. EG 1973, L 133, S. 2 ff.

Abkommen war die stufenweise Errichtung einer Zollunion.[142] Im Rahmen der Mittelmeerpolitik der Gemeinschaft wurden diese Abkommen durch Zusatz- und Finanzprotokolle zu einer wirtschaftlichen und sozialen Entwicklung der beiden Länder erweitert. Beide Staaten sind mittlerweile Mitglieder der EU.

Zur Gruppe der Freihandelsabkommen zählt ferner das Abkommen über den Europäischen Wirtschaftsraum.[143] Dieses wurde – nach dem Beitritt Großbritanniens, Dänemarks und Irlands im Jahr 1972 – mit allen verbliebenen Rest-EFTA-Staaten verhandelt. Die Schweiz hat das Abkommen nicht ratifiziert. Für die restlichen EFTA-Staaten trat es am 1. Januar 1994 in Kraft. Durch den Beitritt Österreichs, Schwedens und Finnlands zur EU 1995 ist der Freihandelsblock EWR zu einem „Restfreihandelsraum“[144] geschrumpft, der neben den EU-Mitgliedstaaten nur noch Norwegen, Island und Liechtenstein umfasst. Inhaltlich geht das EWR-Abkommen deutlich über klassische Freihandelsabkommen hinaus und bezweckt eine weitgehende Erstreckung des Binnenmarktes auf den gesamten EWR-Raum.[145] Zu diesem Zweck haben sich die EWR-Staaten verpflichtet, den acquis communautaire weitgehend zu übernehmen und zwar nicht nur die zum Zeitpunkt des Abschlusses des Abkommens geltenden, sondern auch die danach in Kraft tretenden, den EWR berührenden EG-Vorschriften.

c) Entwicklungsassoziierung

Früher wurde die Auffassung vertreten, dass sich die Gemeinschaft nur mit denjenigen Staaten assoziieren könne, die räumlich mit Europa verbunden seien. Die Idee einer solchen räumlichen Begrenzung hat sich aber nicht durchgesetzt. Im Gegenteil, die Gemeinschaft nutzt inzwischen Art. 310 EG bewusst zur Verwirklichung ihres entwicklungspolitischen Engagements in außereuropäischen Ländern. Dadurch hat sich der Begriff der Entwicklungsassoziierung als dritter Typ einer Assoziierung nach Art. 310 EG fest eingebürgert. Die Entwicklungsassoziierung dient der Begründung einer breit angelegten Zusammenarbeit mit dem Hauptziel, die wirtschaftliche Entwicklung in den assoziierten Staaten zu fördern und das Gefälle zwischen diesen Ländern und den Mitgliedstaaten der Gemeinschaft zumindest zu verringern.[146] Eine maßgebliche Rolle spielen in dem Zusammenhang die Einräumung asymmetrischer Handelszugeständnisse,

---

[142] Insoweit ist der Terminus der Freihandelsassoziierung nicht ganz korrekt.
[143] EWR-Abkommen v. 02.05.1992, Abl. EG 1994, L 1, S. 3 ff.
[144] *Weber*, in: von der Groeben/Schwarze, Art. 310 EG, Rn. 58.
[145] Siehe dazu unten C. II. 2. a).
[146] *Schön*, Der rechtliche Rahmen für Assoziierungen, S. 14.

die Entwicklungszusammenarbeit und die Gewährung finanzieller Hilfen durch die EU.

Eine Entwicklungsassoziierung kann auf der Grundlage von Art. 310 EG in Form der vertraglichen Assoziierung und auf der Grundlage von Art. 182 EG in Form der konstitutionellen Assoziierung erfolgen.

aa) Entwicklungsassoziierung nach Art. 182 EG

Die Entwicklungsassoziierung nach Art. 182 EG ist den Territorien vorbehalten, die aufgrund ihrer kolonialen Vergangenheit einen besonderen Bezug zu einzelnen Mitgliedstaaten aufweisen. Seit der Unabhängigkeit der meisten ehemaligen Kolonien hat die konstitutionelle Assoziierung an Bedeutung verloren. Sie beschränkt sich heute auf die im Anhang II des EG-Vertrags abschließend aufgezählten überseeischen Länder und Hoheitsgebiete der Mitgliedstaaten.[147] Da die überseeischen Länder und Hoheitsgebiete aufgrund der fehlenden Staatsqualität nicht handlungsfähig sind, werden sie gegenüber der Gemeinschaft von ihren Mutterländern vertreten, die insoweit nicht als Mitgliedstaaten agieren und dementsprechend auch nicht durch den EG-Vertrag in ihren Außenkompetenzen beschränkt sind. Das Assoziierungsverhältnis wird durch den 4. Teil des EG-Vertrags begründet und bedarf keiner weiteren völkerrechtlichen Vereinbarung zwischen den Territorien und dem jeweiligen Mutterland.

bb) Entwicklungsassoziierung nach Art. 310 EG

Die Entwicklungsassoziierung nach Art. 310 EG gilt dementsprechend für alle anderen außereuropäischen Drittstaaten. Die bekanntesten Beispiele sind die Abkommen mit den AKP-Ländern[148] sowie die Europa-Mittelmeer-

[147] Das sind zumeist Inseln mit insgesamt 900.000 Einwohnern, die aufgrund besonders ungünstiger geographischer und wirtschaftlicher Bedingungen i.d.R. weit im Rückstand sind. Im Einzelnen sind dies Grönland, Neukaledonien und Nebengebiete, Französisch-Polynesien, französische Süd- und Antarktisgebiete, Wallis und Futtuna, Mayotte, St. Pierre und Miquelon, Aruba, Niederländische Antillen, Anguilla, Kaimaninseln, Falklandinseln, Südgeorgien und südliche Sandwichinseln, Montserrat, Pitcairn, St. Helena und Nebengebiete, Britisches Antarktis-Territorium, Britisches Territorium im Indischen Ozean, Turks- und Caicosinseln, Britische Jungferninseln, Bermuda.

[148] Abkommen mit den AKP-Ländern (Jaundé- und Lomé-Abkommen), die gegenwärtig auf dem Partnerschaftsabkommen von Cotonou v. 23.06.2000 beruhen, Abl. EG 2000, L 317, S. 3 ff.

Abkommen[149], die sich weitgehend an den Europa-Abkommen orientieren – ohne allerdings eine Beitrittsperspektive vorzusehen.

Die auf Art. 310 EG gestützten AKP-Abkommen sind eine Fortsetzung der konstitutionellen Assoziierung nach Art. 182 EG. Die unabhängig gewordenen Gebiete werden auf der Grundlage von Art. 310 EG mit der Gemeinschaft nunmehr vertraglich assoziiert.

Kernelement der Europa-Mittelmeer-Abkommen ist die schrittweise Errichtung bilateraler Freihandelszonen. Hinzu kommen Regelungen über eine Liberalisierung des Dienstleistungs- und Kapitalverkehrs sowie des Niederlassungsrechts und die Übernahme des Wettbewerbsrechts. Auch ist ein regelmäßiger politischer Dialog vorgesehen. Ferner enthalten die Abkommen umfangreiche Bestimmungen über die wirtschaftliche, soziale und kulturelle Zusammenarbeit.[150]

6. Abgrenzung zu anderen Abkommen

Die Abgrenzung von Assoziierungsabkommen zu anderen Abkommen ist nicht immer ganz einfach. So sind z.B. Freihandelsabkommen nicht zwangsläufig als Assoziierungsverhältnisse ausgestaltet. Vielmehr wurden die Freihandelsabkommen mit den Rest-EFTA-Staaten nach dem Beitritt Großbritanniens, Irlands und Dänemarks auf Art. 133 EG gestützt, da eine Assoziierung vor allem wegen der neutralitätspolitischen Vorbehalte Österreichs nicht in Betracht kam.[151] Viele der auf Art. 310 EG gestützten entwicklungspolitischen Abkommen werden zudem als „Kooperationsabkommen" bezeichnet. Andererseits gibt es aber auch Kooperationsabkommen, die nicht auf Art. 310 EG, sondern auf Art. 133 EG beruhen. Durch die Vermeidung des Begriffes „Assoziierungsabkommen" in neueren Abkommen ist die rechtliche Einordnung nicht leichter geworden.

a) Kooperationsabkommen nach Art. 133 EG

Präferentielle und nichtpräferentielle Kooperationsabkommen, die in Art. 133 EG ihre Grundlage haben, sind in der Regel auf spezifische Regionen und Sek-

[149] Unterzeichnete Abkommen mit Tunesien, Israel (beide 1995), Marokko (1996), Jordanien (1997), Ägypten (2001), Algerien (2002), dem Libanon (2002) und Syrien (2004) sowie ein Interimsabkommen mit der PLO (1997). Mit Libyen wurden erste Gespräche aufgenommen.
[150] Dazu im Einzelnen unten B. IV. 5.
[151] *Weber*, in: von der Groeben/Schwarze, Bd. 4, Art. 310 EG, Rn. 57.

toren zugeschnitten.[152] Sie beziehen sich häufig auf bestimmte Waren oder Warengruppen[153] und sind meistens zeitlich befristet.[154] Zwar können Kooperationsabkommen i.S.v. Art. 133 EG über handelspolitische Aspekte im engeren Sinn hinaus auch generelle Regelungen über eine wirtschaftspolitische, industriepolitische und technische Zusammenarbeit enthalten.[155] Allerdings werden durch solche Kooperationsabkommen lediglich Rahmenbedingungen für eine derartige Zusammenarbeit geschaffen.

b) Kooperationsabkommen nach Art. 310 EG

Kooperationsabkommen, die hingegen auf Art. 310 EG gestützt werden, gehen über die vertragliche Regelung einzelner Sachbereiche hinaus und bezwecken i.d.R. die Begründung einer möglichst umfassenden und dauerhaften gegenseitigen Vertrags- und Wirtschaftsbeziehung, die durch eine vertiefte Kooperation gekennzeichnet ist.

Im Einzelnen bleibt die Abgrenzung aber schwierig, da es vielfach auch von den politischen Interessen der Gemeinschaft bzw. des jeweiligen Partners abhängt, auf welche Rechtsgrundlage ein Abkommen letztlich gestützt wird.

7. Neuregelung in der Verfassung

Nach der Verfassung kann die EU mit Drittstaaten Abkommen, die gegenseitige Rechte und Pflichten umfassen und ein gemeinsames Vorgehen vorsehen, entweder auf der Grundlage von Art. III-324 VVE (Assoziierungsabkommen) oder auf der Grundlage von Art. I-57 VVE (Nachbarschaftsabkommen) schließen.

a) Assoziierungsabkommen

In der Verfassung ist die Assoziierungskompetenz der EU in Art. III-324 VVE geregelt. Abgesehen von kleineren Formulierungsänderungen ist Art. 310 EG inhaltlich gleich geblieben, so dass sich durch die Verfassung keinerlei Kompetenzänderungen in Bezug auf Assoziierungsabkommen ergeben.

---

[152] *Nettesheim/Duvigneau*, in: Streinz, EUV/EGV, Art. 133 EG, Rn. 54.
[153] Häufig Abkommen über Textilien, Stahl und landwirtschaftliche Grunderzeugnisse.
[154] *Müller-Huschke*, in: Schwarze, EU-Kommentar, Art. 133 EG, Rn. 203.
[155] Siehe oben A. I. 2. b).

b) Nachbarschaftsabkommen

Nach Art. I-57 Abs. 1 VVE soll die Gemeinschaft außerdem die Möglichkeit haben, mit den Ländern in ihrer Nachbarschaft so genannte Nachbarschaftsabkommen abzuschließen. Diese Übereinkommen können nach Art. I-57 Abs. 2 VVE ebenso wie Assoziierungsabkommen gegenseitige Rechte und Pflichten umfassen und ein gemeinsames Vorgehen vorsehen.[156] Unterschiede ergeben sich insbesondere hinsichtlich der unterschiedlich geltenden Mehrheitserfordernisse: Für den Abschluss eines Assoziierungsabkommens ist nach Art. III-325 Abs. 8 UAbs. 2 VVE Einstimmigkeit im Rat erforderlich, während für Nachbarschaftsabkommen nach Art. III-325 Abs. 8 UAbs. 1 VVE das Vorliegen einer qualifizierten Mehrheit ausreichend ist.

III. Implizite Vertragsschlusskompetenzen

Auch wenn der EG-Vertrag noch eine Reihe weiterer ausdrücklicher Außenkompetenzen (wie z.B. Art. 174 Abs. 4 EG für das Umweltrecht) vorsieht, ist es erforderlich, zunächst auf die impliziten Vertragsschlusskompetenzen einzugehen, da diese weiteren Kompetenznormen erst nach der relevanten Rechtsprechung zu den impliziten Vertragsschlusskompetenzen in den Vertrag eingefügt wurden und sich ihr Umfang teilweise erst durch einen Rückgriff auf diese Rechtsprechung ergibt. Bei den impliziten Kompetenzen geht es vor allem um die Frage der Zuständigkeitsaufteilung zwischen der EG und den Mitgliedstaaten.

1. Keine implizite Vertragsschlusskompetenz

In der Anfangszeit der EG wurde die Auffassung vertreten, dass wegen des Grundsatzes der begrenzten Einzelermächtigung die Gemeinschaft nur in den ihr ausdrücklich durch den EG-Vertrag zugewiesenen Fällen über eine Kompetenz zum Abschluss von Abkommen mit dritten Staaten verfüge.[157] Jedoch spricht die Existenz von Art. 300 EG, der neben den Art. 133 und 310 EG Verfahrensregelungen enthält, dafür, dass es noch weitere Kompetenzen zum Abschluss völkerrechtlicher Verträge geben muss.

---

[156] Siehe dazu im Einzelnen unten B. V. 7.
[157] *Pescatore*, Les rélations extérieures des Communautés Européennes, S. 1, 87 ff.

2. AETR-Rechtsprechung

Im AETR-Urteil von 1971 hat der EuGH erstmals das Bestehen von impliziten Vertragsschlusskompetenzen anerkannt. Aus dem Prinzip der Gemeinschaftstreue nach Art. 10 EG folgt, dass die Gemeinschaft immer dann über eine ausschließliche Außenkompetenz verfügt, wenn durch etwaige völkerrechtliche Verpflichtungen der Mitgliedstaaten bereits erlassene interne EG-Rechtsnormen beeinträchtigt oder in ihrer Tragweite geändert werden.[158] Damit wurde die grundsätzliche Parallelität der Innen- und Außenkompetenzen geschaffen.

3. Gutachten 1/76

Im Kramer-Urteil von 1976 und deutlicher noch im Gutachten 1/76 präzisierte der EuGH seine Auffassung dahingehend, dass eine implizite Zuständigkeit der EG im Außenverhältnis nicht auf die Fälle beschränkt ist, in denen sie von der internen Zuständigkeit bereits Gebrauch gemacht hat, um Maßnahmen zur Verwirklichung einer gemeinsamen Politik zu treffen. Auch dann, wenn interne Maßnahmen erst anlässlich des Abschlusses und der Inkraftsetzung der völkerrechtlichen Vereinbarung ergriffen werden, fließt aus dem Kompetenztitel im Innenverhältnis die entsprechende ausschließliche Außenkompetenz, wenn die völkerrechtliche Vereinbarung zur Erreichung eines Ziels der Gemeinschaft notwendig ist.[159]

4. ILO-Gutachten

Im ILO-Gutachten von 1993 stellte der EuGH klar, dass ein völkerrechtliches Übereinkommen bereits erlassenes Sekundärrecht nicht beeinträchtigt, wenn sowohl das Sekundärrecht als auch die Vorschriften des Übereinkommens zu einem großen Teil nur Mindestvorschriften enthalten, die den Mitgliedstaaten einen gewissen Freiraum zum Erlass strengerer Vorschriften einräumen.[160] In einem solchen Fall besteht trotz interner Rechtssetzungskompetenz keine ausschließliche Außenkompetenz der Gemeinschaft, sondern lediglich eine geteilte Zuständigkeit zwischen der Gemeinschaft und den Mitgliedstaaten.

---

[158] EuGH, Rs. 22/70 (AETR), Slg. 1971, 263, Rn. 20/22; deutlicher noch in EuGH, Gutachten 2/91 (ILO-Gutachten), Slg. 1993, I-1061, Rn. 18.

[159] EuGH, verb. Rs. 3, 4 und 6/76 (Kramer), Slg. 1976, 1279, Rn. 30/33; EuGH, Gutachten 1/76 (Stilllegungsfonds), Slg. 1977, 741, Rn. 4.

[160] EuGH, ILO-Gutachten (Fn. 158), Rn. 18, 21.

Weiter führte der EuGH aus, dass die Mitgliedstaaten außerhalb des Rahmens der Gemeinschaftsorgane keine völkerrechtlichen Verpflichtungen in einem Gebiet eingehen können, das bereits weitgehend von Gemeinschaftsvorschriften erfasst ist, selbst wenn zwischen dem Übereinkommen und dem Sekundärrecht kein Widerspruch besteht.[161] Ob daraus aber eine ausschließliche Zuständigkeit der Gemeinschaft folgt, ließ der EuGH in diesem Gutachten offen.

5. WTO-Gutachten

Im WTO-Gutachten von 1994 und noch deutlicher in den Open-Skies-Urteilen[162] von 2002 präzisierte der EuGH seine Auffassung wie folgt:

a) Vollständige Harmonisierung

In den Bereichen, die weitgehend durch Gemeinschaftsvorschriften geregelt sind, erwirbt die Gemeinschaft aufgrund der Ausübung ihrer internen Zuständigkeit eine Außenkompetenz. Eine ausschließliche Außenkompetenz der Gemeinschaft besteht aber nur dann, wenn die Gemeinschaft eine vollständige Harmonisierung der Rechts- und Verwaltungsvorschriften der Mitgliedstaaten durch Richtlinien oder sonstige Maßnahmen auf einem bestimmten Gebiet erreicht hat.[163] Mit dem Erlass des sekundären Gemeinschaftsrechts entsteht eine umfassende Kompetenzsperre für die Mitgliedstaaten. Das bedeutet, dass die Mitgliedstaaten noch nicht einmal befugt sind, solche völkerrechtlichen Vereinbarungen einzugehen, die parallel zum Gemeinschaftsrecht verlaufen bzw. ausdrücklich die Vereinbarkeit mit dem betreffenden Gemeinschaftsrecht zur Voraussetzung haben.[164]

In den Fällen, in denen die Gemeinschaft trotz bestehender interner Befugnis bzw. mangels umfassender interner Rechtsetzungskompetenz nur teilweise tätig geworden ist, erlangt sie nur im Rahmen ihrer partiellen Rechtsetzung eine ausschließliche Außenkompetenz. Für die bislang nicht durch Sekundärrecht gere-

[161] EUGH, ILO-Gutachten (Fn. 158), Rn. 25 f.

[162] Insgesamt acht weitgehend identische Urteile zu bilateralen Luftverkehrsabkommen einzelner Mitgliedstaaten mit den USA. Entscheidung Deutschland betreffend: EuGH, Rs. C-476/98, Slg. 2002, I-9855.

[163] EuGH, Gutachten 1/94 (WTO-Gutachten), Slg. 1994, I-5267, Rn. 96; EuGH, Open Skies (Fn. 162), Rn. 108, 110; ebenso: EuGH, Gutachten 2/92 (OECD-Gutachten), Slg. 1995, I-521, Rn. 33; EuGH, Gutachten 2/00 (Cartagena-Protokoll), Slg. 2001, I-9713, Rn. 46.

[164] EuGH, Open Skies (Fn. 162), Rn. 127, 131.

gelten Ausschnitte des Politikfeldes verbleibt es bei der externen Zuständigkeit der Mitgliedstaaten, zumindest solange, bis die Gemeinschaft auch auf diesen Teilbereichen Recht setzt.[165]

b) Ausdrückliche Übertragung von Zuständigkeiten

Des Weiteren besteht eine ausschließliche Außenkompetenz der Gemeinschaft dann, wenn die Gemeinschaft ihren Organen ausdrücklich eine Zuständigkeit zur Verhandlung mit Drittstaaten übertragen hat.[166] Hingegen beeinträchtigen rein faktische Verzerrungen des Dienstleistungsflusses im Binnenmarkt, die sich aus bilateralen Abkommen zwischen einzelnen Mitgliedstaaten und Drittstaaten ergeben können, nicht die auf diesem Gebiet erlassenen gemeinsamen Rechtsnormen und begründen daher keine Außenkompetenz der Gemeinschaft.[167]

c) Potentielle ausschließliche Außenkompetenz

Im Gutachten 1/76 hatte der EuGH ausgeführt, dass die Gemeinschaft über eine potentielle ausschließliche Außenkompetenz verfügt, wenn der Abschluss eines Abkommens durch die Gemeinschaft alleine zur Erreichung eines Gemeinschaftsziels notwendig ist. Durch das WTO-Gutachten hat der EuGH das Merkmal der „Notwendigkeit" dahingehend präzisiert, dass die Ausübung einer potentiellen Außenkompetenz nur dann zu einer ausschließlichen Zuständigkeit der Gemeinschaft führt, wenn zwischen der Innen- und Außenkompetenz eine untrennbare Verbindung besteht und die interne Kompetenz wirksam nur zugleich mit der externen Zuständigkeit ausgeübt werden kann, um Ziele des Vertrages zu verwirklichen, die sich durch die Aufstellung autonomer Regeln nicht erreichen lassen.[168] Da ein derart enger Sachzusammenhang nur in den seltensten Fällen gegeben sein dürfte, wird der Begriff der Notwendigkeit auf sehr speziell gelagerte Sonderfälle eingeengt.

In der Regel führt dementsprechend die Inanspruchnahme einer potentiellen Außenkompetenz nur zu einer geteilten Zuständigkeit zwischen der Gemeinschaft und den Mitgliedstaaten mit der Folge, dass mit dem jeweiligen Drittstaat

---

[165] *Pitschas*, Anmerkung zum Open-Skies-Urteil, S. 92, 93.

[166] EuGH, WTO-Gutachten (Fn. 163), Rn. 95; EuGH, OECD-Gutachten (Fn. 163), Rn. 33; EuGH, Open Skies (Fn. 162), Rn. 109.

[167] EuGH, WTO-Gutachten (Fn. 163), Rn. 78 f.; EuGH, Open Skies (Fn. 162), Rn. 111 f.

[168] EuGH, WTO-Gutachten (Fn. 163), Rn. 85 ff.; EuGH, OECD-Gutachten (Fn. 162), Rn. 32; EuGH, Open Skies (Fn. 162), Rn. 83.

ein gemischtes Abkommen geschlossen wird. Um Schwierigkeiten beim Abschluss und vor allem bei der Durchführung des Abkommens zu vermeiden, sind die Gemeinschaft und die Mitgliedstaaten zu einer engen Zusammenarbeit verpflichtet.[169]

6. Zusammenfassung

Anders als bei der „implied powers"-Lehre, nach der stillschweigende Zuständigkeiten immer dort bestehen, wo die vollständige und wirksame Anwendung einer ausdrücklich eingeräumten Kompetenz es erfordern und damit eine materielle Ausweitung der ausdrücklich geregelten Sachbereiche stattfindet, ohne dass dadurch neue Handlungsinstrumente begründet werden[170], wird durch die impliziten Vertragskompetenzen lediglich ein neues Regelungsinstrument geschaffen.[171] Deswegen werden die von der Rechtsprechung zu den impliziten Vertragskompetenzen entwickelten Grundsätze über die Bereiche der gemeinsamen Politik hinaus auf alle Sachgebiete, die den Zielen des EG-Vertrags entsprechen, angewendet.[172]

Die Literatur hat sich eingehend mit dem WTO-Gutachten und der Folgerechtsprechung auseinandergesetzt und die darin gemachten Einschränkungen entweder als notwendige Eingrenzung der zu weit geratenen „AETR-Rechtsprechung" begrüßt[173] oder als „integrationsgefährdend" beanstandet[174]. Festzuhalten bleibt, dass angesichts des Umstandes, dass auf Gemeinschaftsebene immer häufiger lediglich Rahmenregelungen und Mindestharmonisierungsregelungen erlassen werden, die Gemeinschaft immer seltener über eine ausschließliche Außenkompetenz verfügt. Die Mitwirkung der Mitgliedstaaten an internationalen Abkommen dürfte der Regelfall werden. Insbesondere wenn man den Grundsatz der Subsidiarität nach Art. 5 Abs. 2 EG beim Erlass sekundären Gemeinschaftsrechts ernst nimmt, dürfte nur noch in den seltensten Fällen

---

[169] EuGH, WTO-Gutachten (Fn. 163), Rn. 107 f.

[170] *Nicolaysen*, Zur Theorie von den implied powers in den EG, S. 129, 132.

[171] EuGH, Gutachten 1/76 (Stilllegungsfonds), Slg. 1977, 741, Rn. 4: „völkerrechtliche Vereinbarung notwendig, um eines der Ziele der Gemeinschaft zu erreichen", ebenso *Vedder*, Die Auswärtige Gewalt des Europa der Neun, S. 116; *Richter*, Die Assoziierung osteuropäischer Staaten, S. 73; *Schmalenbach*, in: Calliess/Ruffert, Art. 300 EG, Rn. 14.

[172] Vgl. EuGH, ILO-Gutachten (Fn. 158), Rn. 10.

[173] *Hilf*, EG-Außenkompetenzen in Grenzen, S. 7 f.; *Oppermann*, Europarecht, Rn. 1687.

[174] Bourgeois, The EC and the WTO, S. 763, 780 ff.; *Gilsdorf*, Außenkompetenzen der EG im Wandel, S. 145, 157 ff.

eine vollständige Harmonisierung eines Sachgebietes und damit eine ausschließliche Außenkompetenz der Gemeinschaft gegeben sein.

Insbesondere bei der Durchführung internationaler Abkommen besteht die Gefahr, dass es zu unterschiedlichen Positionen zwischen den Mitgliedstaaten kommt und dass die Gemeinschaft durch gegenseitige Blockierung der Mitgliedstaaten nach außen gelähmt wird. Zweifelhaft bleibt, ob diese Gefahr durch die vom EuGH postulierte „Pflicht zur Zusammenarbeit“[175] zufriedenstellend gelöst werden kann.

7. Regelung in der Verfassung

In der Verfassung ist die Rechtsprechung zu den impliziten Außenkompetenzen in Art. I-13 und Art. III-323 VVE weitgehend übernommen worden.[176] Es sind aber insbesondere angesichts des teilweise unterschiedlichen Wortlauts Zweifel angebracht, ob die Verfassung nicht zu einer Ausweitung der Außenkompetenzen führt.

Nach Art. I-13 Abs. 2 VVE hat „die Union [..] die ausschließliche Zuständigkeit für den Abschluss internationaler Übereinkünfte, wenn der Abschluss einer solchen Übereinkunft in einem Gesetzgebungsakt der Union vorgesehen ist [..]“. Nicht geregelt ist, unter welchen Voraussetzungen der Europäische Gesetzgeber solche Kompetenzen durch Sekundärrecht auf die EU-Organe übertragen kann. Aus dem Prinzip der begrenzten Einzelermächtigung ergibt sich, dass eine Übertragung nur möglich ist, wenn der Abschluss eines internationalen Abkommens durch die Union zumindest die Erreichung eines Unionsziels fördert.[177] Angesichts der Vielzahl der Unionsziele, die insbesondere durch die Verfassung im Bereich des außenpolitischen Handelns signifikant erweitert werden, ergibt sich

---

[175] EuGH, WTO-Gutachten (Fn. 163), Rn. 107 f.; EuGH, ILO-Gutachten (Fn. 158), Rn. 36.

[176] Art. I-12 Abs. 2 VVE: „Die Union hat ferner die ausschließliche Zuständigkeit für den Abschluss internationaler Übereinkünfte, wenn der Abschluss einer solchen Übereinkunft in einem Gesetzgebungsakt der Union vorgesehen ist, wenn er notwendig ist, damit sie ihre interne Zuständigkeit ausüben kann oder soweit er gemeinsame Regeln beeinträchtigen oder deren Tragweite verändern könnte.“; Art. III-323 Abs. 1 VVE: „Die Union kann [..] Übereinkommen schließen, wenn dies in der Verfassung vorgesehen ist, oder wenn der Abschluss einer Übereinkunft im Rahmen der Politik der Union entweder zur Verwirklichung eines der in der Verfassung festgesetzten Ziele erforderlich oder in einem verbindlichen Rechtsakt der Union vorgesehen ist oder aber gemeinsame Vorschriften beeinträchtigen oder deren Anwendungsbereich ändern könnte.“.

[177] *Griller*, Europarechtliche Grundfragen der Mitgliedschaft in der WTO, S. 53, 93.

eine erhebliche Ausweitung der Außenkompetenzen der Union.[178] Selbst wenn man den Begriff der Unionsziele auf die in Art. I-3 VVE genannten beschränkt und nicht auch noch die in Art. III-292 Abs. 2 VVE aufgeführten Ziele außenpolitischen Handelns mit einbezieht, führt dies zu einer bedeutenden Kompetenzerweiterung der Union. Im Gegensatz zu Art. I-13 Abs. 2 VVE ist nach Art. III-323 Abs. 1 VVE die Übertragung durch einen „verbindlichen Rechtsakt" möglich. Aus der Formulierung ergibt sich in Verbindung mit Art. I-33 VVE, in dem die Rechtsakte der Union geregelt sind, dass eine Übertragung auch durch Europäische Beschlüsse und demnach auch im Bereich der Gemeinsamen Außen- und Sicherheitspolitik möglich ist. Auch dadurch werden die Außenkompetenzen der Union erweitert.

Nach Art. I-13 Abs. 2 VVE hat die Union ferner die ausschließliche Zuständigkeit für den Abschluss internationaler Übereinkünfte, wenn der Abschluss „notwendig ist, damit sie ihre interne Zuständigkeit ausüben kann". Durch diese Formulierung ist die Rechtsprechung des EuGH, insbesondere der Gutachten 1/76 und 1/94, die eine untrennbare Verbindung zwischen der Innen- und Außenkompetenz fordern, unmittelbar in die Verfassung übernommen worden. Unklar ist in der Hinsicht aber Art. III-323 Abs. 1 VVE, nach dem ausreichend ist, dass der Abschluss eines Abkommens „zur Verwirklichung eines der in der Verfassung festgesetzten Ziele erforderlich" ist. Die Rechtsprechung des EuGH zu den impliziten Vertragskompetenzen entstand aus der Notwendigkeit, die Binnenpolitiken der Gemeinschaft durch eine entsprechende völkerrechtliche Vertragsschlusskompetenz abzurunden. Außenpolitische Ziele der Gemeinschaft waren bislang nicht kompetenzbegründend. Dadurch, dass in Art. III-323 Abs. 1 VVE keine Verbindung zu den Binnenkompetenzen der Union geschaffen wird, ist auch insoweit eine Kompetenzerweiterung der Union möglich.

Eine ausschließliche Außenkompetenz der Gemeinschaft kann nach Art. I-13 Abs. 2, III-323 Abs. 1 VVE außerdem begründet werden, wenn der Abschluss einer völkerrechtlichen Übereinkunft gemeinsame Regeln beeinträchtigen oder deren Tragweite verändern könnte. Der Wortlaut ist irreführend, da nicht der Abschluss eines Abkommens durch die Gemeinschaft, sondern allenfalls der Abschluss durch einen oder mehrere Mitgliedstaaten gemeinsame Regeln beeinträchtigen kann.[179] Durch diese zuletzt genannte Möglichkeit der Kompetenzbegründung wird ebenfalls die Rechtsprechung des EuGH aufgenommen, ohne aber ausreichend auf die Einschränkungen des EuGH einzugehen, dass eine (potentielle) Beeinträchtigung von Sekundärrecht und damit eine ausschließliche

[178] *Hable*, The European Constitution, S. 23; *Herrmann*, Außenhandelsdimension des Binnenmarktes, S. 175, 190.
[179] *Cremona*, The Draft Constitutional Treaty, S. 1347, 1362.

Außenkompetenz der Union nur dann gegeben sein kann, wenn ein bestimmtes Sachgebiet vollständig harmonisiert ist.

Auch wenn die Formulierungen des Verfassungstextes wie auch die Verhandlungsgeschichte zeigen, dass die Rechtsprechung des EuGH zu den impliziten Vertragskompetenzen kodifiziert werden sollte, ist dies nur teilweise geglückt. Abzuwarten bleibt in der Praxis, ob die Verfassung – sollte sie denn in der vorliegenden Fassung in Kraft treten – tatsächlich zu einer Kompetenzerweiterung führt oder ob die Vorschriften nicht letztlich doch durch den EuGH im Lichte seiner bisherigen Rechtsprechung einschränkend ausgelegt werden.

IV. Weitere ausdrückliche Kompetenzen

Durch spätere Vertragsänderungen sind noch eine Reihe weiterer ausdrücklicher Außenkompetenzen in den EG-Vertrag eingefügt worden: Art. 170 Abs. 2 EG, 174 Abs. 4, 181 Abs. 1, 181 a Abs. 3 und 111 Abs. 1 und 3 EG. Vom Wortlaut her sind diese Kompetenznormen – bis auf Art. 111 EG – fast identisch formuliert und werden daher auch ähnlich auslegt. Da sich seit der AETR-Rechtsprechung des EuGH aus der innergemeinschaftlichen Kompetenz auch eine Kompetenz zum Abschluss völkerrechtlicher Verträge ergibt, hätte es einer gesonderten Ausweisung aufgrund einer bestehenden Binnenkompetenz nicht bedurft. Deswegen haben diese Normen weitgehend rein deklaratorische Natur.[180]

Bis auf Art. 170 EG sehen alle Normen eine so genannte „Unberührtheitsklausel" vor, aus der sich ergibt, dass durch die Befugnis der Gemeinschaft, Abkommen mit dritten Staaten zu schließen, nicht die Zuständigkeit der Mitgliedstaaten berührt wird, in internationalen Gremien zu verhandeln und internationale Abkommen zu schließen.[181] Durch die Formulierung dieser Klauseln wird deutlich, dass die Gemeinschaft in den genannten Bereichen nicht über eine ausschließliche Kompetenz verfügt.[182]

Entgegen dem Wortlaut der Unberührtheitsklausel sind die Mitgliedstaaten aber nicht völlig frei, neben der Gemeinschaft internationale Abkommen zu schließen. Die mitgliedstaatlichen Außenkompetenzen finden vielmehr ihre Grenzen in den allgemeinen Pflichtenbindungen, wie z.B. dem Grundsatz der Gemeinschaftstreue nach Art. 10 EG, sowie in der AETR-Rechtsprechung des

---

180 *Zimmermann/Martenczuk*, in: Schwarze, EU-Kommentar, Art. 181 EG, Rn. 5.

181 Vgl. Art. 111 Abs. 5, 174 Abs. 4 UAbs. 2, 181 Abs. 2 und 181 a Abs. 3 UAbs. 2 EG.

182 Vgl. dazu auch EuGH, verb. Rs. C-181/91 u. C- 248/91 (Soforthilfe), Slg. 1993, I-3685, Rn. 16; EuGH, Rs. C-316/91 (Entwicklungsfonds), Slg. 1994, I-625, Rn. 26.

EuGH.[183] Außerdem besteht für die Mitgliedstaaten nach der Entscheidung des Rates die Pflicht, die Kommission und die übrigen Mitgliedstaaten über Kooperationsabkommen, die Elemente wirtschaftlicher und industrieller Zusammenarbeit enthalten sowie über Maßnahmen, die im Rahmen von (bilateralen) Kooperationsabkommen getroffen werden und die Auswirkungen auf die gemeinsamen Politiken der Gemeinschaft haben können, zu unterrichten.[184]

Gemeinsam ist den Normen, dass sie – anders als die Art. 133 und 310 EG – keine inhaltlichen Kompetenzen gewähren. Aus ihnen ergibt sich lediglich, dass die Gemeinschaft ermächtigt ist, in den angegebenen Sachbereichen Verträge zu schließen, ohne dass deren sachlicher Geltungsbereich dort selbst festgeschrieben wäre.[185]

1. Forschungspolitik, Art. 170 Abs. 2 EG

Nach Art. 170 Abs. 2 EG ist die Gemeinschaft zum Abschluss von Abkommen mit Drittstaaten im Bereich der Forschungspolitik ermächtigt. Die Zusammenarbeit mit Drittstaaten auf dem Gebiet der gemeinschaftlichen Forschung und technologischen Entwicklung muss in ein Forschungsrahmenprogramm eingebunden sein. Diese Einbettung in ein Rahmenprogramm und die Anknüpfung an spezifische Programme bringen es mit sich, dass die Zusammenarbeit thematisch vorgeprägt und zeitlich begrenzt ist.[186] Lediglich die Durchführung des Rahmenabkommens, d.h. die Entscheidung über das „ob" und „wie" der Zusammenarbeit sowie über die Auswahl der Partner, ist nach Art. 170 EG zu treffen. Die Abkommen selbst können als Assoziierungsabkommen mit finanzieller Beteiligung seitens des Partners, als wissenschaftlich-technische Kooperationsabkommen ohne finanziellen Hintergrund sowie in zahlreichen weiteren Formen abgeschlossen werden.[187]

---

[183] Das wird deutlich durch die Erklärung Nr. 10 zur Schlussakte von Maastricht, wonach die Art. 111 Abs. 5, Art. 174 Abs. 4 UAbs. 2, 181 Abs. 2 und 181 a Abs. 3 UAbs. 2 EG nicht die Grundsätze berühren, die sich aus dem Urteil des EuGH in der AETR-Rechtssache ergeben. Gleiches gilt auch für Art. 181 a EG, der erst durch den Vertrag von Nizza eingeführt wurde, auch ohne dass eine diesbezügliche Erklärung abgegeben wurde, sowie für die Forschungspolitik. Vgl. dazu *Zimmermann*, in: von der Groeben/Schwarze, Bd. 3, Art. 181 a EG, Rn. 22, *Schmalenbach*, in: Callies/Ruffert, Art. 181 a EG, Rn. 12.

[184] Entscheidung 74/393/EWG v. 24.07.1974 über die Einführung eines Konsultationsverfahrens für Kooperationsabkommen der Mitgliedstaaten mit dritten Ländern, Abl. EG 1974, Nr. L 208, S. 23 f.

[185] *Tomuschat*, in: von der Groeben/Schwarze, Bd. 4, Art. 300 EG, Rn. 4.

[186] *Hilf*, in: von der Groeben/Schwarze, Bd. 3, Art. 170 EG, Rn. 18.

[187] *Vorderwülbecke*, in: Schwarze, EU-Kommentar, Art. 170, Rn. 4.

Die Vorschrift des Art. 170 Abs. 2 EG ist identisch in die Verfassung in Art. III-252 Abs. 4 VVE übernommen worden.

2. Umweltpolitik, Art. 174 Abs. 4 EG

Nach Art. 174 Abs. 4 EG arbeiten die Gemeinschaft und die Mitgliedstaaten mit dritten Ländern im Bereich der Umweltpolitik zusammen. Art. 174 Abs. 4 U-Abs. 1 S. 2 EG sieht ausdrücklich vor, dass die Einzelheiten der Zusammenarbeit durch Abkommen geregelt werden können, die nach Art. 300 EG ausgehandelt und geschlossen werden. Art. 174 Abs. 4 EG findet nach der Rechtsprechung des EuGH nur dann Anwendung, wenn sich ein internationales Abkommen auf die Festlegung von Einzelheiten der Zusammenarbeit im Bereich des Umweltschutzes beschränkt. Geht das Abkommen darüber hinaus und regelt – wie im Regelfall – auch Sachfragen, dann ist Art. 175 i.V.m. Art. 300 EG die richtige Ermächtigungsgrundlage.[188] Der Rückgriff auf Art. 174 Abs. 4 EG als Rechtsgrundlage ist daher auf seltene Ausnahmefälle beschränkt.[189] Die Bedeutung des Art. 174 Abs. 4 EG erschöpft sich im Wesentlichen darin, den Begriff der Zusammenarbeit dahingehend zu konkretisieren, dass die Gemeinschaft befugt ist, die Handlungsform des internationalen Vertrags zu gebrauchen.

Nach der AETR-Rechtsprechung des EuGH kann eine ausschließliche Zuständigkeit der Gemeinschaft dann bestehen, wenn durch innergemeinschaftliche Regelungen ein Sachbereich abschließend geregelt ist. Wegen der Existenz des Art. 176 EG, wonach die Mitgliedstaaten strengere einzelstaatliche Maßnahmen erlassen oder beibehalten können, kann der Bereich der Umweltpolitik durch die Gemeinschaft nie abschließend geregelt sein und damit kann es auch keine ausschließliche Zuständigkeit der Gemeinschaft für den Abschluss internationaler Abkommen geben.[190]

Durch die Verfassung ergeben sich keine Änderungen, da Art. III-233 Abs. 4 VVE mit Art. 174 Abs. 4 EG korrespondiert.

---

188 EuGH, Gutachten 2/00 (Cartagena-Protokoll), Slg. 2001, I-9713, Rn. 43 f.

189 *Krämer*, in: von der Groeben/Schwarze, Bd. 3, Art. 174 EG, Rn. 77.

190 *Kahl*, in: Streinz, EUV/EGV, Art. 174, Rn. 113; *Krämer*, in: von der Groeben/Schwarze, Bd. 3, Art. 174 EG, Rn. 79 f.

3. Entwicklungszusammenarbeit, Art. 181 Abs. 1 EG

Art. 181 Abs. 1 S. 2 EG räumt der Gemeinschaft eine Vertragsschlusskompetenz im Bereich der Entwicklungszusammenarbeit ein. Vertragspartner der Gemeinschaft können Drittstaaten, internationale Organisationen und über den Wortlaut hinaus auch andere partielle Völkerrechtssubjekte mit Territorialbezug sein.[191] Verträge mit Nichtregierungsorganisationen fallen hingegen nicht in den Anwendungsbereich von Art. 181 EG.

Nur solche Abkommen werden von Art. 181 Abs. 1 S. 2 EG erfasst, die als wesentlichen Gegenstand eines der in Art. 177 EG genannten Ziele verfolgen. Hinsichtlich der Frage, welche Maßnahmen konkret zur Zielverwirklichung erforderlich sind, verfügt der Rat über einen weiten Einschätzungsspielraum. In die Abkommen dürfen auch Klauseln, die verschiedene besondere Bereiche betreffen, wie z.B. Demokratie- und Menschenrechtsklauseln, aufgenommen werden, allerdings nur, falls diese Bestimmungen nicht Verpflichtungen von solcher Tragweite mit sich bringen, dass sie in Wirklichkeit anderen Zielen dienen als der Entwicklungszusammenarbeit.[192]

Auf dem Gebiet der Entwicklungskooperation besitzt die Gemeinschaft keine ausschließliche, sondern lediglich eine parallele Kompetenz.[193] Das bedeutet, dass die Gewährung von Hilfe an Drittstaaten oder internationale Organisationen grundsätzlich kumulativ durch die Gemeinschaft einerseits und die Mitgliedstaaten andererseits erfolgen kann. Aus den allgemeinen Grenzen der Außenkompetenz folgt aber, dass die Mitgliedstaaten keine Hilfsprogramme fördern oder unterstützen dürfen, die entweder den Zielen des Art. 177 EG widersprechen oder aber gemeinschaftsinterne Hilfsprogramme konterkarieren würden.[194] Eine ausschließliche Kompetenz der Gemeinschaft besteht, soweit entwicklungspolitisch motivierte Maßnahmen ihrem wesentlichen Gegenstand nach in den Bereich der Handels- und Agrarpolitik fallen. Ansonsten wird es im Bereich der Entwicklungszusammenarbeit kaum zu einer Anwendung der Grundsätze der AETR-Rechtsprechung kommen, da es sich bei der Entwicklungskooperation um eine ausschließlich nach außen gerichtete Kompetenz handelt.

In der Verfassung ist die Entwicklungszusammenarbeit in Art. III-316, 317 VVE sowie in Art. I-14 Abs. 4 VVE geregelt. Art. III-317 Abs. 2 UAbs. 1 VVE

---

[191] So hat die Gemeinschaft z.B. mit der PLO auf der Grundlage von Art. 181 EG ein Interimsabkommen geschlossen. Vgl. dazu *Schmalenbach*, in: Calliess/Ruffert, Art. 181 EG, Rn. 3.

[192] EuGH, Rs. C-268/94 (Portugal/Rat), Slg. 1996, I-6177, Rn. 37 ff.

[193] *Pitschas*, in: Streinz, EUV/EGV, Art. 181, Rn. 10; *Schmalenbach*, in: Calliess/Ruffert, Art. 181, Rn. 1.

[194] *Zimmermann*, in: von der Groeben/Schwarze, Bd. 3, Art. 180 EG, Rn. 12.

regelt inhaltsgleich zu Art. 181 Abs. 1 EG die Vertragsschlusskompetenz der Union im Bereich der Entwicklungszusammenarbeit. Änderungen ergeben sich nur insoweit, als die Ziele nach Art. III-292 und III-316 VVE, die durch eine internationale Übereinkunft verwirklicht werden sollen, weiter gefasst sind als in Art. 177 EG. Neu ist, dass nach Art. I-14 Abs. 4 und III-316 Abs. 1 VVE die Entwicklungszusammenarbeit eine eigene Unionsaufgabe darstellt. Nach Art. 177 EG soll die Entwicklungszusammenarbeit der Gemeinschaft lediglich die entsprechende Politik der Mitgliedstaaten ergänzen. In der Praxis sind die Gemeinschaftsmaßnahmen aber über eine bloße Koordination der Politik der Mitgliedstaaten hinausgegangen. Diese Praxis soll durch die Verfassung aufgenommen werden.

4. Wirtschaftliche, finanzielle und technische Zusammenarbeit, Art. 181 a Abs. 3 EG

Nach Art. 181 a Abs. 3 EG ist die Gemeinschaft befugt, mit Drittländern im Bereich der wirtschaftlichen, finanziellen und technischen Zusammenarbeit Abkommen abzuschließen. Bis zur Einfügung dieser Klausel wiesen die Außenkompetenzen der Gemeinschaft eine Lücke auf, da wirtschaftliche, finanzielle und technische Hilfsmaßnahmen für Drittländer, die keine Entwicklungsländer i.S.v. Art. 177 EG sind, nur auf Grundlage von Art. 308 EG beschlossen werden konnten.[195] Die AETR-Rechtsprechung half insoweit nicht weiter, als es vor der Einfügung des Art. 181 a EG an einer diesbezüglichen Binnenkompetenz fehlte und es dementsprechend auch keine implizite Außenkompetenz geben konnte. Dasselbe galt für eine Zusammenarbeit mit Entwicklungsländern, die nach ihrem wesentlichen Gegenstand nicht den Zielen des Art. 177 EG diente. Durch Art. 181 a EG wurde diese Lücke geschlossen.

Um als Abkommen von Art. 181 a Abs. 3 EG qualifiziert werden zu können, muss das betreffende Abkommen die wirtschaftliche, finanzielle und technische Hilfe für den Vertragspartner als wesentlichen Zweck verfolgen. Im Hinblick auf Art. 310 EG und die dort vorgesehenen Assoziierungsabkommen ergibt sich aus Art. 181 a Abs. 2 S. 2 EG, dass diese Assoziierungsabkommen selbst immer auf Art. 310 EG gestützt werden müssen, während Abkommen, welche der wirt-

[195] Vgl. VO (EG) Nr. 2698/2000 des Rates v. 27. November 2000 zur Änderung der VO (EG) Nr. 1488/96 über finanzielle und technische Begleitmaßnahmen (MEDA) zur Reform der wirtschaftlichen und sozialen Strukturen im Rahmen der Partnerschaft Europa-Mittelmeer, Abl. EG 2000, L 311, S. 1 ff.; VO (EG) Nr. 753/96 des Rates v. 22. April 1996 zur Änderung der Verordnung (EWG) Nr. 3906/89 zwecks Ausdehnung der Wirtschaftshilfe auf Bosnien-Herzegowina, Abl. EG 1996, L 103, S. 5.

schaftlichen, finanziellen und technischen Zusammenarbeit mit solchen assoziierten Staaten dienen, auf der Grundlage von Art. 181 a Abs. 3 EG geschlossen werden müssen.[196] Auch hinsichtlich Art. 181 a EG besteht eine Parallelkompetenz zwischen der Gemeinschaft und den Mitgliedstaaten. Dementsprechend ergänzen die Maßnahmen der wirtschaftlichen, finanziellen und technischen Zusammenarbeit das Handeln der Mitgliedstaaten und ersetzen es nicht.[197]

Art. 181 a Abs. 3 EG wurde inhaltsgleich in die Verfassung in Art. III-319 Abs. 3 VVE übernommen.

5. Währungspolitik, Art. 111 EG

Die Vorschrift regelt die Kompetenzen der Gemeinschaft im Bereich der Währungsaußenbeziehungen. Nach Art. 111 Abs. 1 EG ist der Rat zum Abschluss förmlicher Vereinbarungen mit Drittstaaten ermächtigt, die sich auf ein Wechselkurssystem beziehen, das den ECU (d.h. die einheitliche Währung) mit Drittlandswährungen verbindet.

Obwohl die Währungshoheit auf die Gemeinschaft übergegangen ist, haben die Mitgliedstaaten nicht sämtliche Zuständigkeiten in diesem Bereich verloren. Art. 111 Abs. 5 EG bestätigt insoweit das Recht der Mitgliedstaaten, in internationalen Gremien Verhandlungen zu führen und internationale Vereinbarungen zu treffen. Gleichzeitig weist er aber auf die ansonsten bestehende Gemeinschaftszuständigkeit im Bereich der Währungspolitik und auf die Gemeinschaftsvereinbarungen hin, die durch das Handeln der Mitgliedstaaten nicht eingeschränkt werden dürfen, die ihrerseits aber den Handlungsspielraum der Mitgliedstaaten stark eingrenzen.[198]

In der Verfassung findet sich die Bestimmung im Titel V des dritten Teils, in dem das Auswärtige Handeln der Union geregelt ist, und zwar in Art. III-326 VVE, der weitgehend Art. 111 EG entspricht.

V. Art. 308 EG

Lässt sich eine Außenkompetenz der Gemeinschaft weder aus einer ausdrücklichen noch aus einer impliziten Vertragsschlusskompetenz ableiten, kann der Rat

[196] *Schmalenbach*, in: Calliess/Ruffert, Art. 181 a EG, Rn. 11; *Zimmermann*, in: von der Groeben/Schwarze, Bd. 3, Art. 181 a EG, Rn. 6.
[197] *Pitschas*, in: Streinz, EUV/EGV, Art. 181 a EG, Rn. 11.
[198] *Kempen*, in: Streinz, EUV/EGV, Art. 111 EG, Rn. 17; *Häde*, in: Calliess/Ruffert, Art. 111 EG, Rn. 19.

für den Abschluss völkerrechtlicher Abkommen auf Art. 308 EG zurückgreifen, damit die Gemeinschaft ihre Aufgaben im Hinblick auf die Erreichung eines der im Vertrag festgelegten Ziele wahrnehmen kann.[199]

Einem Rückgriff auf die impliziten Kompetenzen gebührt dabei der Vorrang vor Art. 308 EG, da sie an ausdrückliche Befugnisse anknüpfen und daher im Vertrag selbst vorgesehen sind.[200] Demgegenüber werden durch Art. 308 EG bisher nicht gegebene Kompetenzen erst begründet. Genügt die Ausübung impliziter Befugnisse, um ein Gemeinschaftsziel zu verwirklichen, darf Art. 308 EG nicht angewendet werden. Die Grenze des Art. 308 EG als Ermächtigungsgrundlage für den Abschluss völkerrechtlicher Abkommen ist erreicht, wenn das Völkervertragsrecht – gemessen an seinen Folgen – eine Änderung des EG-Vertrags unter Umgehung des nach Art. 300 Abs. 5 EG i.V.m. Art. 48 EU vorgeschriebenen Verfahrens bewirken würde.[201]

Art. 308 EG kann als solcher keine ausschließliche Zuständigkeit der Gemeinschaft auf internationaler Ebene schaffen. Im Fall der impliziten Außenkompetenzen besteht nur dann eine ausschließliche Kompetenz der Gemeinschaft, wenn die interne Zuständigkeit zuvor ausgeübt wurde und zu einer vollständigen Harmonisierung eines bestimmten Gebiets geführt hat. Dies gilt erst recht für Art. 308 EG.[202]

Die Vorschrift des Art. 308 EG findet sich in der Verfassung in Art. I-18 Abs. 1 VVE als so genannte „Flexibilitätsklausel". Im Konvent wurde über den Fortbestand und die inhaltliche Reichweite der Klausel äußerst kontrovers beraten. Vor allem die Gegner der Klausel forderten, die Befugnis für ein Tätigwerden in unvorhergesehenen Fällen stärker an die der Union bereits eingeräumten Kompetenzen zu binden.[203] Weder die Abschaffung noch die inhaltliche Beschränkung ist ihnen gelungen. Nach Art. 308 EG erstreckt sich die Kompetenz ausschließlich auf ein Tätigwerden der Gemeinschaft, um eines ihrer Ziele im Rahmen des Gemeinsamen Marktes zu verwirklichen. Art. I-18 Abs. 1 VVE geht weit darüber hinaus und dehnt die Zulässigkeit eines derartigen Tätigwerdens nunmehr auf sämtliche Ziele der Verfassung aus.[204]

---

[199] *Nicolaysen*, Zur Theorie von den implied powers in den EG, S. 129, 136; vgl. auch EuGH, Gutachten 2/94 (EMRK-Gutachten), Slg. 1996, I-1759, Rn. 28 ff.

[200] *Streinz*, Der „effet utile" in der Rechtsprechung des EuGH, S. 1491, 1503; *Vedder*, Die auswärtige Gewalt des Europa der Neun, S. 108 f.

[201] EuGH, Gutachten 2/94 (EMRK-Gutachten), Slg. 1996, I-1759, Rn. 35.

[202] EuGH, Gutachten 1/94 (WTO-Gutachten), Slg. 1994, I-5267, Rn. 89.

[203] *Puttler*, Sind die Mitgliedstaaten noch „Herren der Verträge"?, S. 669, 687.

[204] *Fischer*, Der Europäische Verfassungsvertrag, S. 147; *Nettesheim*, Die Kompetenzordnung im VVE, S. 511, 521.

Unklar ist aufgrund der Formulierung, ob die Union auf der Grundlage von Art. I-18 VVE zusätzliche Kompetenzen auch in Politikbereichen schaffen kann, die zwar im dritten Teil der Verfassung erwähnt sind, dort aber der Union nur Förderzuständigkeiten einräumen.[205] Aufgrund der verschärften Verfahrensvorschriften[206] wird aber insgesamt eine Kompetenzausweitung über die Flexibilitätsklausel erschwert werden.

VI. Verfahren

Das allgemeine Verfahren für den Abschluss völkerrechtlicher Vereinbarungen ist in Art. 300 EG geregelt. Sonderregelungen enthalten die Art. 111 EG für Währungsabkommen, Art. 133 EG für Handelsabkommen sowie Art. 308 EG für die nach diesem Artikel geschlossenen Abkommen. Diese allgemeinen und besonderen Verfahrensregeln sowie die Änderungen, die sich durch die Verfassung ergeben, werden zunächst dargestellt. Anschließend wird die Beteiligung der Mitgliedstaaten, die durch den Abschluss so genannter gemischter Abkommen erfolgt, erläutert.

1. Allgemeines Verfahren

Nach Art. 300 Abs. 1 UAbs. 2 EG beschließt der Rat die Abkommen i.d.R. mit qualifizierter Mehrheit. Das Europäische Parlament ist nach Art. 300 Abs. 3 UAbs. 1 EG anzuhören.

2. Verfahren für Assoziierungsabkommen

Für den Abschluss von Assoziierungsabkommen ist nach Art. 300 Abs. 2 UAbs. 1 S. 2 EG Einstimmigkeit im Rat erforderlich. Des Weiteren muss das Europäische Parlament (EP) nach Art. 300 Abs. 3 UAbs. 2 EG den Abkommen ausdrücklich zustimmen.

---

[205] So z.B. im Bereich der Beschäftigung (Art. III-205 Abs. 1 VVE) und der Kohäsionspolitik (Art. III-221 UAbs. 1 S. 3 VVE).

[206] Zustimmung statt bloßer Anhörung des EP, obligatorische Information der nationalen Parlamente, Beibehaltung des Einstimmigkeitserfordernisses auch bei einer Union von 27 und mehr Mitgliedstaaten.

3. Verfahren für Handelsabkommen

Für den Abschluss von Handelsabkommen gilt die Grundnorm des Art. 300 EG, die durch Art. 133 EG ergänzt wird. Auch Handelsabkommen beschließt der Rat grundsätzlich mit qualifizierter Mehrheit nach Art. 133 Abs. 4 EG, das Europäische Parlament muss i.d.R. lediglich angehört werden nach Art. 133 Abs. 3 UAbs. 3 i.V.m. Art. 300 Abs. 3 UAbs. 1 EG. Diese Grundregeln werden allerdings durch Art. 133 Abs. 5 UAbs. 2 und 3 EG mehrfach eingeschränkt. So gelten z.B. nach Art. 133 Abs. 5 UAbs. 2 EG parallele Mehrheitserfordernisse für Innen- und Außenkompetenzen, um sicherzustellen, dass das interne Kompetenzgefüge nicht durch internationale Abkommen umgangen werden kann. Dies gilt auch für Bereiche, in denen die Gemeinschaft ihre internen Kompetenzen noch nicht ausgeübt hat, selbst wenn diese eigentlich qualifizierte Mehrheitsentscheide zulassen. Sinn dieser Vorschrift ist, die Herausbildung einer gemeinschaftlichen Politik nicht in das Außenverhältnis zu verlagern, sondern bestehende Konflikte zuerst im internen Bereich auszutragen.[207] Insgesamt lässt sich festhalten, dass für all die Teilbereiche der Handelspolitik, in denen keine ausschließliche Kompetenz der Gemeinschaft besteht, Einstimmigkeit erforderlich ist.

4. Sonstige Abkommen

Nach Art. 300 Abs. 2 UAbs. 1 S. 2 EG ist Einstimmigkeit im Rat erforderlich für Abkommen, die einen Bereich betreffen, in dem für die Annahme interner Vorschriften Einstimmigkeit vorgesehen ist. Bei Abkommen mit besonderer Bedeutung für das Gemeinschaftssystem verlangt Art. 300 Abs. 3 UAbs. 2 EG die Zustimmung des EP. Dazu zählen neben Assoziierungsabkommen sonstige Abkommen, die einen besonderen institutionellen Rahmen schaffen oder mit erheblichen finanziellen Folgen für die Gemeinschaft verbunden sind.

Für Abkommen im Bereich der Währungspolitik liegt nach Art. 111 Abs. 3 EG die Verhandlungskompetenz abweichend von Art. 300 EG beim Rat und nicht bei der Kommission. Abkommen, die auf der Grundlage von Art. 308 EG geschlossen werden, setzen Einstimmigkeit im Rat voraus.

[207] *Herrmann*, Vom misslungenen Versuch der Neufassung der gemeinsamen Handelspolitik, S. 269, 273.

5. Änderungen durch die Verfassung

Nach der Verfassung gilt für den Abschluss völkerrechtlicher Übereinkommen Art. III-325 VVE, der allerdings im Hinblick auf das Vorschlagsrecht, Mehrheitserfordernis und Kontrollrechte des Europäischen Parlaments zwischen den verschiedenen Materien differenziert. Der Rat erhält nach Art. III-325 Abs. 3 VVE die Möglichkeit, den Verhandlungsführer oder Leiter des Verhandlungsteams der Union je nach Materie für den Einzelfall zu benennen. Diese Flexibilität bestand bislang nur im Rahmen der Währungspolitik nach Art. 111 Abs. 3 EG, wo in der Praxis auch einzelne Mitgliedstaaten ermächtigt wurden, im Namen der EG Verträge über Währungsfragen auszuhandeln und abzuschließen.[208] Durch Art. III-325 Abs. 6 VVE werden die Beteiligungsrechte des Parlaments insgesamt gestärkt. Nur im Bereich der Gemeinsamen Außen- und Sicherheitspolitik ist eine Anhörung nach wie vor nicht erforderlich. Die Zustimmung des Parlaments wird ausgeweitet auf Übereinkünfte in Bereichen, in denen entweder das ordentliche oder das besondere Gesetzgebungsverfahren nach Art. III-396 VVE gilt.

Für den Abschluss von Handelsabkommen sieht Art. III-315 VVE besondere Verfahrensvorschriften vor, die im Wesentlichen denen des bisherigen Art. 133 EG gleichen. Die Ausnahmen nach Art. 133 Abs. 5 UAbs. 2 und 3 EG, die für bestimmte Handelsabkommen Einstimmigkeit im Rat vorsehen, werden durch die Verfassung weitestgehend aufgehoben.

Für Abkommen im Bereich der Währungspolitik ergeben sich durch die Verfassung keine Änderungen. Art. III-326 VVE entspricht weitgehend dem bisherigen Art. 111 EG. Abkommen, die auf Art. 308 EG gestützt werden, bedürfen nach Art. I-18 VVE nunmehr der Zustimmung des Europäischen Parlaments sowie einer obligatorischen Anhörung der nationalen Parlamente.

6. Integrierender Bestandteil der Gemeinschaftsordnung

Abkommen der Gemeinschaft mit Drittstaaten werden wie alle völkerrechtlichen Verträge ohne Transformationsakt integrierende Bestandteile der Gemeinschaftsordnung und binden nach Art. 300 Abs. 7 EG die Organe der Gemeinschaft und die Mitgliedstaaten. Diese Bestimmung ist durch die Verfassung in Art. III-323 Abs. 2 VVE inhaltsgleich übernommen worden.

---

208 *Herrmann*, Die Außenhandelsdimension des Binnenmarktes, S. 175, 192.

7. Gemischte Abkommen

Eine Vielzahl von völkerrechtlichen Abkommen werden als „gemischte Abkommen" geschlossen. Gemischte Abkommen sind als solche im EG-Vertrag – abgesehen von Art. 300 Abs. 6 UAbs. 2 EG – nicht geregelt, sondern ihre rechtliche Anerkennung beruht in erster Linie auf der Rechtsprechung des EuGH.[209] Vertragsparteien sind neben den Drittstaaten die Gemeinschaft und die Mitgliedstaaten.

Derartige Abkommen sind erlaubt, wenn ihr Inhalt in eine parallele Zuständigkeit von Gemeinschaft und Mitgliedstaaten fällt – wie bei Art. 181 und Art. 181 a EG – oder wenn die Gemeinschaft von ihrer (potentiellen) Kompetenz keinen oder noch keinen Gebrauch gemacht hat oder machen will und die Notwendigkeit dieser Inanspruchnahme nicht nachweisbar ist.[210]

Gemischte Abkommen sind notwendig, wenn die Zuständigkeit zwischen der Gemeinschaft und den Mitgliedstaaten geteilt ist oder die Beteiligung der Mitgliedstaaten zur Durchführung des Abkommens erforderlich ist.[211] Letzteres ist insbesondere der Fall, wenn die Mitgliedstaaten – über den bloßen Verwaltungshaushalt hinaus – finanzielle Verpflichtungen im Rahmen der im Abkommen vorgesehenen Finanzinstrumente übernehmen.[212]

Wann und vor allem inwieweit eine Zuständigkeit geteilt ist, ist häufig Gegenstand rechtlicher Auseinandersetzungen. Eine geteilte Zuständigkeit ist immer dann gegeben, wenn das Abkommen neben gemeinschaftlichen auch mitgliedstaatliche Kompetenzen berührt.[213] Allerdings kann nicht jede noch so marginale Berührung mitgliedstaatlicher Zuständigkeiten den Abschluss eines gemischten Abkommens erzwingen. In der Praxis zeigt sich aber, dass die Mitgliedstaaten, sobald ihre Zuständigkeiten – wenn auch nur nachrangig – berührt werden, regelmäßig auf den Abschluss gemischter Abkommen bestehen, weil sie nicht bereit sind, auf ihren Einfluss im internationalen Geschehen zu verzichten.[214] Das gilt vor allem für politisch und ökonomisch wichtige Abkommen, wie etwa Assoziierungs- und Partnerschaftsabkommen, und kann soweit gehen, dass Abkommen zu diesem Zweck bewusst im Sinne des Vorliegens geteilter Zuständigkeiten ausgestaltet werden.[215] So wurden z.B. anstelle von reinen, auf

---

[209] EuGH, Rs. 12/86 (Demirel), Slg. 1987, 3719, Rn. 9.

[210] *Gilsdorf*, Die Außenkompetenzen der EG im Wandel, S. 145, 160.

[211] *Schmalenbach*, in: Calliess/Ruffert, Art. 300 EG, Rn. 25.

[212] EuGH, Gutachten 1/78 (Internationales Naturkautschuk-Übereinkommen), Slg. 1979, 2871, Rn. 70; EuGH, Gutachten 1/94 (WTO-Gutachten), Slg. 1994, I-5267, Rn. 21.

[213] *Gilsdorf*, Die Außenkompetenzen der EG im Wandel, S. 145, 160.

[214] *Rosas*, The European Union and Mixed Agreements, S. 200, 201 f.

[215] *Mögele*, in: Streinz, EUV/EGV, Art. 300 EG, Rn. 36.

Art. 133 EG gestützten Handelsabkommen seit den 1970er Jahren zunehmend Handels- und Kooperationsabkommen geschlossen, die zusätzlich auf Art. 308 EG gestützt wurden und damit das Einstimmigkeitserfordernis nach sich zogen.[216] Begründet wurde diese Praxis damit, dass diese Abkommen neben dem klassischen handelspolitischen Teil auch Elemente der Wirtschaftskooperation enthalten. Bei näherer Betrachtung erweisen sich diese Elemente jedoch meistens als „in Verpflichtungen gegossene Absichtserklärungen", die keine unmittelbar rechtlichen Konsequenzen haben.[217] Man hätte sie daher gegenüber Art. 133 EG als akzessorisch betrachten können. Die Rechtspraxis des Rates kann dahingehend interpretiert werden, dass bei Nichtvorliegen einer ausschließlichen Gemeinschaftszuständigkeit wie selbstverständlich von der Notwendigkeit ausgegangen wird, ein gemischtes Abkommen abzuschließen, ohne im Einzelnen zu prüfen, ob und inwieweit die Belange der Mitgliedstaaten überhaupt berührt werden.[218] Demzufolge ist das Phänomen der gemischten Verträge weiter verbreitet, als es bei strikter Beachtung der Rechtslage eigentlich der Fall sein dürfte.

Dieses Vorgehen führt zu einer Vielzahl negativer Folgen: Durch das Erfordernis der Ratifizierung der Abkommen durch nunmehr 27 Staaten kommt es zu erheblichen zeitlichen Verzögerungen. Außerdem wird die einheitliche Position der Gemeinschaft geschwächt, da die unterschiedlichen (politischen) Auffassungen der Mitgliedstaaten in den „Gemeinschaftsbereich eingeschleppt" werden.[219]

Der EG-Vertrag enthält keine speziellen Regelungen für die Aushandlung und den Abschluss gemischter Abkommen. Grundsätzlich gelten somit für die Gemeinschaft die einschlägigen Vorschriften des Art. 300 EG, während die Mitgliedstaaten nach ihren nationalen Bestimmungen zu verfahren haben. Um Schwierigkeiten beim Abschluss und vor allem bei der Durchführung des Abkommens zu vermeiden, sind die Gemeinschaft und die Mitgliedstaaten zu einer engen Zusammenarbeit verpflichtet.[220]

---

[216] Vgl. Kooperationsabkommen mit Mazedonien v. 29.04.1997, Abl. EG 1997, L 348, S. 2 ff.; Kooperationsabkommen mit den arabischen Golfstaaten v. 15.06.1988, Abl. EG 1989, L 54, S. 3 ff.; Kooperationsabkommen mit Costa Rica, El Salvador, Guatemala, Honduras und Nicaragua v. 12.11.1985, Abl. EG 1986, L 172, S. 2 ff.; Art. 5 des Kooperationsabkommen mit Bolivien, Kolumbien, Ecuador, Peru und Venezuela v. 17.12.1983, Abl. EG 1984, L 153, S. 2 ff.

[217] *Gilsdorf*, Die Außenkompetenzen der EG im Wandel, S. 145, 162.

[218] *Rosas*, The European Union and Mixed Agreements, S. 200, 206, Fn. 37.

[219] *Gilsdorf*, Die Außenkompetenzen der EG im Wandel, S. 145, 161, 165.

[220] EuGH, Gutachten 1/94 (WTO-Gutachten), Slg. 1994, I- 5267, Rn. 107 f.

Auch durch die Verfassung ist die Rechtsfigur des gemischten Abkommens nicht ausdrücklich geregelt, so dass für derartige Abkommen das allgemeine Verfahren nach Art. III-325 VVE gilt.

VII. Beitritt, Art. 49 EU

Die intensivste Art der Zusammenarbeit mit einem Drittstaat ist seine Aufnahme in die Europäische Union. Nach Art. 49 Abs. 1 EU kann jeder europäische Staat beantragen, Mitglied in der Union zu werden, wenn er die in Art. 6 Abs. 1 EU genannten Grundsätze beachtet.

1. Kein Anspruch auf einen Beitritt

Art. 49 EU gewährt jedem europäischen Staat das Recht, einen Antrag auf Beitritt zu stellen, nicht aber einen Anspruch auf einen Beitritt, selbst wenn die Beitrittsvoraussetzungen erfüllt sind.[221] Die Entscheidung über die Aufnahme von Verhandlungen, über ihr Ergebnis und über den endgültigen Beitritt ist eine politische Entscheidung, die keinerlei rechtlichen Bindungen im Hinblick auf die Annahme oder Ablehnung eines Antrags unterliegt. Je mehr allerdings die politischen Weichen für einen Beitritt durch den Abschluss eines Beitrittsassoziationsabkommens, der gegebenenfalls gekoppelt ist mit einer Vorbereitungsphase, gestellt sind, desto mehr verlagert sich für eine Ablehnung des Beitrittsantrags die Begründungslast auf die EU.[222]

2. Europäischer Staat

Erste Voraussetzung für einen Beitritt ist, dass es sich bei dem beitrittswilligen Staat um einen europäischen Staat handelt. Was die EU unter einem europäischen Staat versteht, ist weder im EU- noch im EG-Vertrag normiert und wirft insbesondere seit dem Wegfall der politisch klar definierten Ostgrenze Europas eine Vielzahl von Fragen auf.

---

[221] *Pechstein*, in: Streinz, EUV/EGV, Art. 49 EU, Rn. 2; *Herrnfeld*, in: Schwarze, EU-Kommentar, Art. 49 EU, Rn. 3; *Meng*, in: von der Groeben/Schwarze, Bd. 1, Art. 49 EU, Rn. 14.

[222] *Vedder*, in: Grabitz/Hilf, Bd. 1, Art. 49 EU (15. EL, 2000), Rn. 8.

Europa rein geographisch zu definieren, ist im Osten und Südosten nicht eindeutig möglich. „Europa" als das bis zum Ural reichende Land ist nichts anderes als eine beliebige Begriffsfeststellung von Geographen des vorletzten Jahrhunderts. Nach deren Auffassung bildet das Uralgebirge, ein Mittelgebirge von der durchschnittlichen Höhe des Schwarzwaldes, und fortführend der gleichnamige Fluss bis zu dessen Mündung in das Kaspische Meer die Ostgrenze Europas, von wo aus sie westwärts entlang des Kaukasus am Schwarzen Meer enden soll.[223] Außerdem sind sich Geographen einig, dass Europa kein eigener Kontinent, sondern „nur" das westliche Eckstück des Kontinents Eurasien ist.[224]

Auch eine von der frühmittelalterlichen Einheit der Christenheit ausgehende politische Bestimmung des Begriffes „Europa" liefert keine klare Abgrenzung. Seit jeher war es einfacher, Europa durch Abgrenzung von äußeren Gefahren zu bestimmen – in der Antike war es die „asiatische" Gefahr, im Mittelalter und in der Neuzeit die „islamische" und die „russisch-orthodoxe" Gefahr und im 20. Jahrhundert die „kommunistische" Gefahr – als ohne eine solche äußere Bedrohung sagen zu können, was mit Europa politisch gemeint ist.[225]

Kaum besser gelingt die religiös-kulturelle Abgrenzung: Bosnien beweist, dass auch muslimisch geprägte Landschaften zu Europa gehören. Auch der orthodoxe Kulturraum des Ostens kann weder völlig einbezogen noch völlig ausgeschlossen sein.[226]

Insgesamt hat die Begriffsbestimmung anhand einer Kombination der dargestellten Kriterien zu erfolgen. Eindeutig ausgeschlossen von einer Mitgliedschaft sind jedenfalls Staaten, die weder geographisch noch in historisch-kultureller oder geistesgeschichtlicher Hinsicht zu Europa gehören.[227] Voraussetzung wird immer eine partielle Zugehörigkeit zum europäischen Kontinent sein.[228]

Faktisch ist die Qualifizierung von Staaten als europäisch durch die Praxis anderer internationaler Organisationen, insbesondere durch die des Europarates, präjudiziert. Auch der Europarat steht nach Art. 4 seiner Satzung nur europäischen Staaten offen, ohne allerdings zu definieren, was ein europäischer Staat ist. Dem Europarat gehören zurzeit 46 Staaten an und zwar mit Ausnahme von Montenegro, Weißrussland und dem Vatikanstaat alle Staaten des geographi-

---

[223] *Haack*, Europas doppelte Finalität, S. 90, 91; *Dorau*, Die Öffnung der EU für europäische Staaten, S. 736, 739.

[224] Kontinente können nur die Erdoberflächen genannt werden, die ganz vom Ozean umgeben sind.

[225] *Dorau*, Die Öffnung der EU für europäische Staaten, S. 736, 742.

[226] *Haack*, Europas doppelte Finalität, S. 90, 91.

[227] *Pechstein*, in: Streinz, EUV/EGV, Art. 49 EU, Rn. 3; *Vedder*, in: Grabitz/Hilf, Bd. 1, Art. 49 EU (15. EL, 2000), Rn. 10.

[228] *Oppermann*, Kooperation, Assoziierung, Beitritt, S. 1251, 1263.

schen Europas.[229] Es ist nicht ersichtlich, dass für die später gegründeten Europäischen Gemeinschaften eine andere Auslegung des Begriffes „europäischer Staat" gelten soll.[230] Politisch von Bedeutung ist außerdem, dass die GUS-Staaten im Rahmen der Vereinten Nationen zur Gruppe der europäischen Staaten gerechnet werden. Letztlich obliegt die Beurteilung der Erfüllung des Beitrittskriteriums „europäisch" jedoch der – rechtlich nicht nachprüfbaren – politischen Entscheidung der Mitgliedstaaten.[231]

3. Achtung der Grundsätze nach Art. 6 Abs. 1 EU

Als weitere Voraussetzung muss ein Beitrittsbewerber die in Art. 6 Abs. 1 EU genannten Grundsätze achten. Die Achtung dieser Grundsätze ist nicht nur eine zwingende Beitrittsvoraussetzung, sondern bereits Voraussetzung für die Zulässigkeit eines Beitrittsantrags.[232] Allerdings müssen die Grundsätze erst vollständig zum Zeitpunkt des Beitritts erfüllt sein. Schon vor Inkrafttreten des Amsterdamer Vertrags im Jahr 1999 wurden an das politische System der beitretenden Staaten bestimmte Anforderungen gestellt. Insbesondere mussten sich die Bewerber als ungeschriebene Beitrittsvoraussetzung dazu verpflichten, den rechtlichen, wirtschaftlichen und politischen Integrationsstand zu übernehmen. Der Europäische Rat von Kopenhagen hat im Jahr 1993 für die damals bevorstehenden Beitritte der mittel- und osteuropäischen Länder erstmalig Beitrittsvoraussetzungen formuliert.[233] Nach diesen Kopenhagener Kriterien muss ein Bewerberstaat folgende Voraussetzungen erfüllen: institutionelle Stabilität als Garantie für eine demokratische und rechtsstaatliche Ordnung, die Wahrung der Menschenrechte sowie die Achtung und der Schutz von Minderheiten (politisches

---

[229] Neben den Gründungsmitgliedern Belgien, Dänemark, Frankreich, Großbritannien, Irland, Italien, Luxemburg, Niederlande, Norwegen und Schweden sind noch folgende Länder Mitglieder im Europarat: Türkei, Griechenland, Island, Bundesrepublik Deutschland, Österreich, Zypern, Schweiz, Malta, Portugal, Spanien, Liechtenstein, San Marino, Finnland, Ungarn, Polen, Bulgarien, Estland, Litauen, Rumänien, Slowakei, Slowenien, Tschechische Republik, Andorra, Albanien, Lettland, Mazedonien, Moldawien, Ukraine, Kroatien, Russische Föderation, Georgien, Armenien, Aserbaidschan, Bosnien und Herzegowina, Serbien und Montenegro und Monaco.

[230] *Vedder*, in: Grabitz/Hilf, Bd. 1, Art. 49 EU (15. EL, 2000), Rn. 12.

[231] *Herrnfeld*, in: Schwarze, EU-Kommentar, Art. 49 EU, Rn. 3; *Meng*, in: von der Groeben/Schwarze, Bd. 1, Art. 49 EU, Rn. 52.

[232] Schlussfolgerungen des Europäischen Rates von Luxemburg v. 12./13.12.1997, EG-Bull. 12-1997, I.5.25.

[233] Schlussfolgerungen des Europäischen Rates von Kopenhagen v. 21./22.06.1993, Nr. 7. A) iii), http://www.europarl.europa.eu/summits/copenhagen/co_de.pdf.

Kriterium), funktionsfähige Marktwirtschaft sowie die Fähigkeit, dem Wettbewerbsdruck und den Marktkräften innerhalb der Union standhalten zu können (wirtschaftliches Kriterium) und die Fähigkeit, die aus einer Mitgliedschaft erwachsenden Verpflichtungen, insbesondere das gemeinschaftliche Regelwerk, zu übernehmen (Acquis-Kriterium). Zwar handelt es sich bei diesen Schlussfolgerungen des Rates lediglich um politische Absichtserklärungen, aber durch den Vertrag von Amsterdam sind sie mit dem in Art. 49 EU enthaltenen Verweis auf Art. 6 EU weitestgehend als rechtsverbindliche Beitrittsvoraussetzungen normiert worden. Außerdem sind sie durch die andauernde Akzeptanz in den Mitgliedstaaten und ihrer ausdrücklichen Bestätigung auf fast jeder Regierungskonferenz seit 1993 unzweifelhaft zu einer verbindlichen Verpflichtung geworden.[234]

Durch die Verfassung ist Art. 49 EU inhaltsgleich in Art. I-58 VVE übernommen worden.

[234] *Meng*, in: von der Groeben/Schwarze, Bd. 1, Art. 49 EU, Rn. 58.

B. Ausgestaltung der Beziehungen zu den Mittelmeerländern

Seit ihrer Gründung im Jahr 1958 pflegt die Europäische Gemeinschaft enge Beziehungen zu den Staaten im südlichen und östlichen Mittelmeerraum. Anhand dieser Beziehungen werden die konkrete Anwendung und Ausgestaltung der im ersten Teil untersuchten Außenkompetenzen der Gemeinschaft erläutert. Dazu werden die verschiedenen Konzepte der Gemeinschaft für den Mittelmeerraum und die im Rahmen dieser Konzepte geschlossenen Abkommen zwischen der Gemeinschaft und dem jeweiligen Mittelmeerstaat inhaltlich und rechtlich dargestellt. Dabei zeigt sich, dass die Gemeinschaft bemüht war, die Mittelmeerländer durch die für alle Mittelmeerländer einheitlich geltenden Konzepte gleich zu behandeln. Dieses Ansinnen war aber nur bedingt erfolgreich, da die Beziehungen zu Israel von Anfang an in wirtschaftlicher, politischer und rechtlicher Hinsicht eine Sonderrolle eingenommen haben.

I. Begriff der Mittelmeerregion

Der Begriff der „Mittelmeerregion" ist ein politisches Konstrukt der EU. Er hat sich seit der Gründung der „Euro-Mediterranen Partnerschaft" (EMP) 1995 in Barcelona eingebürgert[235] und soll im Folgenden – auch schon für die Zeit vor 1995 – zugrunde gelegt werden. Die durch die EMP definierte Mittelmeerregion umfasst folgende, äußerst heterogene Staaten: die Maghreb-Staaten[236] Marokko, Tunesien und Algerien; die Mashrek-Staaten[237] Ägypten, Libanon, Syrien, das nicht-mediterrane Jordanien, das wegen seiner Bedeutung im Nahost-Konflikt zu den Mittelmeerländern dazugerechnet wird, sowie die Palästinensische Autonomiebehörde, die zwar kein völkerrechtlich anerkannter Staat ist, aber dennoch wie ein gleichberechtigter Partner behandelt wird, und Israel. Libyen gehört als Maghreb-Staat zwar formell auch zu dieser Region. Bislang bestehen aber noch keine Abkommen zwischen der EG und Libyen. Doch seit Aufhebung der Sank-

[235] Siehe dazu Näheres unten B. IV.

[236] „Al-Maghrib" bedeutet auf arabisch Insel oder Halbinsel des Westens (wörtlich: „Ort, wo die Sonne untergeht") und bezeichnet die westlichen Länder der arabisch-muslimischen Welt. Der Maghreb umfasst die Staaten Libyen, Tunesien, Algerien, Marokko, die frühere spanische Westsahara sowie Mauretanien. Im europäischen Kontext wird der Begriff des Maghreb jedoch lediglich für die an das Atlasgebirge angrenzenden, ehemaligen französischen Kolonien Algerien, Marokko und Tunesien verwendet, vgl. *Schumacher*, Die Maghreb-Politik der Europäischen Union, S. 13.

[237] Mashrek bedeutet auf arabisch „Osten", wörtlich „wo die Sonne aufgeht" und bezeichnet die östlichen Länder der arabisch-muslimischen Welt.

tionen der EU gegen Libyen im Oktober 2004 nähern sich beide Seiten wieder an und streben auf lange Sicht den Abschluss eines Assoziierungsabkommens an.

Die Türkei ist zwar auch Teilnehmerstaat der EMP, soll aber wegen ihrer besonderen Rolle als Beitrittskandidat außen vor bleiben. Gleiches gilt für Malta und Zypern, die seit 1. Mai 2005 Mitgliedstaaten der EU sind. Die nördlichen Mittelmeeranrainer wurden nicht mit in die EMP einbezogen, um eine Überfrachtung der Agenda zu vermeiden. Außerdem handelt es sich bei diesen südeuropäischen Staaten um potentielle Beitrittskandidaten, was sie von den restlichen Mittelmeerländern unterscheidet.

Die so definierte Mittelmeerregion ist kein einheitliches Ganzes, sondern umfasst eine Vielzahl unterschiedlich gearteter Länder.[238] Historische und kulturelle Unterschiede haben zu speziellen Bindungen zwischen einzelnen Mittelmeerländern und einzelnen Mitgliedstaaten sowie zu Feindseligkeiten zwischen Nachbarn geführt. Ähnlichkeiten bestehen hinsichtlich der Rohstoffe, insbesondere der sog. Mittelmeerprodukte (Olivenöl, Wein, Zitrusfrüchte, Gemüse etc.). Allerdings verfolgen die Mittelmeerländer unterschiedliche Maßnahmen, um den dominierenden Agrarsektor umzustrukturieren, sowie eine stark divergierende Handelspolitik, die von Importsubstitution bis zur Exportförderung reicht.[239] Unterschiede bestehen auch zwischen den südlichen Mittelmeerländern mit Erdöl (insb. Algerien) und denen ohne, da sie höchst divergierende Interessen verfolgen bzw. auch von der EU unterschiedlich behandelt werden.

II. Anfangsjahre der EG

Die meisten Staaten der Welt haben die Gründung der Europäischen Gemeinschaften 1958 mit Skepsis betrachtet. Viele der Staaten, die heute der EU angehören, haben der Gemeinschaft damals die Anerkennung versagt und sie sogar teilweise zu bekämpfen versucht. Die 1960 gegründete Freihandelsorganisation (EFTA), der seinerzeit Großbritannien, Finnland, Island, Liechtenstein, Norwegen, Österreich, Schweden und die Schweiz angehörten, war darauf gerichtet, ein Gegengewicht zur EWG zu bilden und ihren Einfluss zu limitieren. Auch die anglo-afrikanischen Staaten sowie einige arabische Staaten fürchteten, dass der „Block-Protektionismus“ der Gemeinschaft verhängnisvolle Auswirkungen auf die Wirtschaft und Entwicklung ihrer Staaten haben würde.[240]

---

[238] *Regul*, Struktur und Perspektiven einer Mittelmeerpolitik, S. 25, 30.
[239] *Pomfret*, Mediterranean Policy of the European Community, S. 16.
[240] *Greilsammer*, Israel et l'Europe, S. 30.

1. Völkerrechtliche Anerkennung durch Drittstaaten

Lediglich drei Staaten – nämlich die USA, Griechenland und Israel – erkannten die Gemeinschaften zu diesem Zeitpunkt völkerrechtlich und als in die Zukunft weisende Realität an und nahmen diplomatische Beziehungen zu ihnen auf.[241] Die USA waren zwar nicht weniger skeptisch gegenüber den Europäischen Gemeinschaften, aber zu ihrer Mission als Weltmacht gehörte es, zu allen politischen Gebilden der Welt diplomatische Beziehungen zu begründen.[242] Griechenland hatte zu diesem Zeitpunkt wahrscheinlich schon seine eigene potentielle Mitgliedschaft im Auge und wollte mit der Anerkennung ein Gegengewicht zur Türkei setzen.

Dass Israel die Europäischen Gemeinschaften anerkannte, lag darin begründet, dass die wirtschaftliche Lage in Israel nach dem Unabhängigkeitskrieg von 1948 sehr schlecht aussah. Das Land war mit Einwanderern aus Europa, die keinerlei Eigentum mehr besaßen, überschwemmt worden. Außerdem hatten sich in Israel unter dem Einfluss sozialistischer Ideen und infolge des permanenten Kriegszustandes eine zentralistische Wirtschaftsform und eine ähnlich konzentrierte Verwaltungsbürokratie etabliert, was in der Anfangszeit des Staates Israel sicherlich zweckmäßig und wahrscheinlich sogar unentbehrlich gewesen war, sich aber zunehmend als Hemmnis für die freie Entfaltung innovativer Kräfte herausstellte.[243] Israel sah die Möglichkeiten, die sich durch eine institutionelle, justizielle und wirtschaftliche Zusammenarbeit mit den neu geschaffenen Gemeinschaften boten und erkannte deshalb die Gemeinschaften bereits zu diesem frühen Zeitpunkt – trotz aller Vorbehalte gegen einzelne europäische Staaten[244] – völkerrechtlich an.[245] Zwar suchte Israel – gerade wegen dieser Vorbehalte – die Nähe der USA. Aber es war schon früh erkennbar, dass die USA Israel nicht wirtschaftlich integrieren würden. Diese Möglichkeit bot nur die neu gegründete EWG. Außerdem war die Anerkennung der Gemeinschaften von der Einsicht

---

[241] *Hallstein*, Europäische Reden, S. 483.

[242] *Primor*, Introduction, S. 7, 8.

[243] *Primor*, Herausforderungen an Europa, S. 113, 123.

[244] Deutschland wurde nach dem 2. Weltkrieg zunächst als „Feindstaat" und „politisches Tabu" betrachtet. Italien, das im 2. Weltkrieg als faschistisches Land eine Allianz mit Deutschland eingegangen war, unterstützte Israel nur wenig, da es Israels Konkurrenz im Agrarsektor fürchtete. In den Niederlanden waren während des zweiten Weltkriegs 70% der niederländischen Juden getötet worden. Aus dieser Verantwortung heraus verfolgten die Niederländer eine eher pro-israelische Politik. Auch mit den restlichen Benelux-Staaten und Frankreich unterhielt Israel zu diesem Zeitpunkt gute Beziehungen – was sich allerdings in Bezug auf Frankreich in den 1960er änderte, als Frankreich auf eine pro-arabische Haltung umschwenkte. Vgl. dazu *Shpiro/Rynold*, Bestimmungsfaktoren der Außenpolitik, S. 48, 51 f.

[245] *Greilsammer*, Israel et l'Europe, S. 30 f.

getragen, dass die Aufnahme von Wirtschaftsbeziehungen mit den arabischen Nachbarstaaten in der näheren Zukunft undenkbar sein würde und Israel deswegen auf Europa angewiesen sein würde.

2. Beziehungen der Gemeinschaft zu den Mittelmeerländern

Die Gemeinschaft selbst pflegte seit ihrer Gründung enge Beziehungen zu den Staaten in der Mittelmeerregion. Die Gemeinschaft und die Mitgliedstaaten waren an dieser Region vor allem aus politischen und strategischen Gründen interessiert. Ihr Hauptinstrument zur Regelung der Beziehungen war aber in den Anfangsjahren die Handelspolitik.

Als Erbe aus der Kolonialzeit unterhielt die Gemeinschaft mit den Maghreb-Staaten als ehemaligen französischen Protektoraten privilegierte Beziehungen in Form von speziellen Importregelungen.[246] Bereits in einem Protokoll zu den Römischen Verträgen wurden Marokko und Tunesien, die gerade unabhängig geworden waren, erwähnt.[247] Die für diese beiden Staaten geltenden Sonderregelungen für die Einfuhr von Waren nach Frankreich blieben nach diesem Protokoll durch die Gründung der EWG unangetastet. Algerien war zu Beginn der Europäischen Gemeinschaften noch auswärtiges Département Frankreichs und kam demzufolge in den Genuss der innergemeinschaftlichen Erleichterungen für den Warenverkehr. Als Algerien dann am 3. Juli 1962 unabhängig wurde und damit automatisch aus dem französischen Zollgebiet austrat, wurde es erforderlich, die Beziehungen zur EWG neu zu regeln. Es wurden damals Verhandlungen aufgenommen, die aber nicht zu einem Vertragsabschluss führten. Deswegen existierten seit dieser Zeit für algerische Waren in den einzelnen Mitgliedstaaten unterschiedliche Regelungen: in Frankreich genossen alle Waren mit Ausnahme algerischer Weine grundsätzlich Zollfreiheit, auch die BRD gewährte Algerien zunächst weiterhin die EWG-Binnenzollvergünstigungen, in Italien mussten diese Waren hingegen als Drittlandwaren voll verzollt werden.[248] Erst durch das Kooperationsabkommen zwischen der EG und Algerien von 1976 konnten diese Regelungen vereinheitlicht werden.[249]

---

[246] *Jünemann*, Europas Mittelmeerpolitik im regionalen und globalen Wandel, S. 29, 37; *Regul*, Struktur und Perspektiven einer Mittelmeerpolitik, S. 25, 63.

[247] Vgl. Protokoll über die Waren aus bestimmten Ursprungsländern, für die bei der Einfuhr in einen Mitgliedstaat eine Sonderregelung gilt.

[248] *Müller*, Die Handelsregelungen in den Abkommen der Europäischen Gemeinschaft mit den Mittelmeerländern, S. 119, 127; *Pomfret*, Mediterranean Policy of the European Community, S. 54.

[249] Siehe dazu unten B. III. 3.

3. Handelsabkommen mit Israel

Durch die Sonderbeziehungen der Gemeinschaft zu den Maghreb-Staaten fühlten sich die restlichen Mittelmeerländer ungerecht behandelt und forderten eine vergleichbare Behandlung.

Mit Israel schloss die Gemeinschaft bereits 1964 ein nichtpräferentielles Handelsabkommen auf der Grundlage von Art. 111, 114, 228 EWG.[250] Das Abkommen regelte die zeitweilige und teilweise Aussetzung der Sätze des Gemeinsamen Zolltarifs der EWG für rund 20 gewerbliche und kommerzielle Waren und die je nach Fall vollständige oder teilweise Abschaffung von mengenmäßigen Beschränkungen im Handel zwischen den Mitgliedstaaten und Israel. Als Gegenleistung verpflichtete sich Israel in einer Absichtserklärung, die Einfuhr von Waren aus der Gemeinschaft auf den israelischen Markt zu erleichtern.

Mit den übrigen Mittelmeerländern nahm die Gemeinschaft ebenfalls Kontakte auf. Zu konkreten Ergebnissen führten diese Verhandlungen zunächst noch nicht.

4. Konzentration auf die EU-Innenpolitik

Bis Mitte der 1960er hatte die Vollendung der innergemeinschaftlichen Zollunion sowie die Einführung der Gemeinsamen Agrarpolitik in der Gemeinschaft Vorrang vor der Aufnahme von Handelsbeziehungen mit Drittländern. Die Kontroverse zwischen Frankreich und den restlichen Mitgliedstaaten über die Einführung der qualifizierten Mehrheit führte zur „Politik des leeren Stuhles“[251] seitens Frankreich und veranlasste die Gemeinschaft, sich in diesem Zeitraum mehr auf die internen Probleme zu konzentrieren als auf die Mittelmeerländer. Nachdem durch den Luxemburger Kompromiss vom Januar 1966 diese ungewöhnliche Form der Politikverweigerung beendet worden war und nach der Einführung der Gemeinsamen Agrarpolitik sowie der Errichtung der europäischen Zollunion im Jahr 1968, widmete sich die Gemeinschaft wieder verstärkt dem Mittelmeerraum.

---

[250] Handelsabkommen zwischen der EWG und Israel v. 08.05.1964, Abl. EWG 1964, Nr. 95, S. 1518 ff. Art. 111 und 114 EWG sind mittlerweile aufgehoben, die Regelung des Art. 228 EWG findet sich nunmehr in Art. 300 EG.

[251] Boykott der französischen Regierung von Juli 1965 bis Januar 1966 an Sitzungen des Ministerrats teilzunehmen.

5. Assoziierungsabkommen mit Tunesien und Marokko

Durch die Assoziierungsabkommen mit Griechenland (1962)[252] und der Türkei (1963)[253] waren die privilegierten Beziehungen, die zwischen der Gemeinschaft und den ehemaligen Kolonien einzelner Mitgliedstaaten bestanden, relativiert worden. Deswegen bot die Gemeinschaft allen nichteuropäischen Staaten und Gebieten mit besonderen Beziehungen zu einem EWG-Mitgliedstaat, der früher Kolonialmacht war, die Assoziierung an. Dementsprechend schloss die EWG mit Tunesien und Marokko im Jahr 1969 jeweils ein Assoziierungsabkommen auf der Grundlage von Art. 238 EWG (Art. 310 EG).[254] Der Abschluss dieser beiden Abkommen war unproblematisch, da er bereits in der Schlussakte zu den Römischen Verträgen vorgesehen war: In einer Absichtserklärung hatte sich die Gemeinschaft bereits dafür ausgesprochen, mit diesen Staaten „in Verhandlungen über den Abschluss von Übereinkünften zur wirtschaftlichen Assoziierung mit der Gemeinschaft einzutreten".[255] Die Abkommen waren von dem Willen getragen, die koloniale Vergangenheit der beiden Länder aufzuarbeiten sowie den politischen und wirtschaftlichen Einfluss Frankreichs aufrechtzuerhalten.[256] Durch diese (Teil-)Assoziierungsabkommen, die jeweils eine Laufzeit von fünf Jahren hatten, wurden die Bedingungen für den Zugang landwirtschaftlicher und gewerblicher Erzeugnisse aus diesen Ländern erheblich erleichtert. Die Zollvergünstigungen für ihre landwirtschaftlichen Produkte, insbesondere für Orangen, die den größten Anteil der Exporte ausmachten, waren die großzügigsten im gesamten Mittelmeerraum.[257] Beide Abkommen sahen eine (beschränkte) Reziprozität der Handelspräferenzen vor.

---

252 Assoziierungsabkommen zwischen der EWG und Griechenland v. 09.07.1961, Abl. 1963, Nr. 26, S. 294 ff.

253 Assoziierungsabkommen zwischen der EWG und der Türkei v. 12.09.1963, Abl. 1964, Nr. 217, S. 3687 ff.

254 Assoziierungsabkommen zwischen der EWG und Marokko v. 31.03.1969, Abl. 1969, L 197, S. 3 ff.; Assoziierungsabkommen zwischen der EWG und Tunesien v. 28.03.1969, Abl. 1969, L 198, S. 3 ff.

255 Vertrag zur Gründung der EWG, Absichtserklärung im Hinblick auf die Assoziierung der unabhängigen Länder der Franken-Zone mit der Europäischen Wirtschaftsgemeinschaft, 4. Absatz.

256 *Schumacher*, Die Maghreb-Politik der Europäischen Union, S. 23 ff.

257 *Pomfret*, Mediterranean Policy of the European Community, S. 55.

6. Abkommen mit Israel, Ägypten und Libanon

Neun Monate vor Ablauf des Handelsabkommens von 1964 beantragte Israel ebenfalls eine weitergehende Assoziierung, wobei es von Deutschland und den Niederlanden unterstützt wurde.[258] Diesem Vorschlag folgten lange und mühsame Verhandlungen, die aber letztlich am Widerstand Italiens und vor allem Frankreichs vor dem Hintergrund des Sechs-Tage-Kriegs von 1967[259] scheiterten. Während die meisten anderen europäischen Staaten zu diesem Zeitpunkt weitestgehend der Nahostpolitik der Vereinigten Staaten folgten und nur wenige eigene Initiativen ergriffen, vollzog Frankreich unter Charles de Gaulle einen Politikwechsel zugunsten der arabischen Welt.[260] Als „Ersatz" für ein Assoziierungsabkommen sollte mit Israel ein präferentielles Handelsabkommen abgeschlossen werden. Dazu erklärte sich Frankreich aber nur unter der Bedingung bereit, dass auch jedem arabischen Mittelmeerstaat ein solches Präferenzabkommen angeboten wurde.[261] Daraufhin kam es 1970 zum Abschluss eines neuen Abkommens mit Israel[262], dem 1972 Abkommen mit Ägypten und dem Liba-

[258] *Oppermann*, Cooperation, Association, Accession, S. 9, 15.

[259] Seit 1965 hatten immer wieder arabische Terrorkommandos aus Syrien, Jordanien und Ägypten in Israel Anschläge ausgeführt, worauf die israelische Armee mit Vergeltungsschlägen, die zum Teil weit ins feindliche Territorium (dem Gazastreifen und das Westjordanland, die zu dem Zeitpunkt unter ägyptischer bzw. jordanischer Herrschaft standen) reichten, reagierte. Im Mai 1967 zog Ägypten massive Truppenkontingente auf dem Sinai zusammen und sperrte die für Israels Wirtschaft lebenswichtige Zufahrt zum Hafen von Eilat am Golf von Akaba. Auf Aufforderung Ägyptens stationierten Syrien, Jordanien, der Irak und Saudi Arabien wenige Tage später insgesamt ca. 250.000 Soldaten an den Grenzen Israels. Diplomatische Bemühungen zur Beilegung der Krise misslangen. Am 5. Juni 1967 führte Israel einen Präventivschlag gegen Ägypten, Syrien und Jordanien durch. Innerhalb von sechs Tagen besetzten israelische Truppen die ganze Sinaihalbinsel, den Gazastreifen, das Westjordanland (inklusive Ostjerusalem) und die syrischen Golanhöhen. Vgl. dazu *Perthes*, Geschichte des Nahost-Konflikts, S. 56, 57 f.

[260] Frankreich hatte in den 1950ern noch eng mit Israel zusammengearbeitet, vor allem in militärischen und nachrichtendienstlichen Belangen. So hatte Israel Frankreich z.B. 1954 im Algerienkrieg geholfen. Nachdem jedoch Algerien 1962 unabhängig geworden war, vernachlässigte Frankreich die Kooperation mit Israel und schwenkte auf eine pro-arabische Haltung um. Bis heute neigt die französische Politik zu einer stärkeren pro-arabischen Haltung als die offizielle Politik der EU im Nahen Osten. Vgl. dazu *Shpiro/Reynold*, Bestimmungsfaktoren der Außenpolitik, S. 48, 51 f.; *Matern*, Von der Kooperation zur Assoziation, S. 36.

[261] *Malanczuk*, The legal framework of the Economic Relations between Israel and the European Union, S. 263, 265; *Pomfret*, Mediterranean Policy of the European Community, S. 20.

[262] Abkommen zwischen der EWG und Israel v. 20.07.1970, Abl. 1970, L 183, S. 1 ff.

non folgten.[263] Alle drei Abkommen wurden als Handelsabkommen auf Art. 113 EWG (Art. 133 EG) gestützt.

Inhaltlich ging es im Kern dieser Abkommen um Handelzusicherungen, Einfuhrquoten für Produkte aus den Mittelmeerstaaten in die europäischen Märkte sowie – zumindest für Ägypten und den Libanon – die Zusicherung ökonomischer Hilfen.[264] Für Israel bedeutete der Abschluss des Abkommens eine erhebliche Vertiefung der Beziehungen zur Gemeinschaft. Die israelischen Exporte erfuhren weitaus umfangreichere Zollvorteile als bisher. Bis 1973 reduzierte die Gemeinschaft die Einfuhrzölle für nicht landwirtschaftliche Waren um 50 % und für 80 % der landwirtschaftlichen Produkte um 30 – 70 %. Dafür verpflichtete sich Israel als Gegenleistung zum Prinzip der Gegenseitigkeit bei der Behandlung von Einfuhren aus der Gemeinschaft. Das Abkommen galt als erster Ansatz für eine Freihandelszone zwischen beiden Partnern und wurde als solche vom GATT-Sekretariat registriert.[265] Die Abkommen mit Ägypten und dem Libanon sahen keine Reziprozität vor, weswegen sie auch als einseitige Präferenzabkommen bezeichnet werden.[266]

7. Zusammenfassung

Bis Ende 1972 schloss die Gemeinschaft mit den einzelnen Mittelmeerländern eine Vielzahl von Abkommen, die sich sowohl hinsichtlich des inhaltlichen Umfangs als auch der rechtlichen Ausgestaltung stark unterschieden. Beim Abschluss der Abkommen spielten kurzfristige politische Erwägungen sowie nationale Interessen der Mitgliedstaaten eine große Rolle.[267] Zum einen ging es vor allem Frankreich darum, seinen politischen und wirtschaftlichen Einfluss in den ehemaligen Kolonien aufrechtzuerhalten. Zum anderen wollten sich Frankreich und Italien, die bei einigen typischen Mittelmeererzeugnissen über eine bedeutende eigene Produktion verfügten, vor der Konkurrenz aus den restlichen Mittelmeerländern schützen, weswegen gerade für Agrarprodukte zahlreiche Ausnahmebestimmungen in die Abkommen aufgenommen wurden.[268]

---

[263] Abkommen zwischen der EWG und dem Libanon v. 18.12.1972, Abl. 1974, L 18, S. 2 ff.; Abkommen zwischen der EWG und Ägypten v. 18.09.1972, Abl. 1973, L 251, S. 1 ff.

[264] *Masala*, Die Euro-Mediterrane Partnerschaft, S. 6.

[265] *Oppermann*, Kooperation, Assoziierung, Beitritt, S. 1251, 1257.

[266] *Rhein*, Die Europäische Gemeinschaft und das Mittelmeer, S. 641, 642.

[267] *Jünemann*, Europas Mittelmeerpolitik im regionalen und globalen Wandel, S. 29, 38.

[268] *Perthes*, Struktur und Perspektiven einer Mittelmeerpolitik, S. 25, 63 f.; *Müller*, Die Handelsregelungen in den Abkommen der Europäischen Gemeinschaft mit den Mittelmeerländern, S. 119, 125.

Die Abkommen mit Tunesien und Marokko wurden als Assoziierungsabkommen abgeschlossen und dementsprechend auf Art. 238 EWG (Art. 310 EG) gestützt, obwohl sie primär handelsrechtliche Regelungen enthielten und gerade nicht auf die Entwicklung begrenzter gemeinsamer Politiken gerichtet waren. Auch fehlte es am für Assoziierungsabkommen typischen Merkmal des gemeinsamen Vorgehens und Verfahrens, d.h. der Einsetzung eines Assoziationsrates. Dass die Abkommen dennoch als Assoziierungsabkommen geschlossen wurden, liegt in der engen Beziehung dieser Staaten zu den EWG-Mitgliedstaaten begründet, die dadurch zum Ausdruck kommen sollte.

Die Abkommen mit Israel, Ägypten und Libanon wurden zu Recht, da auch sie hauptsächlich Handelsregelungen enthalten, auf Art. 113 EWG (Art. 133 EG) gestützt.

Im Ergebnis lässt sich festhalten, dass die Europäische Gemeinschaft in den Anfangsjahren über kein einheitliches Konzept für ihre Mittelmeerpolitik verfügte, sondern nach ihren jeweiligen Interessen bilaterale Abkommen geschlossen hat. Das führte dazu, dass sich einige Mittelmeerländer ungerecht behandelt fühlten, insbesondere weil einige ihrer schärfsten Mitkonkurrenten Vergünstigungen erhielten, die ihnen nicht eingeräumt wurden.[269] Durch die unterschiedlichen Laufzeiten der jeweiligen Abkommen veränderte sich dieses „Diskriminierungsmuster“ permanent.[270] Die kleinste Änderung in einem Abkommen hatte immer Auswirkungen auf das Ausmaß der gewährten Vorteile für die anderen Partnerländer. Die Mittelmeerpolitik der Gemeinschaft erwies sich insgesamt in dieser Zeit als „Stückwerkpolitik“[271] und als Resultat vieler kleiner und unkoordinierter Schritte.

III. Globalisierte Mittelmeerpolitik 1972 bis 1990

Aus dem bevorstehenden Beitritt Großbritanniens, Irlands und Dänemarks zu den Gemeinschaften zum 1. Januar 1973 ergab sich zum einen die Notwendigkeit, die bestehenden Abkommen zwischen der EWG und den Mittelmeerländern auf die neuen Mitgliedstaaten auszudehnen. Da die befristet abgeschlossenen Abkommen zum Teil kurz vor ihrem Auslaufen standen, wäre eine Neuregelung ohnehin erforderlich geworden.

Zum anderen wuchs in der Gemeinschaft mit der Aufnahme der Europäischen Politischen Zusammenarbeit (EPZ) in den 1970er Jahren das Bedürfnis

[269] *Jünemann*, Europas Mittelmeerpolitik im regionalen und globalen Wandel, S. 29, 38.
[270] *Pomfret*, Mediterranean Policy of the European Community, S. 20.
[271] *Masala*, Die Euro-Mediterrane Partnerschaft, S. 6.

nach einem eigenständigen außenpolitischen Profil. Sie wollte ihre Außenbeziehungen nicht mehr allein durch wirtschaftlich motivierte Handels-, Kooperations- und Assoziierungsabkommen definieren, sondern sich zusätzlich von politischen Interessen leiten lassen.[272] Die EG-Mitgliedstaaten betrachteten den Mittelmeerraum zunehmend als eine politische Einheit, die für die Sicherheit der westeuropäischen Staaten strategische Bedeutung hat.[273]

1. Globalkonzept

Im Juni 1972 beschloss daher der Rat der Gemeinschaft, sich im Rahmen eines Globalkonzeptes mit den Problemen des Mittelmeerraumes zu befassen. Dieses Konzept wurde von den Staats- und Regierungschefs auf der Pariser Gipfelkonferenz vom 19./20. Oktober 1972 angenommen. Dort wurde bekräftigt, dass die mit den Ländern des Mittelmeerraums zu schließenden Abkommen „in einer globalen und ausgewogenen Sicht behandelt werden müssen".[274] Ziel war es, den beiderseitigen Handelsaustausch zu fördern sowie allgemein die Kooperations- und Wirtschaftsbeziehungen zu intensivieren. Darüber hinaus sollte das Konzept helfen, den politisch empfindlichen und labilen Mittelmeerraum zu stabilisieren. Dabei sollte insbesondere auch auf die ausgewogene Parallelität im Ausbau der Beziehungen zu Israel und den arabischen Staaten geachtet werden.[275]

Im Wesentlichen bestand das Konzept aus folgenden Elementen: Errichtung einer mediterranen Freihandelszone für Industriegüter, Zollerleichterungen für einige Agrarprodukte nach einem Präferenzsystem, Gewährung von langfristigen EIB-Darlehen und zinsvergünstigten Sonderdarlehen aus EG-Haushaltsmitteln zur Finanzierung von Entwicklungsvorhaben, eine enge Zusammenarbeit im wissenschaftlichen und technischen Bereich sowie Regelungen für Arbeitnehmer aus den Mittelmeerstaaten, die in der EG beschäftigt sind.[276]

---

[272] *Jünemann*, Europas Mittelmeerpolitik im regionalen und globalen Wandel, S. 29, 39.
[273] *Pomfret*, Mediterranean Policy of the European Community, S. 21.
[274] Text des „Globalkonzeptes" in Europa-Archiv 1972, D 509 ff.
[275] *Vogel*, Die Maghreb- und Mashrek-Staaten im Rahmen der Europäischen Mittelmeerpolitik, S. 289, 290 f.
[276] *Malanczuk*, The legal framework of the Economic Relations between Israel and the European Union, S. 263, 266.

2. Schwierigkeiten bei der Realisierung des Konzepts

Allerdings wurde die Realisierung des Globalkonzeptes durch die besonderen Vorstellungen Frankreichs und durch Vorbehalte der USA, die Frankreich seit dem Sechs-Tage-Krieg von 1967 als wichtigsten militärischen Verbündeten Israels abgelöst hatten und mit der UdSSR das gesamte Mittelmeerbecken militärisch dominierten, noch längere Zeit aufgehalten. Durch den Yom-Kippur-Krieg[277] von 1973 zwischen Israel auf der einen Seite und Ägypten und Syrien auf der anderen Seite und die sich anschließende Ölkrise[278] von 1973/1974 wur-

[277] Am 6. Oktober 1973, zu Yom Kippur – dem jüdischen Feiertag, an dem das öffentliche Leben fast vollständig zum Erliegen kommt –, griffen die Ägypter im Süden und die Syrer im Norden Israel an. Der Angriff überraschte die unvorbereiteten Israelis und brachte den Angreifern zunächst militärische Erfolge. Nach Überwindung des ersten Schocks gelang es den israelischen Truppen aber bald, das verlorene Terrain wiederzuerobern und darüber hinaus weit ins feindliche Land bis kurz vor Damaskus bzw. Kairo vorzudringen. Um eine militärische und politische Katastrophe zu verhindern, die ein weiteres Vordringen Israels bewirkt hätte, intervenierten die beiden Supermächte USA und UdSSR sowie die UNO. Am 22. Oktober 1973 rief der Sicherheitsrat der Vereinten Nationen in der Resolution 338 alle Parteien auf, das Feuer einzustellen. Bei Inkrafttreten des Waffenstillstands am 22. Oktober (Nordfront) bzw. 24. Oktober (Südfront) waren die ägyptische und syrische Armee besiegt. Trotzdem führte der Krieg zu einer Traumatisierung der israelischen Öffentlichkeit, die die außenpolitische Bedrohung kaum wahrgenommen hatte, weil die israelische Armee bis dahin als unbesiegbar gegolten hatte, und zwang die israelische Ministerpräsidentin Golda Meir zum Rücktritt. Für den ägyptischen Präsidenten Anwar al-Sadat stellte der militärisch verlorene Krieg politisch dagegen einen Erfolg dar. Mit dem Krieg konnte er Israel zeigen, dass die arabische Welt ein militärisch nicht zu unterschätzender Gegner war. Im November 1977 traf er mit dem neuen israelischen Ministerpräsidenten Menachem Begin in Jerusalem zusammen, um über die Rückgabe der Sinai-Halbinsel zu verhandeln. Auf der Grundlage des Camp-David-Abkommens von 1978 schlossen beide Staaten am 26. März 1979 einen Friedensvertrag in Washington. Er bestimmte, dass Israel die Sinaihalbinsel zurückgibt und die israelischen Siedlungen räumt und abbaut. Im Gegenzug erkannte Ägypten als erster arabischer Staat das Existenzrecht Israels an und versprach, Israel nie wieder anzugreifen. Vgl. dazu *Perthes*, Geschichte des Nahost-Konflikts, S. 56, 58 f.

[278] Der Yom-Kippur-Krieg war Auslöser der Ölkrise von 1973. Die OPEC beschloss, ihre Erdölförderung so lange erheblich einzuschränken, bis die von Israel besetzten Gebiete befreit und die „Rechte des palästinensischen Volkes" wiederhergestellt waren. Dazu hoben die arabischen Länder, die einen großen Teil des Ölmarkts unter ihrer Kontrolle hatten, den Ölpreis kräftig an. Gegen die USA und die Niederlande, die als Freunde Israels galten, wurde ein Lieferboykott verhängt. Dadurch sollten die westlichen Industrieländer, die auf den Import des Rohstoffs angewiesen waren, unter Druck gesetzt und gezwungen werden, ihre Unterstützung für Israel aufzugeben. Die Wirtschaft in den westeuropäischen Staaten und in vielen anderen Industrieländern geriet daraufhin in eine schwierige Situation. Bis zu diesem Zeitpunkt galten die globalen Energiereserven in den Industrieländern als unerschöpflich. Durch das Embargo

de zudem das labile politische und wirtschaftliche Beziehungsgeflecht zwischen der EG, Israel und den arabischen Staaten nachhaltig gestört. Die Wahrnehmung der wirtschaftlichen Macht der arabischen Ölstaaten und die Auswirkungen des arabisch-israelischen Konflikts auf die wirtschaftliche Sicherheit Westeuropas führten in der Folge zu einer Aufwertung der europäisch-arabischen Beziehungen.[279] Nicht zuletzt unter dem Eindruck des Yom-Kippur-Kriegs und des arabischen Ölboykotts erkannten die USA die Übernahme einer größeren Verantwortung seitens der Gemeinschaft gegenüber dem gesamten Mittelmeerraum an.[280]

3. Kooperationsabkommen mit den Maghreb-Staaten

Mit den Maghreb-Staaten als Gruppe nahm die Gemeinschaft aber trotz der bestehenden Schwierigkeiten mit den USA bereits im Juli 1972, d.h. noch vor der offiziellen Annahme des Globalkonzeptes, erste Verhandlungen auf. Die zwischen Algerien und einzelnen Mitgliedstaaten bestehenden Sonderbeziehungen sollten endlich auf ein formelles Abkommen gestützt werden und nicht mehr länger je nach Mitgliedstaat verschieden sein. Da die Assoziierungsabkommen mit Tunesien und Marokko vor ihrem Auslaufen standen[281], erschien es angebracht, die Probleme der Maghreb-Staaten umfassend zu erörtern und zu regeln. Die Abkommen sollten gleichzeitig mit den Maghreb-Staaten und Israel unterzeichnet werden, anschließend sollten dann mit den Mashrek-Staaten Verhandlungen aufgenommen werden. Dadurch sollte ein einheitliches Beziehungsmuster mit allen Mittelmeerstaaten entstehen.

Die Verhandlungen mit den Maghreb-Staaten verliefen aber schleppend aufgrund von Differenzen über die für die Maghreb-Staaten so wichtigen Agrarprodukte, da einige Mitgliedstaaten nicht bereit waren, den Import von Waren, die unter die Gemeinsame Handelspolitik fielen, im großen Umfang zuzulassen.[282] Vor allem aus Italien und Frankreich kam zum Teil heftiger Widerstand.[283] Erst

---

wurden sich die Bürger schmerzlich bewusst, dass Energie ein knappes Gut ist, was einen regelrechten „Ölschock" auslöste.

[279] *Matern*, Von der Kooperation zur Assoziation, S. 35.

[280] *Oppermann*, Kooperation, Assoziierung, Beitritt, S. 1251, 1258.

[281] Sie sollten am 31.08.1974 auslaufen.

[282] *Pomfret/Toren*, Israel and the European Common Market, S. 8.

[283] *Müller*, Die Handelsregelungen in den Abkommen der Europäischen Gemeinschaft mit den Mittelmeerländern, S. 119, 125.

im April 1976 konnten die neuen Kooperationsabkommen mit den Maghreb-Staaten unterzeichnet werden.[284] Sie traten am 1. Januar 1978 in Kraft.[285]

Die Kooperationsabkommen sahen eine wirtschaftliche, technische und finanzielle Zusammenarbeit vor, die sich u.a. auf die industrielle Zusammenarbeit und die Zusammenarbeit in den Bereichen Wissenschaft, Technologie, Energie und Fischerei erstreckte. Kernstück der Abkommen war aber die handelspolitische Zusammenarbeit. So erhielten alle Industrieprodukte mit Ausnahme von Kork- und raffinierten Erdölerzeugnissen zollfreien Zugang zum EG-Markt. Auf dem Agrarsektor machte die Gemeinschaft für eine Reihe von Produkten bedeutende Zollzugeständnisse, insbesondere für die Einfuhr von Olivenöl, Wein, Gemüse sowie Zitrusfrüchten. Für Arbeitskräfte wurde den Staatsangehörigen, die bereits im Hoheitsgebiet eines beteiligten Staates beschäftigt waren, gegenseitige Inländerbehandlung hinsichtlich der Arbeits- und Lohnbedingungen einschließlich der sozialen Sicherheit gewährt. Konzessionen in Richtung Freizügigkeit wurden jedoch vermieden. Die Abkommen waren zeitlich nicht begrenzt und sollten sich allmählich zu Freihandelsabkommen entwickeln. Des Weiteren enthielten die Abkommen ein Protokoll über die technische und finanzielle Zusammenarbeit, durch welches den Mittelmeerländern für fünf Jahre finanzielle Hilfen zugesagt wurden. Diese wurden jeweils zu 2/3 als langfristige EIB-Darlehen und zu 1/3 als zinsvergünstigte Sonderdarlehen bzw. in Form nicht rückzahlbarer Zuschüsse zur Verfügung gestellt. Fester Bestandteil aller Abkommen, die in Umsetzung des Globalkonzeptes geschlossen wurden, war die Errichtung eines bilateralen Kooperationsrates, der auf Ministerebene tagte und jeweils für die Durchführung und die ordnungsgemäße Erfüllung der Abkommen zuständig war.

4. Abkommen mit Israel

Mit Israel schloss die Gemeinschaft im Rahmen des Globalkonzeptes in den 1970er Jahren ein Handelsabkommen sowie ein Zusatz- und Finanzprotokoll.

[284] Kooperationsabkommen zwischen der EWG und Algerien v. 26.04.1976, Abl. EWG 1978, L 263, S. 2 ff.; Kooperationsabkommen zwischen der EWG und Marokko v. 27.04.1976, Abl. EWG 1978, L 264, S. 2 ff.; Kooperationsabkommen zwischen der EWG und Tunesien v. 25.04.1976, Abl. EWG 1978, L 265, S. 2 ff.

[285] Siehe zur rechtlichen Einordnung der Abkommen unten B. III. 7.

a) Handelsabkommen von 1975

Im Juni 1973 nahm die Gemeinschaft mit Israel Verhandlungen über den Abschluss eines neuen Handelsabkommens auf. Die Verhandlungen zogen sich über zwei Jahre hin. Obwohl sich die Parteien bereits Ende 1974 geeinigt hatten, konnte das neue Abkommen erst im Mai 1975 unterzeichnet werden, da die Mitgliedstaaten gehofft hatten, bis dahin auch die Verhandlungen mit den Maghreb-Staaten zum Abschluss bringen zu können. Es trat dann aber unbeschadet des noch fehlenden Vertragsschlusses mit den Maghreb-Staaten am 1. Juli 1975 in Kraft.[286]

Das Abkommen mit Israel sah weitgehende Regelungen vor: Die Gemeinschaft baute ihre Zollsätze auf dem gewerblichen Sektor für israelische Importe in drei Stufen bis 1977 vollständig ab, auf dem Agrarsektor machte die Gemeinschaft für etwa 85 % der israelischen Ausfuhren Zugeständnisse. Im Gegenzug senkte Israel schrittweise die Zölle auf Einfuhren aus der Gemeinschaft bis hin zu einer vollständigen Abschaffung der Zölle im Jahr 1989. Mit dem Abschluss des Abkommens gewann der Handelsverkehr zwischen der EWG und Israel neuen Auftrieb: Ende der 1970er umfasste er in beide Richtungen 40 % von Israels Welthandel. Jedenfalls zu diesem Zeitpunkt bestand damit ein ausgewogenes Verhältnis zwischen Ein- und Ausfuhren.[287] Das Abkommen sah außerdem in der Präambel sowie in Art. 18 vor, dass die Gemeinschaft und Israel in den Bereichen, die im beiderseitigen Interesse der Vertragsparteien liegen, in Ergänzung des Warenverkehrs eine Zusammenarbeit herstellen. Gemeint waren damit nach Art. 18 Abs. 2 des Abkommens insbesondere der Austausch von technologischen Kenntnissen, die Förderung von privaten Investitionen sowie die Erleichterung von Kontakten und der Zusammenarbeit zwischen den Industrien der Gemeinschaft und Israel.

b) Finanz- und Zusatzprotokoll

Im Jahr 1977 unterzeichnete die Gemeinschaft mit Israel ein Finanz[288]- und ein Zusatzprotokoll[289], die beide am 1. November 1978 in Kraft traten. Durch das Finanzprotokoll wurde das Freihandelsabkommen um die finanzielle Zusammenarbeit erweitert, in deren Rahmen Israel bis zu 30 Mio. ECU in Form von

[286] Abkommen zwischen der EWG und Israel v. 11.05.1975, Abl. EWG 1975, L 136, S. 1 ff.
[287] *Primor*, Herausforderungen an Europa, S. 112, 125.
[288] Protokoll über die wirtschaftliche Zusammenarbeit v. 08.02.1977, Abl. EWG 1978, L 270, S. 9 ff.
[289] Zusatzprotokoll v. 08.02.1977, Abl. EWG 1978, L 270, S. 2 ff.

langfristigen EIB-Darlehen zur Verfügung gestellt werden sollten. Nicht rückzahlbare Zuschüsse oder Darlehen zu Sonderbedingungen erhielt Israel aufgrund seines wirtschaftlichen Entwicklungsstandes nicht. Das Zusatzprotokoll war auf den Aufbau und die Vertiefung der Beziehungen zwischen der Gemeinschaft und Israel gerichtet und sah eine umfassende Wirtschaftskooperation vor. In Art. 19 des Abkommens von 1975 war ein Gemischter Ausschuss eingesetzt worden, der für die Durchführung und ordnungsgemäße Erfüllung des Abkommens zuständig sein sollte. Durch Art. 9 des Zusatzprotokolls von 1978 wurde dieser Ausschuss durch einen Kooperationsrat ersetzt, der mit umfassenden Kompetenzen ausgestattet wurde, ohne dass das Abkommen von 1975 selbst in ein „Kooperationsabkommen" umbenannt wurde, was auch angesichts der Weite der darin enthaltenen Regelungen kaum möglich gewesen wäre.

5. Kooperationsabkommen mit den Mashrek-Staaten

Nach der Unterzeichnung der Abkommen mit den Maghreb-Staaten im Jahr 1976 nahm die EG zügig Verhandlungen mit den Mashrek-Staaten auf. Abkommen mit Ägypten, Jordanien und Syrien wurden im Januar 1977 unterzeichnet und traten am 1. November 1978 in Kraft.[290] Die Unterzeichnung des Abkommen mit dem Libanon verzögerte sich bis zum Mai 1977 wegen der politisch instabilen Lage im Land.[291] Es trat dann aber zusammen mit den Kooperationsabkommen für die anderen Mashrek-Staaten am 1. November 1978 in Kraft.[292] Die Regelungen in diesen Abkommen waren vergleichbar mit den Regelungen in den Abkommen mit den Maghreb-Staaten. Auch diese Abkommen sahen im handelspolitischen Teil eine wirtschaftliche und technische Zusammenarbeit und eine entsprechende Finanzhilfe vor. Die Modalitäten der Gewährung dieser Finanzhilfe waren – wie schon bei den Abkommen mit den Magh-

---

[290] Kooperationsabkommen zwischen der EWG und Ägypten v. 18.01.1977, Abl. EWG 1978, L 266, S. 2 ff.; Kooperationsabkommen zwischen der EWG und Jordanien v. 18.01.1977, Abl. EWG 1978, L 268, S. 2 ff.; Kooperationsabkommen zwischen der EWG und Syrien v. 18.01.1977, Abl. EWG 1978, L 269, S. 2 ff.

[291] Im Libanon herrschte seit 1975 Bürgerkrieg zwischen der maronitischen Phalange-Miliz und der PLO. Ursache des Bürgerkrieges war der Verlust des ethnischen Gleichgewichts zwischen Christen und Schiiten nach der Ankunft der im „Schwarzen September" 1970 aus Jordanien vertriebenen bewaffneten Kräfte der PLO. Diese errichteten mit Billigung muslimischer libanesischer Gruppen einen bewaffneten "Staat im Staate". Der Bürgerkrieg selbst dauerte noch bis zum Sommer 1990. Vgl. dazu *Pomfret/Toren*, Israel and the European Common Market, S. 9 sowie unten B. III. 10. b).

[292] Kooperationsabkommen zwischen der EWG und dem Libanon v. 03.05.1977, Abl. EWG 1978, L 267, S. 2 ff.

reb-Staaten – jeweils in einem Protokoll über technische und finanzielle Zusammenarbeit näher geregelt, welches den Kooperationsabkommen als Anhang beigefügt wurde. Die handelspolitischen Konzessionen waren für die Mashrek-Staaten insgesamt gesehen aber eingeschränkter. Im Gegensatz zu den Maghreb-Abkommen enthielten die Mashrek-Abkommen keine entsprechenden Bestimmungen für den Sozialbereich. Dies lag vor allem daran, dass die Zahl der Arbeitnehmer aus den Mashrek-Staaten viel geringer war als aus den Maghreb-Staaten.[293]

6. Inhaltliche Bewertung der Abkommen

Durch den Abschluss der Kooperationsabkommen mit den Maghreb- und Mashrek-Staaten sowie des Freihandelsabkommens mit Israel wurden die Importe von industriellen Gütern in die Gemeinschaft weitgehend liberalisiert. Für Agrarprodukte sah es hingegen anders aus, da viele Mitgliedstaaten nicht bereit waren, Importe von Waren, die unter die Gemeinsame Agrarpolitik fielen, im großen Umfang zuzulassen. Gerade in diesem Bereich fiel es der Gemeinschaft schwer, Handelsregelungen auszuhandeln, die einerseits die Interessen der verschiedenen, miteinander konkurrierenden Mittelmeerstaaten in ausgewogener Weise berücksichtigten und andererseits die innergemeinschaftliche Produktion vor allem in Italien und Frankreich nicht in ruinöser Weise beeinträchtigten.[294] Dadurch war das Konzept der globalen Mittelmeerpolitik für die meisten Mittelmeerländer nur wenig attraktiv, da ihre Exporte bis heute von Agrarprodukten dominiert wurden und auch immer noch werden.[295]

Die Möglichkeit, in den Mittelmeerländern für den europäischen Markt zu produzieren, wurde trotz des freien Zugangs zur Gemeinschaft und trotz der niedrigen Lohnkosten so gut wie gar nicht genutzt – weder von europäischen noch von einheimischen Unternehmern. Gerade für europäische Unternehmen gab es aufgrund der politischen Instabilität, des staatlichen Dirigismus in der Wirtschaftspolitik, der ungünstigen Wechselkursrelationen und der geringen Arbeitsproduktivität keine ausreichenden Investitionsanreize.[296] Der überwiegende Anteil der Exporte aus den Mittelmeerländern ging zwar in die Gemeinschaft,

---

[293] *Vogel*, Die Maghreb- und Mashrek-Staaten im Rahmen der Europäischen Mittelmeerpolitik, S. 289, 302.

[294] *Müller*, Die Handelsregelungen in den Abkommen der Europäischen Gemeinschaft mit den Mittelmeerländern, S. 119, 125; *Vogel*, Die Maghreb- und Mashrek-Staaten im Rahmen der Europäischen Mittelmeerpolitik, S. 289, 304.

[295] *Pomfret/Toren*, Israel and the European Common Market, S. 8.

[296] *Rhein*, Die Europäische Gemeinschaft und das Mittelmeer, S. 641, 643.

aber nicht weil sie zollfrei exportieren konnten, sondern weil die Gemeinschaft der große Absatzmarkt vor ihrer Haustür ist.[297] Damit zeigte sich einmal mehr, dass die bloß formale Herstellung von Freihandel zwischen Entwicklungs- und Industrieländern keine ausreichende Bedingung ist, um Ausfuhrströme zu beeinflussen. Der freie Zugang zum Markt der Gemeinschaft hatte zwar positive Auswirkungen für diejenigen Länder, die ihre Wirtschaftsreformen mit Erfolg durchführen konnten, wie z.B. Tunesien und Marokko. Aber auch diese Länder waren nicht in der Lage, aus der Marktöffnung in vollem Umfang Nutzen zu ziehen. Die Ausfuhren dieser Länder konzentrierten sich zumeist auf wenige Sektoren und Erzeugnisse, was zu einer erheblichen Krisenanfälligkeit dieser Volkswirtschaften führte.[298] Eine Ausnahme bildete insoweit nur Israel. Israel ist das Mittelmeerland, das bis heute am stärksten vom freien Zugang zum EG-Markt profitiert und zwar insbesondere deswegen, weil der Zugang zu den Märkten der meisten anderen Mittelmeer-Anrainer bis heute so gut wie verschlossen ist, so dass die Gemeinschaft als Handelspartner für Israel von geradezu vitalem Interesse ist.[299]

Mit den Abkommen öffnete die Gemeinschaft ihren Markt für die Produkte der Mittelmeerländer. Die Kommission hatte ursprünglich vorgeschlagen, in den Abkommen Reziprozität für die gewährten Vergünstigungen vorzusehen, wobei Umfang und Zeit der Einräumung der umgekehrten Präferenzen von der wirtschaftlichen Entwicklung des jeweiligen Partners abhängen sollte.[300] Dies hatte sie insbesondere deswegen verlangt, um die Abkommen der restlichen Welt gegenüber als Schaffung einer Freihandelszone und damit als eine Ausnahme vom Meistbegünstigungsprinzip[301] nach Art. XXIV Abs. 5 GATT zu präsentieren – auch wenn es dafür am erforderlichen Kriterium der Erstreckung auf „annähernd

[297] *Rhein*, Die Europäische Gemeinschaft und das Mittelmeer, S. 641, 643.

[298] *Krenzler*, in: von der Groeben/Thiesing/Ehlermann, 5. Auflage, Bd. 5, Architektur Europas, Rn. 110.

[299] *Pomfret/Toren*, Israel and the European Common Market, S. 17.

[300] *Vogel*, Die Maghreb- und Mashrek-Staaten im Rahmen der Europäischen Mittelmeerpolitik, S. 289, 291.

[301] Nach dem in Art. I GATT geregelten Meistbegünstigungsprinzip müssen alle Vorteile und Vergünstigungen, die ein WTO-Mitglied den Waren, die aus einem anderen Land stammen oder für dieses Land bestimmt sind, gewährt auch für alle gleichartigen Waren der anderen WTO-Mitglieder gewährt werden. Es gibt aber eine Vielzahl von Rechtfertigungsgründen für eine unterschiedliche Behandlung von Waren. Insbesondere sind nach Art. XXIV Abs. 4 und 5 GATT Ausnahmen zugunsten von Zollunionen und Freihandelszonen möglich, wenn in deren Geltungsbereich die Handelsbeschränkungen für „annährend den gesamten Handel" beseitigt werden.

den gesamten Handel"[302] fehlte. Im Ministerrat waren aber vor allem Großbritannien, Deutschland und die Niederlande aufgrund des unterschiedlichen Entwicklungsstandes in den Mittelmeerländern dagegen.[303] Auch von den meisten Mittelmeerstaaten selbst wurde dieses Ansinnen zurückgewiesen, da es im Widerspruch zu ihrer praktizierten Politik der Importsubstitution stand.[304] Außerdem befanden sie sich zu dem Zeitpunkt erst am Beginn der Industrialisierung und waren daher nicht bereit, den Mitgliedstaaten umgekehrte Präferenzen für industrielle Güter einzuräumen. In allen Kooperationsabkommen wurde daher – in Abweichung zu den bisher mit Marokko und Tunesien geschlossenen Assoziierungsabkommen – auf das Merkmal der Reziprozität verzichtet. Das bedeutet, dass die Mittelmeerländer nicht dazu verpflichtet waren, der Gemeinschaft ebenfalls Handelsvorteile einzuräumen. Für die Einfuhren aus der Gemeinschaft in die Mittelmeerstaaten galt lediglich das Meistbegünstigungsprinzip.

Eine Ausnahme bestand jedoch für das mit Israel geschlossene Freihandelsabkommen, das eine unmittelbare Reziprozität für die gewährten Vergünstigungen vorsah. Israels Status entsprach damit eher einem der EFTA-Länder als dem seiner unmittelbaren Nachbarn, woran sich auch zu diesem Zeitpunkt – wie schon bei dem Handelsabkommen von 1964 – wieder die Sonderrolle zeigte, die Israel innerhalb des Mittelmeerraumes hinsichtlich der Beziehungen zur EWG innehatte.

7. Rechtliche Einordnung der Abkommen

Bei der rechtlichen Einordnung der Abkommen, die die EG im Rahmen des Globalkonzeptes mit den Mittelmeerstaaten geschlossen hat, muss zwischen den Maghreb- und Mashrek-Staaten und Israel differenziert werden.

---

[302] Für die Beurteilung dieses Kriteriums werden sowohl quantitative (d.h. ein gewisser Prozentsatz des zwischenstaatlichen Handels muss vom Freihandel erfasst sein) als auch qualitative Aspekte (d.h. dass nicht ganze Sektoren, wie z.B. der Agrarhandel, von der Liberalisierung innerhalb der Freihandelszone ausgenommen werden dürfen) herangezogen. Angesichts des Umstandes, dass sich die Abkommen im Wesentlichen auf gewerbliche Waren beschränken, ist das Kriterium der Erstreckung auf „annähernd den gesamten Handel" nicht erfüllt. Vgl. dazu *Weiß/Herrmann*, Welthandelsrecht, Rn. 612 f.

[303] *Pomfret*, Mediterranean Policy of the European Community, S. 21.

[304] *Pomfret*, Mediterranean Policy of the European Community, S. 55.

a) Abkommen mit den Maghreb- und Mashrek-Staaten

Die Kooperationsabkommen mit Ägypten, Algerien, Jordanien, Libanon, Marokko, Syrien und Tunesien wurden auf der Grundlage von Art. 238 EWG (Art. 310 EG) geschlossen. Kooperationsabkommen können entweder auf Art. 133 EG oder auf Art. 310 EG gestützt werden. Sie werden i.d.R. dann auf Art. 310 EG gestützt, wenn sie nicht nur handelspolitische Regelungen, sondern darüber hinaus auch Regelungen für eine Zusammenarbeit in weiteren Bereichen enthalten und auf die Begründung einer möglichst umfassenden und dauerhaften gegenseitigen Vertrags- und Wirtschaftsbeziehung gerichtet sind.[305] Ziel der Abkommen war die Einführung einer umfassenden Zusammenarbeit, die zur wirtschaftlichen und sozialen Entwicklung des Landes beitragen sollte, wie sich aus den Präambeln der jeweiligen Abkommen ergibt. Neben handelspolitischen Regelungen sahen die Abkommen eine wirtschaftliche, technische und finanzielle Zusammenarbeit vor. Art. 310 EG war somit die richtige Rechtsgrundlage. Die Kooperationsabkommen sind unter den Begriff der Entwicklungsassoziierung zu subsumieren, da sie die Einräumung asymmetrischer Handelszugeständnisse, die Entwicklungszusammenarbeit sowie die Gewährung finanzieller Hilfen durch die EG vorsehen.[306]

b) Abkommen mit Israel

Mit Israel hat die Gemeinschaft 1975 ein Handelsabkommen sowie 1977 ein Zusatz- und Finanzprotokoll geschlossen.

aa) Handelsabkommen von 1975

Das Handelsabkommen mit Israel, das anders als die restlichen Abkommen mit den Mittelmeerländern nicht als Kooperationsabkommen, sondern lediglich als „Abkommen" bezeichnet wurde, wurde auf der Grundlage von Art. 113 EWG (Art. 133 EG) geschlossen, obwohl es über handelspolitische Regelungen hinaus auch eine Zusammenarbeit in Bereichen von gegenseitigem Interesse vorsah. Handelsabkommen können über handelspolitische Regelungen hinaus auch Rahmenbedingungen zur Förderung der wirtschafts- und industriepolitischen sowie technischen Zusammenarbeit enthalten, wenn mit dem Abkommen primär

[305] Siehe dazu oben A. II. 6. b).
[306] Siehe dazu oben A. II. 5. c).

ein handelspolitischer Zweck verfolgt wird.[307] Wesentliches Ziel muss die Intensivierung des Handelsverkehrs durch die Verbesserung der Exportgüterstruktur sein. Das Abkommen mit Israel wurde in dem Wunsch geschlossen, die Wirtschaftsbeziehungen zwischen der Gemeinschaft und Israel zu festigen und auszuweiten und unter Wahrung gerechter Wettbewerbsbedingungen die harmonische Entwicklung des Handels sicherzustellen.[308] Der Abbau der Hindernisse für den freien Warenverkehr bildete – wie auch bei den Kooperationsabkommen mit den restlichen Mittelmeerländern – das Kernstück des Abkommens. Art. 18 des Abkommens, der die Zusammenarbeit in den Bereichen beiderseitigen Interesses regelt, ist sehr allgemein gehalten. Er ermächtigt lediglich den Gemischten Ausschuss, die geeigneten Mittel und Wege für eine derartige Zusammenarbeit zu suchen und für die Verwirklichung der Maßnahmen Empfehlungen auszusprechen. Das Abkommen mit Israel konnte daher auf Art. 133 EG gestützt werden.

Dass das Abkommen – anders als die Abkommen mit den restlichen Mittelmeerländern – auf der Grundlage von Art. 133 EG und nicht von Art. 310 EG geschlossen wurde, obwohl gerade der Rat den Begriff des Handelsabkommens eng auslegt, liegt darin begründet, dass das Abkommen mit Israel nicht unter die drei Assoziierungstypen zu subsumieren ist. Eine Beitritts- und Freihandelsassoziierung steht nur europäischen Staaten offen. Eine Entwicklungsassoziierung schied aus, weil das Abkommen mit Israel auf Gegenseitigkeit gerichtet ist und nicht auf die Einräumung einseitiger Handelszugeständnisse. Ziel des Abkommens war nach der Präambel der Ausbau der bestehenden Wirtschaftsbeziehungen und nicht die Entwicklung des Landes in wirtschaftlicher und sozialer Hinsicht. Zwar differenziert Art. 310 EG nicht nach einzelnen Assoziierungsarten, aber in der Praxis haben sich die drei genannten Arten eingebürgert. Es war daher in juristischer Hinsicht einfacher, die handelspolitische Ermächtigungsgrundlage weit auszulegen und auf das Abkommen mit Israel anzuwenden, statt durch das Abkommen mit Israel einen neuen Typ von Assoziierungsabkommen zu schaffen.

bb) Zusatz- und Finanzprotokoll von 1977

Das Zusatz- und Finanzprotokoll von 1977 wurde hingegen als Assoziierungsabkommen auf der Grundlage von Art. 310 EG geschlossen.

---

[307] Siehe dazu oben A. I. 2. b).

[308] Vgl. Präambel des Abkommens zwischen der EWG und Israel, Abl. EWG 1975, L 136, S. 1 f.

Da das Zusatzprotokoll auf eine umfassende Wirtschaftskooperation gerichtet war, schied Art. 133 EG als Rechtsgrundlage aus.[309] Deswegen und weil die Gemeinschaft einen Gleichklang mit den anderen Mittelmeerländern erreichen wollte – deren auf Art. 310 EG gestützten Kooperationsabkommen einschließlich der damit verbundenen Protokolle mittlerweile auch unterzeichnet worden waren – griff die EG auch für das Finanz- und Zusatzprotokoll auf Art. 310 EG zurück. Allerdings lassen sich beide Protokolle – wie auch schon das Abkommen von 1975 – nicht unter den Begriff der Entwicklungsassoziierung einordnen, da Israel im Rahmen des Finanzprotokolls nur langfristige EIB-Darlehen und gerade keine verlorenen Zuschüsse erhielt und auch das Zusatzprotokoll auf eine umfassende Wirtschaftskooperation und nicht auf eine wirtschaftliche und soziale Entwicklung des Landes gerichtet war. Anders als noch bei dem Abkommen mit Israel von 1975 begründete die Gemeinschaft so einen Assoziierungstypus eigener Art. Dieses Vorgehen war zwar insoweit politisch konsequent als dadurch die mit dem Globalkonzept bezweckte Parallelität der Beziehungen zu den Mittelmeerländern in Bezug auf die Rechtsgrundlage der Abkommen hergestellt wurde, juristisch aber insbesondere im Hinblick auf das Abkommen mit Israel von 1975 inkonsequent. Die Abgrenzung zwischen den einzelnen Vertragsschlusskompetenzen der Gemeinschaft wird dadurch schwierig und ohne Kenntnis der politischen Hintergründe kaum noch nachvollziehbar.

c) Verfahren

Der Abschluss von Abkommen mit Drittstaaten kann eine Mitwirkung der Mitgliedstaaten sowie des Europäischen Parlaments erfordern.

aa) Gemischte Abkommen

Die Kooperationsabkommen mit den arabischen Mittelmeerstaaten wurden als gemischte Abkommen geschlossen, d.h. die Mitgliedstaaten waren neben der Gemeinschaft Vertragsparteien. Notwendig wäre dies nicht gewesen, da der Abschluss eines gemischten Abkommens nur dann erforderlich ist, wenn die Zuständigkeit zwischen der Gemeinschaft und den Mitgliedstaaten geteilt ist oder wenn die Beteiligung der Mitgliedstaaten zur Durchführung der Abkommen erforderlich ist, insbesondere weil die Mitgliedstaaten über den bloßen Verwaltungshaushalt hinaus finanzielle Verpflichtungen übernommen haben.[310] Die

[309] Siehe dazu oben A. II. 6.
[310] Siehe dazu oben A. VI. 7.

Abkommen fielen aber in die ausschließliche Zuständigkeit der Gemeinschaft, da die handelsrechtlichen Bestimmungen den wesentlichen Teil der Abkommen ausgemacht haben. Zwar enthielten die Abkommen auch Elemente einer Wirtschaftskooperation, dabei handelte es sich aber im Wesentlichen um unverbindliche Zielbestimmungen, die gegenüber den Handelsregelungen akzessorisch waren. Die Gemeinschaft hätte die Abkommen dementsprechend richtigerweise als Abkommen zwischen der Gemeinschaft einerseits und dem jeweiligen Mittelmeerstaat andererseits schließen müssen. Die Mitgliedstaaten hatten aber auf dem Abschluss von gemischten Abkommen bestanden.

Das Abkommen mit Israel wurde auf der Grundlage von Art. 113 EWG (Art. 133 EG) geschlossen, der eine ausschließliche Zuständigkeit der Gemeinschaft vorsieht. Deswegen wurde kein gemischtes Abkommen geschlossen, sondern Vertragspartner Israels war lediglich die EWG. Das Zusatz- und das Finanzprotokoll mit Israel von 1978 wurden hingegen als gemischte Abkommen geschlossen. Für das Zusatzprotokoll, das auf den Aufbau und die Vertiefung der Beziehungen zwischen der Gemeinschaft und Israel gerichtet war und eine umfassende Wirtschaftskooperation vorsah, mag eine Beteiligung der Mitgliedstaaten noch sinnvoll gewesen sein, da die Regelungen über rein handelspolitische Regelungen hinausgingen. Das Finanzprotokoll hätte aber ebenso wie die späteren Finanzprotokolle mit Israel und die Finanzprotokolle mit den restlichen arabischen Mittelmeerstaaten als reines Abkommen zwischen der Gemeinschaft und Israel abgeschlossen werden können, da Israel aufgrund des Protokolls die Finanzmittel als EIB-Darlehen erhielt und die Mitgliedstaaten gerade keine über den Verwaltungshaushalt hinausgehenden finanziellen Verpflichtungen übernommen hatten.

bb) Anhörung des EP

Bei Vertragsabschlüssen mit Drittstaaten, die mit erheblichen finanziellen Folgen für die Gemeinschaft verbunden waren, war nach Art. 238 Abs. 3 EWG die Anhörung des Europäischen Parlaments erforderlich.[311] Dementsprechend wurde das EP vor der Unterzeichnung der Kooperationsabkommen mit den Maghreb- und Mashrek-Staaten und dem Finanz- und dem Zusatzprotokoll mit Israel angehört. In seinen Stellungnahmen zu den jeweiligen Abkommen ging das EP dabei nicht auf die bis heute herrschenden autoritären internen Situationen in

[311] Seit Inkrafttreten des Vertrages von Maastricht und der Neunummerierung durch den Vertrag von Amsterdam findet sich die Bestimmung in Art. 300 Abs. 3, UAbs. 2 EG und sieht nunmehr eine Zustimmung des EP vor.

den meisten islamisch geprägten Maghreb- und Mashrek-Staaten ein, sondern billigte ohne weiteres die Abkommen.[312] Dies lag unter anderem auch daran, dass die arabischen Staaten dank ihrer Ölreserven seit der Ölkrise von 1973 weit selbstbewusster und anspruchsvoller auftraten.

8. Zweite Finanzprotokolle

Im Zeitraum von 1981 bis 1983 wurden die zweiten Finanzprotokolle mit den Mittelmeerstaaten ausgehandelt und unterzeichnet.

a) Maghreb- und Mashrek-Staaten

Die Finanzprotokolle mit den Maghreb- und Mashrek-Staaten wurden dabei ohne weiteres seitens der Gemeinschaft im Zeitraum von Mai bis Oktober 1982 unterzeichnet und konnten im Zeitraum von Januar bis Juni 1983 in Kraft treten. Die vereinbarten Finanzmittel wurden daraufhin ausgezahlt.[313]

b) Finanzprotokoll für Israel

Anders sah es hingegen bei der Aushandlung des zweiten Finanzprotokolls mit Israel aus, weil die Gemeinschaft seit Beginn der 1970er Jahre insbesondere im Hinblick auf den Nahost-Konflikt verstärkt um die Bildung eines außenpolitischen Profils bemüht war.

---

[312] Resolution des EP v. 12.10.1976 zu den Abkommen mit Algerien, Marokko und Tunesien, Abl. EWG 1976, C 259, S. 15; Resolution des EP v. 12.05.1977 zum Zusatz- und Finanzprotokoll mit Israel, Abl. EWG 1977, C 133, S. 45; Resolution des EP v. 13.05.1977 zu den Abkommen mit Ägypten, Syrien und Jordanien, Abl. EWG 1977, C 133, S. 52.

[313] Ägypten erhielt in diesem Zeitraum 276 Mio. ECU, Jordanien 63 Mio. ECU, Libanon 50 Mio. ECU, Marokko 199 Mio. ECU, Syrien 97 Mio. ECU und Tunesien 139 Mio. ECU. Diese Beträge wurden jeweils zu ca. 58 % als EIB-Darlehen und zu 42 % als vergünstigte Sonderdarlehen bzw. verlorene Zuschüsse zur Verfügung gestellt, vgl. Protokolle über die finanzielle und technische Zusammenarbeit, Abl. EWG 1982, L 337, S. 2 ff. (Algerien); S. 9 ff. (Ägypten); S. 16 ff. (Jordanien); S. 23 ff. (Libanon); S. 30 ff. (Marokko); S. 37 ff. (Syrien); S. 44 ff. (Tunesien).

aa) Venedig-Erklärung

Nachdem die Positionen der einzelnen Mitgliedstaaten zunächst noch sehr unterschiedlich gewesen waren, bezog die Gemeinschaft durch die Erklärung des Europäischen Rates von Venedig vom 13. Juni 1980[314] eine einheitliche Position zum Nahost-Konflikt. Diese Erklärung beinhaltete erstmals eine explizite Anerkennung des Selbstbestimmungsrechts des palästinensischen Volkes und ging damit über die in den westlichen Ländern gängige Sicht der palästinensischen Frage als reines Flüchtlingsproblem hinaus. Die Europäer forderten ein Ende der israelischen Besatzungs- und Siedlungspolitik sowie eine Verwirklichung des palästinensischen Selbstbestimmungsrechts im Rahmen einer Friedensregelung unter Zustimmung und Mitwirkung aller Beteiligten – also auch der PLO, was für Israel zum damaligen Zeitpunkt undenkbar war und zur brüsken Ablehnung der Erklärung führte. Auch der PLO-Vorsitzende Arafat bezeichnete die Erklärung „als Knochen, den man uns hingeworfen hat, um uns zu beschäftigen".[315] Er wie auch Israel setzten auf die USA als entscheidenden Partner für die Lösung des Nahost-Konfliktes, eine Vermittlerrolle der EG wurde für längere Zeit nicht gewünscht.

bb) Verzögerung der Unterzeichnung

Trotzdem versuchte die Europäische Gemeinschaft seit diesem Zeitpunkt über ihre Finanzpolitik verstärkt auf die Politik Israels Einfluss zu nehmen. Nachdem das erste Finanzprotokoll mit Israel am 31. Oktober 1981 ausgelaufen war, wurde das neue Protokoll, durch das Israel 40 Mio. ECU als EIB-Darlehen erhalten sollte, nach kurzen Verhandlungen bereits im November 1981 paraphiert. Die Kommission forderte den Rat aber erst im März 1982 dazu auf, den Abschluss des Protokolls vorzunehmen, um einen Gleichklang mit den übrigen Mittelmeerstaaten zu erreichen.[316] Möglicherweise war aber auch die Ausdehnung des israelischen Rechts auf die seit 1967 durch Israel besetzten Golanhöhen am 14. Dezember 1981, die von den EG-Außenministern als völkerrechtswidrig und nichtig verurteilt wurde,[317] Anlass für das Abwarten der Kommission.[318] Während

---

[314] Abgedruckt in: Europa Archiv 14 (1980), S. D 382 f.

[315] *Matern*, Von der Kooperation zur Assoziation, S. 71.

[316] EG Bull. 11-1981, 2.2.46 und EG Bull. 3-1982, 2.2.40.

[317] Durch den Knesset-Beschluss vom 14. Dezember 1981 annektierte Israel die seit 1967 besetzten Golanhöhen und dehnte dementsprechend das israelische Recht auf dieses neue Staatsgebiet aus. Der UN-Sicherheitsrat verurteilte diese Annexion in einer Sondersitzung am 17. Dezember 1981 für nichtig, vgl. dazu Resolution 497 des UN-Sicherheitsrates.

die Abkommen mit den meisten Maghreb- und Mashrek-Staaten plangemäß im Frühjahr 1982 unterzeichnet wurden, verschob der Rat die für den 14. Juni 1982 vorgesehene Unterzeichnung des israelischen Finanzprotokolls wegen des Einmarschs israelischer Truppen in den Libanon am 6. Juni 1982, der von der Gemeinschaft scharf kritisiert wurde.[319] In der Folgezeit wiederholte der Europäische Rat auf seinen Gipfeltreffen, dass der Rückzug aller Truppen aus dem Libanon Bedingung für den Frieden im Land und damit auch Bedingung für die Aufhebung der Finanzblockade sei.[320] Erst als sich Israel in einem Abkommen mit dem Libanon vom 17. Mai 1983 dazu verpflichtete, sämtliche Truppen zurückzuziehen, deren Aufenthalt nicht von einer Genehmigung der libanesischen Regierung umfasst sei,[321] änderte sich die Haltung der Gemeinschaft. Das Parlament forderte den Rat und die Kommission auf, die eingefrorenen Finanzbeziehungen aufzutauen, da mit dem Abschluss des Abkommens ein wesentlicher Schritt zum Frieden getan sei.[322] Daraufhin unterzeichnete der Rat das Abkom-

---

[318] *Hoffmeister*, Menschenrechts- und Demokratieklauseln, S. 52.

[319] Nach der Vertreibung der PLO aus Jordanien hatte sie sich im Libanon niedergelassen und von dort aus bewaffnete Angriffe auf die Städte und Dörfer im Norden Israels initiiert. Im Juni 1982 versuchte eine palästinensische Terrorgruppe unter der Führung von Abu Nidal Israels Botschafter in Großbritannien zu ermorden, der bei dieser Aktion schwer verletzt wurde. Daraufhin griff Israel den Libanon mit Zehntausenden Soldaten an. Ziel dieser „Operation Frieden für Galiläa" war es, PLO-Stützpunkte (dabei handelte es sich häufig um Flüchtlingslager) in einer bis zu 40km tiefen Zone im Süden Libanons zu zerstören, von denen aus es immer wieder zu gewalttätigen Aktionen gegen Israel gekommen war. Außerdem sollte Syrien, das bereits 1976 in den Libanon einmarschiert war, geschwächt werden und ein israelfreundliches Regime im Libanon installiert werden. Aufgrund der israelischen Invasion, die sich bis Beirut, wo sich das Hauptquartier der PLO befand, ausdehnte und der damit verbundenen großen Opfer und Leiden der Zivilbevölkerung erklärte sich die PLO schließlich bereit, die Stadt zu verlassen und floh ins Exil nach Tunesien. Anstatt aber die regionalen Verhältnisse nach ihren Vorstellungen zu ordnen, verstrickte sich Israel in den seit 1975 andauernden libanesischen Bürgerkrieg. Die israelische Armee wurde mitschuldig an den Kriegsverbrechen ihrer Verbündeten – vor allem an den Massakern, die christliche Milizen im September 1982 in den palästinensischen Flüchtlingslagern Sabra und Schatila verübten.

[320] Erklärung des Europäischen Rates in Kopenhagen v. 3./4.12.1982, EG Bull. 9-1982, 2.2.55; Erklärung des Europäischen Rates in Brüssel v. 21./22.3.1983, EG Bull. 3-1983, 1.5.8; Erklärung des Europäischen Rates in Stuttgart v. 17./19.06.1983, EG Bull. 6-1983, 1.5.21.

[321] Von 1983-1985 zog sich die israelische Armee in Etappen fast komplett aus dem Libanon zurück. Nur in einer schmalen Sicherheitszone an der Grenze zu Israel verblieben noch bis zum Mai 2000 israelische Soldaten und Militäreinrichtungen, um die israelische Bevölkerung im Norden Galiläas vor gewalttätigen Übergriffen zu schützen.

[322] Entschließung des EP zum Libanon v. 19.05.1983, Abl. EG, C 161, S. 118; Entschließung zur Wiederaufnahme der Finanzbeziehungen zwischen der Europäischen Gemeinschaft und Israel v. 09.06.1983, Abl. EG, C 184, S. 97.

men am 24. Juni 1983, das dann nach Zustimmung des Parlaments am 1. Januar 1984 in Kraft trat[323] – mithin ein Jahr später als die entsprechenden Protokolle mit den arabischen Mittelmeerstaaten.

9. Zusatzprotokolle wegen der Süderweiterung der EG

Durch die „Süderweiterung" der Gemeinschaft um die Staaten Griechenland, Spanien und Portugal[324] verschlechterte sich die Situation für die südlichen und östlichen Mittelmeerländer, da es nunmehr eine verschärfte Konkurrenz mediterraner Produkte auf dem europäischen Markt gab. Vor allem der Beitritt Spaniens mit seiner leistungsfähigen Landwirtschaft bedeutete für die meisten Mittelmeerländer den Verlust ihres traditionellen europäischen Absatzmarktes für einige der wichtigsten Agrarerzeugnisse wie Zitrusfrüchte, Tomaten, Frühkartoffeln, Wein und Olivenöl, da Spanien als EG-Mitgliedstaat nunmehr innerhalb des Schutzbereiches der gemeinschaftlichen Agrarpolitik agieren konnte.[325] Ähnliches galt auch für die verarbeitende Industrie. Die Gemeinschaft konnte in beiden Bereichen durch die Süderweiterung ihren Bedarf weitestgehend durch EG-Eigenproduktionen decken.
Nach monatelangem internen Ringen erklärte sich die Gemeinschaft dazu bereit, in Zusatzprotokollen zu den bestehenden Abkommen das Einfuhrregime für die traditionellen Agrarerzeugnisse zugunsten der Mittelmeerländer dem der EG-Produzenten soweit anzupassen, dass die traditionellen Ausfuhrströme der Mittelmeerländer erhalten blieben.[326] In allen Zusatzprotokollen war geregelt, dass die bei der Einfuhr in die Gemeinschaft anwendbaren Zölle schrittweise innerhalb derselben Zeiträume und nach derselben Reihenfolge abgebaut werden, wie sie in der Akte über den Beitritt Spaniens und Portugals für die gleichen Waren vorgesehen waren. Dadurch wurden die noch bestehenden Restriktionen bezüglich gewisser Textilprodukte ganz und bezüglich der Agrarprodukte teilweise aufgehoben. Allerdings blieb es bei den „sensiblen Agrarprodukten" wie Öl, Zitronen und Tomaten weiterhin bei den bestehenden Mengenbeschränkungen.

---

[323] Protokoll über die finanzielle Zusammenarbeit zwischen der EWG und Israel v. 24.06.1983, Abl. EWG 1983, L 335, S. 8 ff.
[324] Griechenland trat der Gemeinschaft 1981 bei, Spanien und Portugal 1986.
[325] *Oppermann*, Kooperation, Assoziierung, Beitritt, S. 1251, 1261.
[326] Zusatzprotokolle zu den Kooperationsabkommen v. 27.10.1987, Abl. EG 1987, L 297, S. 2 ff. (Algerien); S. 11 ff. (Ägypten); S. 19 ff. (Jordanien); S. 29 ff. (Libanon); S. 36 ff. (Tunesien); 4. Zusatzprotokoll mit Israel v. 15.12.1987, Abl. EG 1988, L 327, S. 36 ff.; Zusatzprotokoll mit Marokko v. 26.05.1988, Abl. EG 1988, L 224, S. 18 ff.; Zusatzprotokoll mit Syrien v. 16.06.1988, Abl. EG 1988, L 327, S. 58 ff.

Die Angleichung der Zollsätze war nur scheinbar vorteilhaft für die Mittelmeerländer, da Spanien und Portugal durch die kürzeren Transportwege letztlich doch einen Marktvorteil hatten. Dass die thematisch begrenzten Zusatzprotokolle hinter den Erwartungen der Mittelmeerländer zurückblieben, erklärt sich aus einer veränderten Prioritätensetzung der Gemeinschaft: Das Ziel, die neu aufgenommenen südeuropäischen Mitgliedstaaten möglichst rasch an das ökonomische Durchschnittsniveau der Gemeinschaft anzugleichen, ließ konkurrierende Interessen der Mittelmeerländer in den Hintergrund rücken.[327]

10. Dritte Finanzprotokolle

Im gleichen Zeitraum, in dem die Zusatzprotokolle ausgehandelt wurden, stand auch die Erneuerung der Finanzprotokolle an, da die zweiten Finanzprotokolle von 1982/1983 nur eine Laufzeit von fünf Jahren hatten. Das Parlament ergriff die Gelegenheit, durch verschiedene Entschließungen vermehrt Kritik an der innerpolitischen Situation in einigen der arabischen Staaten sowie auch an Israel zu üben. Die seit Inkrafttreten der Einheitlichen Europäischen Akte am 1. Juli 1987 erforderliche Zustimmung des Parlaments zu Assoziationsabkommen und deren Protokollen hat die Bedeutung dieser Entschließungen erheblich gestärkt.

a) Finanzprotokolle mit den Maghreb- und Mashrek-Staaten

Unmittelbar nach der Ermächtigung der Kommission durch den Rat im März 1987, mit den Maghreb- und Mashrek-Staaten ein drittes Finanzprotokoll auszuhandeln, nahm das Parlament bezüglich Syrien und Marokko verschiedene Entschließungen an, in denen es die Menschenrechtsverletzungen in diesen Ländern rügte.[328] Da die Kommission aufgrund dieser Entschließungen nicht mit einer Zustimmung des EP zu den Protokollen rechnen konnte, verkündete sie dementsprechend am 28. Juli 1987 auch nur den Verhandlungsabschluss der Finanzpro-

---

[327] *Jünemann*, Europas Mittelmeerpolitik im regionalen und globalen Wandel, S. 29, 40.

[328] Hinsichtlich Syriens stellte es z.B. fest, dass ca. 4.500 Juden im Land Repressionen und Erniedrigungen ausgesetzt seien, weswegen sich Kommission und Rat für deren Ausreise einsetzen sollten (Entschließung des EP zur Lage der jüdischen Volksgemeinschaft in Syrien v. 09.04.1987, Abl. EG 1987, C 125, S. 131). Dem marokkanischen Regime, unter dessen Herrschaft 400 Personen verschwunden seien, warf es vor, dass es sich nur einen demokratischen Anstrich gebe (Entschließung des EP zum Schicksal der Familie von General Oufkir und von mehreren hundert Verschwundenen in Marokko v. 15.06.1987, Abl. EG 1987, C 156, S. 145).

tokolle mit Ägypten, Algerien, Israel, Jordanien und Tunesien. Allerdings sind die längeren Verhandlungen mit Marokko auch im Zusammenhang mit dessen Beitrittsantrag vom 8. Juli 1987 zu sehen, den die Gemeinschaft am 1. Oktober mit der Begründung ablehnte, dass Marokko kein europäischer Staat sei.[329] Als „Ersatz" für den fehlgeschlagenen Beitritt wollte die Gemeinschaft Marokko mit einer erweiterten Kooperation entschädigen.[330] Daher unterzeichnete die Gemeinschaft am 26. Mai 1988 das Zusatzprotokoll sowie das dritte Finanzprotokoll, durch welches Marokko 324 Mio. ECU erhalten sollte.[331] Ungeachtet früherer Klagen über berichtete Folter und Deportationen im Land billigte das Parlament die beiden Protokolle genau wie die Ende 1987 unterzeichneten dritten Finanzprotokolle mit Algerien, Ägypten, Jordanien, Libanon und Tunesien. Aufgrund dieser Finanzprotokolle erhielten diese Mittelmeerländer finanzielle Hilfen i.H.v. insgesamt mehr als 1, 6 Mrd. ECU, was einer Steigerung von 62 % gegenüber den zweiten Finanzprotokollen entsprach.[332]

b) Finanzprotokoll mit Syrien

Mit Syrien verzögerten sich die Verhandlungen zum dritten Finanzprotokoll. Auslöser dafür waren aber nicht die Menschenrechtsverletzungen im Land selbst[333], sondern die Rolle Syriens im Libanon-Konflikt.[334] In mehreren Ent-

---

[329] Beschluss des Rates v. 01.10.1987, Europa-Archiv 1987, S. 207.

[330] EG Bull. 7/8-1987, 2.2.35 und EG Bull. 9-1987, 2.2.19.

[331] Zusatzprotokoll mit Marokko v. 26.05.1988, Abl. EG 1988, L 224, S. 18 ff.; Drittes Finanzprotokoll v. 26.05.1988, Abl. EG 1988, L 22, S. 26 ff.

[332] Die Auseinandersetzungen um die weitere Offenhaltung der EG-Märkte für Obst und Gemüse aus den Mittelmeerländern hatte innerhalb der Gemeinschaft zu erheblichen Spannungen geführt, da sich die (ärmeren) südlichen Mitgliedstaaten als diejenigen ansahen, die die Hauptopfer für die Mittelmeerländer zu erbringen haben. Daher hatten sie darauf gepocht, dass die Gemeinschaft parallel zu den handelspolitischen Maßnahmen auch einen substantiellen Beitrag zur wirtschaftlichen Entwicklung dieser Länder leistet. Vgl. *Rhein*, Die Europäische Gemeinschaft und das Mittelmeer, S. 641, 644.

[333] Zwar hatte das Parlament in verschiedenen Entschließungen Fälle von schweren und wiederholten Folterungen in syrischen Gefängnissen gerügt sowie zur Freilassung jüdischer Gefangener aufgerufen. Diese Entschließungen hatte es aber nicht mit der Gewährung von EU-Geldern verknüpft. Entschließung des EP zu Folterungen in Syrien v. 11.02.1988, Abl. EG 1988, C 68, S. 72; Entschließung des EP zur Verletzung der Menschenrechte in Syrien v. 13.10.1988, Abl. EG 1988, C 290, S. 112.

[334] Unter dem Vorwand, im libanesischen Bürgerkrieg zu vermitteln und zu schlichten, schickte die syrische Regierung im Mai 1976 Truppen in den Libanon. Tatsächlich griffen diese aber sehr einseitig zugunsten der christlichen Milizen ein und veränderten innerhalb kurzer Zeit das Kräfteverhältnis entscheidend.

schließungen hatte das Parlament durch verschiedene Resolutionen deutlich gemacht, dass sich neben den israelischen auch die syrischen Truppen aus dem Libanon zurückzuziehen hätten. Erst nach dem Abkommen von Taif[335] im Sommer 1990 erneuerte der Rat seine Verhandlungsrichtlinien für die Kommission.[336] Nach Unterzeichnung am 7. Februar 1991 und Zustimmung des Parlaments im Oktober 1992 konnte das dritte Finanzprotokoll schließlich mit fünfjähriger Verspätung am 1. Januar 1993 in Kraft treten.[337]

c) Finanzprotokoll mit Israel

Auch hinsichtlich des dritten Finanzprotokolls mit Israel sowie des vierten Zusatzprotokolls, das wegen der Süderweiterung der Gemeinschaft erforderlich geworden war, kam es zu Verzögerungen. Nachdem der Rat beide Protokolle im Dezember 1987 unterzeichnet hatte, hatte sie das Parlament im Januar 1988 zum ersten Mal zur Verabschiedung auf die Tagesordnung gesetzt, sie dann aber wieder zurückgezogen. Nach Zurücküberweisung an den zuständigen Ausschuss verweigerte das Parlament im März 1988 seine Zustimmung.[338] Als Grund dafür wurde die Politik Israels in den besetzten Gebieten nach Ausbruch der ersten Intifada[339] im Dezember 1987 angesehen, da das Parlament einen Tag nach der Verweigerung der Zustimmung die „Okkupationspolitik“ und die „inhumanen Praktiken der Repression“ im Gazastreifen und im Westjordanland verurteilte.[340] Allerdings zeigten die Parlamentsdebatten, dass die Verweigerung der Zustimmung nicht primär auf Menschenrechtserwägungen beruhte, sondern darauf, dass Israel die Bestimmungen über den direkten Zugang von Agrarerzeugnissen aus dem Gazastreifen und dem Westjordanland zum europäischen Markt nicht

---

335 Durch das Taif-Abkommen wurde der Bürgerkrieg im Libanon beendet. Bezüglich der syrischen Truppen wurde in dem Abkommen vereinbart, dass diese schrittweise aus dem Libanon abgezogen werden sollten. Allerdings sah das Abkommen dafür keinen Zeitplan vor. Tatsächlich wurde die Zahl der syrischen Soldaten im Verlauf der Jahre auf 15.000 gesenkt, die fast alle im grenznahen Gebiet stationiert waren. Erst im Mai 2005 wurden die Truppen komplett aus dem Libanon abgezogen.

336 *Hoffmeister*, Menschenrechts- und Demokratieklauseln, S. 65.

337 Drittes Finanzprotokoll v. 07.02.1991, Abl. EG 1992, L 352, S. 22 ff.

338 Beschluss zu dem Abschluss des Protokolls über die finanzielle Zusammenarbeit zwischen der EWG und Israel v. 09.03.1988, Abl. EG 1988, C 94, S. 56 ff.

339 Aufstand der palästinensischen Bevölkerung in den 1967 von Israel besetzten Gebieten Gazastreifen und Westjordanland von Dez. 1987 bis 1991.

340 *Gilsdorf*, in: von der Groeben/Thiesing/Ehlermann, Bd. 4., Art. 238, Rn. 65.

einhielt.[341] Dass der Umgang mit den Exportlizenzen der ausschlaggebende Grund war, wird daran deutlich, dass das Parlament trotz fortbestehender Repressionen in den besetzten Gebieten im Oktober 1988 seine Zustimmung zu den Protokollen gab und zwar aufgrund der Zusage der israelischen Regierung, direkte Exportlizenzen in die Gemeinschaft auch an Händler aus den besetzten Gebieten zu erteilen.[342] Noch deutlicher wird dies durch eine Entschließung des Parlaments im Jahr danach, mit der es rügte, dass Israel durch die verzögerte Erteilung von Exportgenehmigungen oder Beschlagnahmungen von Exportgütern seine diesbezüglichen Zusagen nicht oder nur unzureichend eingehalten habe, obwohl das Parlament gerade wegen des versprochenen Abbaus der Handelsbeschränkungen den Protokollen zugestimmt hätte.[343] Nach der Zustimmung des Parlaments konnten die Protokolle am 1. Dezember 1988 (Zusatzprotokoll) bzw. am 1. Januar 1989 (drittes Finanzprotokoll) in Kraft treten – ca. 1 Jahr später als die dritten Finanzprotokolle und die Zusatzprotokolle mit den meisten der restlichen Mittelmeerländer.

11. Vierte Finanzprotokolle

Im Dezember 1990 begannen die Verhandlungen für die vierten Finanzprotokolle. Trotz der Proteste des Europäischen Parlaments gegen die wiederholten brutalen Repressionen in Algerien, die Massenverhaftungen und Unterdrückungen in Marokko,[344] das willkürliche Festhalten von Personen ohne Anklage in Syrien[345] und die Siedlungspolitik in Israel,[346] unterzeichnete der Rat im Sommer 1991 die vierten Finanzprotokolle mit allen Mittelmeerstaaten, durch welche diesen Finanzhilfen von insgesamt über 2 Mrd. ECU für den Zeitraum von 1992 bis 1996 zugesagt wurden.

---

[341] Eine Minderheit der Abgeordneten hatte sich sogar völlig gegen die Verwendung des Finanzprotokolls zur Ausübung von Druck ausgesprochen, da damit mit zweierlei Maß in der Region gemessen werde. Vgl. dazu *Hoffmeister*, Menschenrechts- und Demokratieklauseln, S. 66.

[342] Zustimmung des EP zu den Protokollen v. 12.10.1988, Abl. EG 1988, C 290, S. 59.

[343] Entschließung des EP zu den ersten Erfahrungen ein Jahr nach Verabschiedung der Handelsprotokolle mit Israel v. 15.12.1989, Abl. EG 1990, C 15, S. 401.

[344] Entschließung des EP zu den Menschenrechtsverletzungen in Marokko v. 16.05.1991, Abl. EG 1991, C 158, S. 249.

[345] Entschließung des EP zu Menschenrechtsverletzungen in Syrien v. 13.12.1990, Abl. EG 1991, C 19, S. 231.

[346] Entschließung des EP zu den von Israel gegründeten Siedlungen in den besetzten Gebieten v. 16.05.1991, Abl. EG 1991, C 148, S. 249 f.

Das Parlament stimmte allerdings zunächst nur den Protokollen mit Ägypten, Algerien, Israel, Jordanien, Libanon und Tunesien zu, die dann im Frühling 1992 in Kraft traten,[347] und blockierte die Protokolle mit Syrien und Marokko. Für die Ablehnung der letztgenannten Protokolle waren wohl die Menschenrechtsverletzungen in beiden Ländern ausschlaggebend, auch wenn dies nicht explizit geäußert wurde.[348] Letztlich wollte das Parlament aber die Beziehungen zu beiden Ländern nicht zu stark gefährden und stimmte daraufhin dem Protokoll mit Marokko am 28. Oktober 1992 zu – freilich nicht ohne noch einmal für die Freilassung politischer Gefangener zu werben. Da das Parlament nach wie vor über das Los der politischen Gefangenen in Syrien besorgt war, stimmte es im Oktober 1992 nur dem dritten Finanzprotokoll mit Syrien zu, das bis dahin als einziges der dritten Finanzprotokolle noch nicht in Kraft getreten war.[349] Die Zustimmung zum vierten Finanzprotokoll zögerte es hingegen bis zum Dezember 1993 hinaus, so dass es erst am 1. März 1994 in Kraft treten konnte.[350]

12. Rechtliche Einordnung der Zusatz- und Finanzprotokolle

Bei der rechtlichen Einordnung der Zusatz- und Finanzprotokolle, die die Gemeinschaft im Zeitraum von 1977 bis 1993 mit den Mittelmeerstaaten unterzeichnet hat, muss erneut zwischen den Maghreb- und Mashrek-Staaten und Israel differenziert werden.

a) Protokolle mit den Maghreb- und Mashrek-Staaten

Die Zusatz- und Finanzprotokolle mit den Maghreb- und Mashrek-Staaten wurden – wie die Kooperationsabkommen aus den 1970ern – alle auf Art. 238 EWG (Art. 310 EG) gestützt, da sie mit diesen in einem unmittelbaren Zusammenhang standen und ebenfalls entwicklungspolitisch motiviert waren.

---

[347] Protokolle über die finanzielle Zusammenarbeit von 1991, Abl. EG 1992, L 94, S. 14 ff. (Algerien); S. 22 ff. (Ägypten); S. 30 ff. (Jordanien); S. 38 ff. (Libanon); S. 46 ff. (Israel); Protokoll über die finanzielle Zusammenarbeit zwischen der EG und Tunesien v. 20.06.1991, Abl. EG 1992, L 18, S. 35 ff.

[348] *Hoffmeister*, Menschenrechts- und Demokratieklauseln, S. 108.

[349] Siehe dazu oben B. III. 10. b).

[350] Protokoll über die finanzielle und technische Zusammenarbeit zwischen der EG und Syrien v. 17.07.1991, Abl. EG 1994, L 32, S. 45 ff.

b) Protokolle mit Israel

Die Zusatz- und Finanzprotokolle mit Israel wurden größtenteils auch auf Art. 238 EWG (Art. 310 EG) gestützt, obwohl Israel nicht zu den Entwicklungsländern zählte und eine Entwicklungsassoziierung nach Art. 310 EG deswegen ausschied. Durch die Wahl von Art. 310 EG als Rechtsgrundlage wollte die Gemeinschaft einerseits deutlich machen, dass die Beziehungen zwischen der Gemeinschaft und Israel über den reinen Handelsbereich hinausgehen sollten und auf eine umfassende Zusammenarbeit gerichtet waren.[351] Andererseits wollte sie damit einen „Gleichklang“ in den Protokollen mit den restlichen Mittelmeerländern erreichen.[352] Eine Ausnahme bildeten dabei das zweite Zusatzprotokoll von 1981[353] sowie das dritte Zusatzprotokoll von 1984[354], die – da sie primär eine handelspolitische Zielsetzung hatten – auf Art. 113 EWG (133 EG) gestützt wurden. Dies ist dadurch zu erklären, dass derartige Protokolle nur mit Israel geschlossen wurden. Ziel der beiden Zusatzprotokolle war es, die harmonische Entwicklung des Handels in Israel zu gewährleisten und zur Verringerung des Handelsdefizits des Staates Israel gegenüber der Gemeinschaft beizutragen. Seit Anfang der 1980er hatte sich das bis dahin bestehende ausgewogene Verhältnis zwischen Ein- und Ausfuhren merklich verschlechtert, da Israel zunehmend aus der EG importierte, aber seinen Export dorthin nicht wesentlich ausbauen konnte.

c) Beteiligung der Mitgliedstaaten

Die ersten Finanzprotokolle mit den Maghreb- und Mashrek-Staaten waren als Anhang den jeweiligen Kooperationsabkommen beigefügt und mussten daher ebenso wie die Abkommen selbst von den Mitgliedstaaten ratifiziert werden. Das erste Finanz- und das erste Zusatzprotokoll mit Israel wurden ebenfalls als gemischtes Abkommen geschlossen.[355]

Die späteren Finanz- und Zusatzprotokolle wurden, da die Zuständigkeiten der Mitgliedstaaten dadurch nicht oder allenfalls marginal berührt wurden, nur als Abkommen zwischen der Gemeinschaft und dem jeweiligen Mittelmeerstaat geschlossen.

---

[351] *Oppermann*, Kooperation, Assoziierung, Beitritt, S. 1251, 1260.

[352] Siehe dazu oben B. III. 7. b) bb).

[353] Zweites Zusatzprotokoll v. 18.03.1981, Abl. EWG 1981, L 102, S. 2 ff.

[354] Drittes Zusatzprotokoll v. 18.12.1984, Abl. EWG 1984, L 332, S. 1 ff.

[355] Siehe dazu oben B. II. 7. c).

13. Bewertung des Globalkonzepts

Auch wenn das Konzept der globalen Mittelmeerpolitik von 1972 von dem Willen getragen war, die Mittelmeerländer gleich zu behandeln, setzten die zwischen den einzelnen Mittelmeerländern bestehenden geschichtlichen, politischen und wirtschaftlichen Unterschiede einer auf Einheitlichkeit zielenden Globalpolitik von vornherein natürliche Grenzen.

a) Sonderrolle Israels

Schnell zeigte sich, dass insbesondere Israel aufgrund seiner bereits zu diesem Zeitpunkt bestehenden hohen wirtschaftlichen, wissenschaftlichen und technologischen Leistungsfähigkeit eine Sonderrolle innehatte.[356] Deswegen wurde auch mit Israel als einzigem Staat ein echtes Freihandelsabkommen geschlossen, das weitgehende Regelungen in vielfältigen Bereichen vorsah. Nur mit Israel war die schrittweise Errichtung einer Freihandelszone konkret vorgesehen, bei den anderen Staaten war sie lediglich anvisiert für einen zukünftigen, unbestimmten Zeitpunkt. Israel war außerdem das einzige Land, das im Gegensatz zu den arabischen Mittelmeerländern keinerlei Finanzhilfen aus EG-Haushaltsmitteln erhielt. Die Finanzmittel wurden vielmehr nur im Rahmen von normalen EIB-Darlehen gewährt.

b) Politische Einflussnahme der Gemeinschaft

Die Gemeinschaft wollte sich im Rahmen der globalen Mittelmeerpolitik nicht nur von wirtschaftlichen, sondern zusätzlich auch von politischen Interessen leiten lassen. In politischer Hinsicht scheiterte das Konzept aber zum einen an den Sonderbeziehungen zwischen den USA und Israel, da die amerikanische Regierung die Bemühungen der EG um einen Ausgleich mit den arabischen Staaten als Verletzung eigener Interessen wertete.[357]

Zum anderen bestanden aber auch innereuropäische Koordinationsprobleme: Nur der Teilbereich der Handelspolitik war nach Art. 113 EWG (Art. 133 EG) vergemeinschaftet, die Europäische Politische Zusammenarbeit (EPZ) war hingegen intergouvernemental geregelt, was bedeutete, dass gerade auch hier die nationalen Interessen nach wie vor im Vordergrund standen und eine Vereinheit-

---

[356] *Oppermann*, Cooperation, Association, Accession, S. 9, 18.

[357] *Jünemann*, Europas Mittelmeerpolitik im regionalen und globalen Wandel, S. 29, 39.

lichung der Strukturen verhinderten. Letztlich blieb daher die Einräumung von Handelspräferenzen das Herzstück der globalen Mittelmeerpolitik, da dies der Bereich war, in dem die Mittelmeerländer am ehesten zu einer Zusammenarbeit bereit waren, weil alle den Wunsch für einen besseren Zugang zu den EG-Märkten teilten.[358] Auf die innenpolitischen Gegebenheiten und die Demokratisierung in den einzelnen Mittelmeerländern konnte die Gemeinschaft nur geringen Einfluss nehmen, da sich diese gegen jede auswärtige Einmischung in ihre inneren Angelegenheiten sperrten.[359] Aber auch hier zeigt sich die Sonderrolle, die Israel innehatte: Gerade bei der einzigen Demokratie im Mittelmeerraum setzte die Gemeinschaft verstärkt ihre Handelsmacht ein, um innenpolitischen Druck auf Israel auszuüben. Allerdings war Israel nicht der einzige Staat, auf den politischer Druck ausgeübt wurde. Auch die Verhandlungen mit Syrien hinsichtlich des dritten und vierten Finanzprotokolls und damit auch die Auszahlung der zugesagten Gelder wurden aus politischen Gründen seitens der EG verzögert.

c) Ergebnis

Insgesamt erwies es sich, dass die Instrumente und Politiken des Globalkonzeptes zu eng konzipiert waren und der beiderseitigen Interessenlage nicht mehr gerecht werden konnten. Auch war die Gemeinschaft ihrem Ziel, durch wirtschaftlichen Wohlstand und politische Liberalisierung zur Stabilisierung der südlichen Peripherie der Gemeinschaft beizutragen, nur geringfügig näher gekommen. Zu groß war nach wie vor der Entwicklungsabstand zwischen den Mittelmeerländern und den Mitgliedstaaten der Gemeinschaft. Der Ansatz der Gemeinschaft kann auch nicht wirklich als „global" bezeichnet werden, da die Gemeinschaft lediglich bilaterale Abkommen mit den einzelnen Mittelmeerstaaten geschlossen hat und keinen Versuch unternommen hat, einen freien Handel zwischen den Mittelmeerstaaten zu schaffen. Es handelt sich bei dem Konzept der globalen Mittelmeerpolitik deswegen lediglich um eine „gemeinsame Herangehensweise" für eine bestimmte Gruppe von Staaten.[360]

---

[358] *Pomfret*, Mediterranean Policy of the European Community, S. 32.

[359] *Rhein*, Die Europäische Gemeinschaft und das Mittelmeer, S. 641, 643; *Masala*, Die Euro-Mediterrane Partnerschaft, S. 10.

[360] *Tovias*, Tariff preferences in mediterranean diplomacy, S. 12.

IV. Euro-Mediterrane Partnerschaft

Das Ende des Kalten Krieges und die Wiedervereinigung in Deutschland im Jahr 1990 führten dazu, dass sich die Gemeinschaft mehr auf die Staaten in Mittel- und Osteuropa konzentrierte. Vor allem für die nördlichen EU-Länder war unter der Führung Deutschlands die Stabilisierung der mittel- und osteuropäischen Länder die wichtigste Aufgabe der Gemeinschaft.

Aufgrund dieser Schwerpunktverlagerung der EU-Außenbeziehungen nach Osten kam es aber auch zu einer Neubelebung der Beziehungen der Gemeinschaft zu den Mittelmeerländern. Insbesondere die Mittelmeeranrainer Frankreich, Spanien und Italien fürchteten, im Zuge der absehbaren Osterweiterung der Gemeinschaft politisch und finanziell an den Rand gedrängt zu werden.[361] Ihr Anliegen war daher, durch eine Neuausrichtung der Mittelmeerpolitik das politische Gleichgewicht innerhalb der Gemeinschaft wiederherzustellen und die politische Stärkung Deutschlands innerhalb der Gemeinschaft durch die einseitige Hinwendung der Gemeinschaft zum Osten hin zu verhindern.[362]

Allein die einsetzende Schwerpunktverlagerung der EU-Außenbeziehungen nach Osten führte aber noch nicht zu einer Neuausrichtung der Beziehungen der EU zum Mittelmeerraum. Getragen wurde diese Neuausrichtung der Mittelmeerpolitik vielmehr auch von der Einsicht, dass sich Europa an seiner südlichen Flanke – ebenso wie an seiner östlichen – keinen „Schwelbrand leisten“ kann.[363] Das Ende des Kalten Krieges hatte auch in der Mittelmeerregion zu massiven Umbrüchen geführt, da das externe Ordnungssystem weggebrochen war, welches die lokalen, ethnischen und religiösen Konflikte der Region mehr oder weniger stark überdeckt hatte. Als Folge dessen kam es zu einem Erstarken des islamischen Fundamentalismus in einigen der arabischen Mittelmeerstaaten. Dadurch wuchs die Sorge der EG vor einer Machtergreifung durch islamische Bewegungen, die sich nach dem „Domino-Prinzip“ über die gesamte Region ausbreiten könnte.[364] Neben der Herstellung des politischen Gleichgewichts innerhalb der Gemeinschaft war es gerade auch diese „Südbedrohung“, die durch die Neuausrichtung der Mittelmeerpolitik abgewehrt werden sollte.[365] Um den Problemen in der Region wirksam zu begegnen, sollten die Beziehungen zu den

---

[361] *Schlotter*, Euro-Mediterrane Partnerschaft, S. 49, 52.

[362] Der damalige spanische Außenminister Javier Solana brachte diese Intention auf den Punkt, als er sagte: „Der Maghreb ist für uns wie Osteuropa für Deutschland“, in: Die Zeit v. 24.11.1995.

[363] *Rhein*, Mit Geduld und Ausdauer zum Erfolg, S. 15.

[364] „Ablösung des alten Feindbilds des Kommunismus durch das neue Feindbild des Islams“, vgl. *Jünemann*, Europas Mittelmeerpolitik im regionalen und globalen Wandel, S. 29, 35.

[365] *Masala*, Euro-Mediterrane Partnerschaft, S. 10.

Mittelmeerstaaten anders als in den Jahrzehnten zuvor auch in politischer Hinsicht vertieft werden.

Die Mittelmeerstaaten selbst waren besorgt, dass durch die absehbare Vollendung des Binnenmarktes eine „Festung Europa" geschaffen werde, wodurch die Bedeutung der südlichen Mittelmeeranrainer weiter sinken würde und drängten daher ihrerseits auf eine Neuausrichtung der Mittelmeerpolitik.[366]

1. Erste Initiativen zur Neuausrichtung der Mittelmeerpolitik

Zunächst waren es einzelne Mitgliedstaaten, die erste Initiativen zur Neuausrichtung der Mittelmeerpolitik ausarbeiteten.

a) Initiative von Spanien und Italien

Im Jahr 1990 entwickelten Spanien und Italien die Idee einer „Konferenz zur Sicherheit und Zusammenarbeit im Mittelmeerraum" (KSZM).[367] In Anlehnung an die KSZE sollten in drei verschiedenen „Körben" die regionale Sicherheit, die wirtschaftliche Zusammenarbeit und die Menschenrechte behandelt werden. Die KSZM sollte sich auf die Staaten von Mauretanien bis zum Iran erstrecken. Gerade diese geographische Ausdehnung der Initiative führte letztlich zu ihrem Scheitern.[368]

b) Initiative Frankreichs

Frankreich nahm das Scheitern der Initiative als Anlass, eine eigene Initiative vorzustellen, die so genannten „5+5-Gespräche". Um eine geographische Überfrachtung zu vermeiden, sollten Gespräche auf die arabischen Maghreb-Staaten Algerien, Libyen, Mauretanien, Marokko und Tunesien sowie die südeuropäischen Staaten Frankreich, Griechenland, Italien, Portugal und Spanien beschränkt werden. Zusätzlich zu den drei Körben der spanisch-italienischen Initiative sollte es noch einen Korb für Umweltfragen geben. Die internationalen Sanktionen gegen Libyen,[369] der beginnende Bürgerkrieg in Algerien,[370] die un-

---

[366] *Schlotter*, Euro-Mediterrane Partnerschaft, S. 49, 52

[367] *Gillespie*, Spanish Protagismo and the Euro-Med Partnership Initiative, S. 33, 34 f.

[368] *Jünemann*, Europas Mittelmeerpolitik im regionalen und globalen Wandel, S. 29, 43 f.

[369] Auf Antrag der USA, Großbritanniens und Frankreichs beschloss der Weltsicherheitsrat am 31. März 1992 eine Reihe von Sanktionen gegen Libyen, da Tripolis sich jahrelang ge-

gelöste Westsahara-Frage[371] sowie der Ausschluss Ägyptens von den Gesprächen verhinderten von Beginn an, dass die Beratungen in diesem multilateralen Forum zu einer Neuausrichtung der Mittelmeerpolitik der Gemeinschaft führte.[372]

Beide Initiativen lieferten aber dennoch wichtige Impulse für die Gründung der Euro-Mediterranen-Partnerschaft der Gemeinschaft. So diente vor allem das Mittelmeerforum, das 1994 in Fortführung der „5+5-Gespräche" gegründet wurde und in dem sich bis heute regelmäßig Vertreter der Regierungsebene der teilnehmenden Staaten treffen, als „think tank" für die Euro-Mediterrane-Partnerschaft.[373]

2. Neue Mittelmeerpolitik der Kommission

Die Kommission selbst legte dem Rat im Juni 1990 eine Mitteilung zur „Neuen Mittelmeerpolitik" (NMP) vor.[374] Kernstück der neuen Mittelmeerpolitik sollte danach die Erweiterung der bisherigen Politik der Entwicklungskooperation durch eine „Politik der Nachbarschaft", die die geographische Nähe der Mittelmeerländer zur Gemeinschaft hervorhebt und deren soziale und wirtschaftliche

---

weigert hatte, die mutmaßlichen libyschen Verantwortlichen für das Attentat auf ein PanAm-Flugzeug über der schottischen Stadt Lockerbie am 21. Dezember 1988 auszuliefern. Im Oktober 2004 wurden die Sanktionen aufgehoben.

[370] 1991 kam es bei den ersten freien Wahlen zu einem Putsch des Militärs wegen des drohenden Wahlsieges der islamischen Partei FIS. Dies führte zum Ausbruch des Bürgerkriegs zwischen radikalen Islamisten und der Armee, der 1995 langsam abflaute. Seitdem verüben aber immer wieder Islamisten Terroranschläge.

[371] Nachdem Spanien seine frühere Kolonie Westsahara 1975 aufgegeben hatte, besetzten 350.000 unbewaffnete marokkanische Zivilisten das Land.
Die bereits im Land lebenden Nomaden der Saharaouis nahmen mit der Gründung der Polisario Unabhängigkeitsbestrebungen auf und gründeten 1976 die Arabische Demokratische Republik Sahara, woraufhin es zu einem Krieg zwischen Marokko und der von Algerien und Libyen unterstützten Polisario kam. 1991 wurde zwar ein Waffenstillstand zwischen den Parteien ausgehandelt. Ein geplantes Referendum der Bevölkerung über die Frage „Unabhängigkeit oder Integration in den marokkanischen Staat" fand aber bis heute nicht statt.

[372] *Masala*, Die Euro-Mediterrane Partnerschaft, S. 12.

[373] Das Forum beschäftigt sich primär mit einer wirtschaftlichen, wissenschaftlichen und technologischen Zusammenarbeit, daneben aber auch mit politischen Fragen. Teilnehmende Staaten sind Algerien, Ägypten, Frankreich, Griechenland, Italien, Malta, Marokko, Portugal, Spanien, Tunesien und die Türkei. Mit der Gründung der Euro-Mediterranen-Partnerschaft hat das Mittelmeerforum allerdings an Bedeutung verloren. Vgl. dazu *Vasconcelos*, Europe's Mediterranean Strategy, S. 30, Fn. 6.

[374] SEC(1990) 812 endg. v. 05.06.1990.

Entwicklung im weitesten Sinne zu einer Sicherheitsfrage der Gemeinschaft erklärt, sein.

a) Konzept für die Maghreb-Staaten

Zunächst erstreckte sich diese neue Mittelmeerpolitik lediglich auf die Maghreb-Staaten. Dazu arbeitete die Kommission im Jahr 1992 ein Konzept für die künftigen Beziehungen zwischen der Gemeinschaft und den Maghreb-Staaten aus.[375] Dieses Konzept sah die Schaffung eines euro-maghrebinischen Wirtschaftsraumes vor. Von den Maghreb-Staaten wurden dabei nur Tunesien und Marokko als potentielle Partner angesehen.[376] Im Rahmen dieses Konzeptes wurden zum ersten Mal sicherheitspolitische Aspekte in die Kooperationsbeziehungen zu den Mittelmeerländern einbezogen, allerdings nach wie vor selektiv und im streng bilateralen Rahmen. Der Europäische Rat begrüßte auf seiner Tagung in Lissabon im Juni 1992 das Konzept der Kommission.[377]

b) Konzept für die Mashrek-Staaten und Israel

In einer zweiten Stufe entwickelte die Kommission im Jahr 1993 ihre Vorstellungen für die langfristige Zusammenarbeit zwischen der Gemeinschaft, Israel und den Mashrek-Staaten, die auf die Schaffung eines Nahost-Wirtschaftsraumes zielten.[378] In dieser Initiative wurde zum ersten Mal die Notwendigkeit eines regionalen Verhandlungsrahmens betont und die bilateralen Kooperationsbeziehungen unter das Primat der regionalen Integration gestellt.

Möglich geworden war dieser regionale Ansatz vor allem durch die internationale Nahost-Friedenskonferenz von Madrid im Oktober/ November 1991, die von den USA initiiert worden war und an der erstmals Israel, Syrien, Jordanien, Libanon und die PLO gemeinsam an einem Tisch saßen und bilateral verhandelten.[379] Bis dahin hatte sich die Schaffung einer interregionalen Zusammenarbeit

---

375 SEC (1992) 401 endg. v. 07.05.1992.

376 Die Teilnahme Libyens wurde wegen der bestehenden internationalen Sanktionen ausgeschlossen. Auch Algerien sollte wegen des Bürgerkrieges vorerst ebenfalls kein Partner sein.

377 Schlussfolgerungen des Europäischen Rates von Lissabon v. 26./27.06.1992, Anlage I, S. 37 ff., http://www.europarl.eu.int/summits/lisbon/li2_de.pdf.

378 COM (1993) 375 endg. v. 08.09.1993.

379 Bereits während des ersten Golfkrieges gegen den Irak im Januar/Februar 1991 hatte ein allgemeiner Stimmungswandel in der Europäischen Union zugunsten Israels eingesetzt. Damals wurde unter der Führung der USA ein Militärbündnis gebildet, das aus 34 Staaten be-

als schwierig gestaltet, da die arabischen Staaten Israel seit 1948 mit einem Boykott belegt hatten.[380]

Nach der Regierungsübernahme durch Jitzhak Rabin im Juli 1992 kam es auch zu einer Annäherung zwischen Israel und der PLO. Offizielle bilaterale Verhandlungen sowie geheime Gespräche mündeten im September 1993 in das „Oslo-Abkommen“. Darin erkannten sich Israel und die PLO gegenseitig an. Außerdem stimmte Israel zu, nach und nach Territorien und politische Zuständigkeit an die dazu gebildete Palästinensische Autonomiebehörde (PA) zu übergeben.[381] Auch wenn die komplizierten politischen Fragen, wie der Status Jerusalems, die Zukunft der israelischen Siedlungen sowie die endgültige Grenzziehung zwischen Israel und Palästina auf spätere Endstatusverhandlungen vertagt wurden, gelang mit dem Oslo-Abkommen der Durchbruch in den bilateralen Beziehungen zwischen Israel und der PLO und dadurch auch eine erste Annäherung an die übrigen arabischen Staaten.[382]

c) Gesamtkonzept

Schnell zeigte sich, dass es nicht ausreichte, für die Maghreb-Staaten einerseits und die Mashrek-Staaten und Israel andererseits verschiedene Konzepte auszuarbeiten. Vielmehr setzte sich in der Gemeinschaft die Erkenntnis durch, dass viele der unterschiedlichen Probleme dieser heterogenen Region in einem Gesamtzusammenhang stehen und deshalb nur gemeinsam gelöst werden kön-

---

stand. Darunter waren auch viele arabische Staaten, wie Ägypten, Katar, Oman, Saudi Arabien, Syrien und die Vereinigten Arabischen Emirate. Um diese Allianz nicht zu gefährden, hatte die israelische Regierung weder Vorbeugungs- noch Vergeltungsmaßnahmen gegen die irakischen Raketenüberfälle ergriffen. Diese bewusste Zurückhaltung zahlte sich gerade auch im Verhältnis zu den Europäern aus. Israel – unter der Regierung von Jitzhak Schamir – hätte zwar eine internationale Friedenkonferenz lieber verhindert, konnte sich aber eine offene Störung der amerikanischen Pläne zur Wiederaufnahme des Prozesses nicht leisten, da Israel an strategischem Wert für die USA verloren hatte – schließlich hatten sich die USA im Golfkrieg wesentlich auf arabische Alliierte gestützt. Die PLO war wegen ihrer offenen Unterstützung des Iraks in der arabischen Welt politisch isoliert. Durch die arabischen Ölstaaten wurde sie für ihre Haltung durch die Minimierung der Finanzleistungen abgestraft, was zu ihrer finanziellen Schwächung führte. Die Kompromissbereitschaft von Jassir Arafat gegenüber Israel stieg deswegen gewaltig. Vgl. *Perthes*, Geschichte des Nahost-Konflikts, S. 56, 59 f.

[380] Lediglich Ägypten hatte seit dem Friedensvertrag von 1979 den Boykott gegenüber Israel aufgehoben.

[381] Anerkennung des Prinzips „Land für Frieden“, das erstmals in der UN-Resolution 242 von 1967 enthalten war.

[382] Vgl. *Perthes*, Geschichte des Nahost-Konflikts, S. 56, 60 f.

nen.[383] Dementsprechend hat die Kommission ihre beiden Konzepte für die Maghreb- und die Mashrek-Staaten sowie Israel verbunden und im Oktober 1994 das Konzept einer umfassenden Euro-Mediterranen Partnerschaft vorgestellt.[384]

Zu einer Billigung dieses Konzeptes durch den Europäischen Rat von Essen im Dezember 1994 kam es aber nur, weil Deutschland auf Druck Spaniens hin seinen Widerstand gegen eine gemeinsame Mittelmeerpolitik aufgegeben hatte.[385] Mit dem Einlenken Deutschlands fiel auch der Widerstand der restlichen skeptischen nördlichen Mitgliedstaaten, insbesondere Großbritanniens und der Niederlande, in sich zusammen.[386]

Die Umsetzung des Konzepts der Kommission gestaltete sich aber trotz des prinzipiellen Konsenses als sehr schwierig aufgrund der zum Teil konträren Interessen der einzelnen Mitgliedstaaten. Insbesondere die Finanzierungsfrage erwies sich als problematisch: Die südlichen Mitgliedstaaten wollten die weitgehende Öffnung des Binnenmarktes für die Mittelmeerstaaten verhindern und plädierten stattdessen für eine substantielle Erhöhung der EU-Finanzhilfen an die Mittelmeerstaaten. Die nördlichen Mitgliedstaaten wehrten sich jedoch gegen eine solche finanzielle Mehrbelastung, die vor allem sie als Nettozahler treffen würde, und machten daher ihre Zustimmung dazu abhängig von einer Reduzierung der finanziellen Unterstützung Südeuropas durch die Kohäsions- und Strukturfonds.[387] Nach zähen Verhandlungen einigte sich man schließlich darauf, dass bis 1999 an die mittel- und osteuropäischen Länder 6,7 Mrd. ECU und an die Mittelmeerländer 4,7 Mrd. ECU fließen und dafür die europäischen Märkte – wenn auch nur begrenzt – für die Mittelmeerstaaten geöffnet werden sollten.[388]

---

383 Vgl. Schlussfolgerungen des Europäischen Rates von Korfu v. 24./5.06.1994, II. A., http://www.europarl.eu.int/summits/cor1_de.htm.

384 COM (1994), 427 endg. v. 19.10.1994.

385 Der spanische Ministerpräsident hatte im September 1994 damit gedroht, sein Veto gegen die geplante EU-Osterweiterung einzulegen, sollte Deutschland der neuen Initiative für den Mittelmeerraum nicht zustimmen. Aufgrund diesen Drucks räumte der damalige Bundeskanzler Kohl ein, dass die südliche Flanke der EU von wesentlicher Bedeutung für die Stabilität der Union und deswegen für die Ausgewogenheit der Außenbeziehungen erforderlich sei. Vgl. dazu *Gillespie*, Spanish Protagismo and the Euro-Med Partnership Initiative, S. 33, 39.

386 *Masala*, Die Euro-Mediterrane Partnerschaft, S. 13.

387 *Gillespie*, Spanish Protagismo and the Euro-Med Partnership Initiative, S. 33, 39 f.; *Jünemann*, Europas Mittelmeerpolitik im regionalen und globalen Wandel, S. 29, 49, Fn. 50.

388 *Rhein*, Mit Geduld und Ausdauer zum Erfolg, S. 15, 17. Diese Auseinandersetzung um die Finanzmittel macht deutlich, dass die Euro-Mediterrane Partnerschaft aus Sicht der Mitgliedstaaten in Nord- und Mitteleuropa im Wesentlichen als „Kompensationsgeschäft“ für die Mit-

3. Barcelona Erklärung

Nach der Einigung über die Finanzierung wurde die Euro-Mediterrane-Partnerschaft (EMP) durch die Verabschiedung der „Barcelona-Erklärung“[389] auf der Außenministerkonferenz in Barcelona am 27./28. November 1995 feierlich aus der Taufe gehoben. Neben den Außenministern der EU-Mitgliedstaaten nahmen auch die Außenminister aller Mittelmeerländer an der Konferenz teil.

Bereits in der Präambel der Erklärung bekräftigten die Partner, dass sie über den klassischen Bilateralismus, der lange die Beziehungen zwischen der Gemeinschaft und den Mittelmeerländern geprägt hatte, hinausgehen wollen durch die Schaffung eines multilateralen Rahmens, in dem wirtschaftliche und sicherheitspolitische Aspekte eng miteinander verbunden sind und der auch eine soziale, menschliche und kulturelle Dimension enthält. Dementsprechend ist die Barcelona-Erklärung in drei Teilbereiche aufgeteilt, die in Anlehnung an die KSZE auch Körbe genannt werden. Der erste Korb umfasst die politische und sicherheitspolitische Partnerschaft, der zweite Korb die Partnerschaft im Wirtschafts- und Finanzbereich und der dritte Korb die Partnerschaft im sozialen, kulturellen und menschlichen Bereich.

a) Politische und sicherheitspolitische Partnerschaft

Die politische und sicherheitspolitische Partnerschaft (1. Korb) hat das Ziel, einen gemeinsamen Raum des Friedens und der Stabilität zu schaffen. Dies soll im Einzelnen durch die Beachtung der folgenden Grundsätze und Maßnahmen geschehen: Achtung der Menschenrechte, Entwicklung von Rechtsstaatlichkeit und Demokratie, Förderung von Vielfalt und Pluralismus in ihrer Gesellschaft, Achtung der souveränen Gleichheit der Völker und ihres Rechts auf Selbstbestimmung, Achtung der territorialen Unversehrtheit und Einheit jedes anderen Partners, Nichteinmischung in innere Angelegenheiten eines Partners, Gewaltverzicht und friedliche Beilegung von Streitigkeiten zwischen den Partnern, gemeinsamer Kampf gegen Terrorismus, organisierte Kriminalität und Drogen, Schaffung einer Zone, die frei von nuklearen, chemischen und biologischen Massenvernichtungswaffen ist, sowie Ergreifung von vertrauensbildenden Maßnahmen.

---

gliedstaaten in Südeuropa gedacht war. Vgl. dazu *Masala*, Die Euro-Mediterrane Partnerschaft, S. 14 f.

[389] Barcelona-Erklärung v. 27./28.11.1995, http://europa.eu.int/comm/external_relations/euromed/bd.htm.

b) Partnerschaft im Wirtschafts- und Finanzbereich

Ziel der Partnerschaft im Wirtschafts- und Finanzbereich (2. Korb) ist die Schaffung einer „Zone gemeinsamen Wohlstands“ im Mittelmeerraum durch die Beschleunigung einer nachhaltigen sozio-ökonomischen Entwicklung, die Verringerung des Entwicklungsgefälles in der Europa-Mittelmeer-Region und die Förderung der regionalen Zusammenarbeit und Integration. Dadurch sollen die Probleme, die in den meisten der Partnerländer in unterschiedlicher Intensität bestehen, nämlich der starke Bevölkerungsdruck, der hohe Anteil der in der Landwirtschaft tätigen Bevölkerung, die unzureichende Diversifizierung der industriellen Erzeugung und des gewerblichen Handels, der schwach entwickelte Handel innerhalb der Region sowie der wenig effiziente und aufgeblähte öffentliche Sektor, wirkungsvoll bekämpft werden.

Kernelement des zweiten Korbes ist die schrittweise Errichtung einer Freihandelszone bis 2010. Dazu sollen mit den Mittelmeerländern jeweils bilaterale Assoziierungsabkommen („Europa-Mittelmeer-Abkommen“) abgeschlossen werden, die die Kooperationsabkommen der 1970er Jahre ersetzen und zu einer Intensivierung der Beziehungen führen sollen. Die Abkommen sollen inhaltlich an die „Europa-Abkommen“ angelehnt werden, die mit den mittel- und osteuropäischen Ländern in den 1990er Jahren geschlossen wurden, allerdings ohne die Perspektive einer späteren Mitgliedschaft. Zum anderen sollen die Mittelmeerländer selbst untereinander ähnliche Freihandelsabkommen schließen.

Neben der Einführung der Freihandelszone soll im zweiten Korb die Zusammenarbeit im wirtschaftlichen Bereich, wie z.B. im Bereich der Energie- und Umweltpolitik, intensiviert werden.

Die zur Schaffung der Freihandelszone in den Mittelmeerländern erforderlichen wirtschaftlichen und politischen Reformprozesse sollen durch Finanzhilfen der EU in Gang gebracht und beschleunigt werden. Dies geschieht vor allem durch das 1995 eingeleitete Programm MEDA, in dessen Rahmen Finanzmittel für bilaterale und regionale Maßnahmen in Form von verlorenen Zuschüssen bereitgestellt werden.[390] Hinzu kommen Maßnahmen der Europäischen Investitionsbank in Form von Darlehen sowie bilaterale Finanzhilfen der Mitgliedstaaten.

[390] Im Zeitraum von 1995 bis 2000 wurden 86 % der MEDA zugewiesenen Mittel im Rahmen der bilateralen Zusammenarbeit den Mittelmeerpartnern bereitgestellt. 12 % der Mittel wurden für regionale Maßnahmen verwendet, 2 % waren den Büros für technische Hilfe vorbehalten. Vgl. Erklärung von Barcelona und Partnerschaft Europa-Mittelmeer (Fn. 389), Zusammenfassung.

c) Partnerschaft im sozialen, kulturellen und menschlichen Bereich

Ziel des dritten Korbes ist es, die Humanressourcen zu entwickeln und das gegenseitige Verständnis der Kulturen sowie den Austausch zwischen den Bürgergesellschaften zu fördern. Betont wird insbesondere die Notwendigkeit der Beteiligung der Zivilgesellschaften an der Europa-Mittelmeer-Partnerschaft. Die demographische Entwicklung in den Mittelmeerländern wird als vorrangige Herausforderung anerkannt. Der damit verbundene Wanderungsdruck soll u.a. durch Berufsausbildungsprogramme und Unterstützungsprogramme zur Schaffung von Arbeitsplätzen verringert werden. So genannte MED-Programme dienen dazu, die Bildung euro-mediterraner Foren, Netzwerke, Programme und institutioneller Kontakte auf nichtstaatlicher bzw. halbstaatlicher Ebene zu unterstützen und dadurch Vertrauen zwischen den Mittelmeerländern zu schaffen. Die MED-Programme basieren auf zwei Grundsätzen: Zum einen kann sich die EU-Kommission an den staatlichen Instanzen vorbei direkt die Partner aussuchen, zum anderen müssen die teilnehmenden Partner aus mindestens drei Ländern stammen, wobei sowohl die EU als auch die Mittelmeerregion vertreten sein müssen. Zielgruppe sind ausschließlich Nichtregierungsorganisationen, die allerdings weder in dem betreffenden Land verboten sein noch andere als projektgebundene Mittel von außen annehmen dürfen – eine Einschränkung, die die arabischen Mittelmeerländer durchgesetzt haben.

d) Arbeitsprogramm

Ergänzt wird die Barcelona-Erklärung durch ein Arbeitsprogramm, das der Umsetzung der in der Erklärung formulierten Ziele dienen soll. Dafür sind regelmäßige Treffen der Außenminister der EU und der Mittelmeerländer vorgesehen. Vorbereitet werden diese Treffen durch den „Europa-Mittelmeer-Ausschuss für den Barcelona-Prozess", der sich aus der EU-Troika[391] und einem Vertreter aus jedem Mittelmeerland zusammensetzt. Der Ausschuss hat außerdem die Aufgabe, den Stand und die Umsetzung der Maßnahmen des Barcelona-Prozesses zu prüfen und zu bewerten sowie das Arbeitsprogramm kontinuierlich weiterzu-

[391] In der Gemeinsamen Außen- und Sicherheitspolitk hat sich eine spezielle Kooperation herausgebildet, die ursprünglich aus dem amtierenden, dem vorausgehenden und dem nachfolgenden EU-Ratsvorsitzenden bestand. Durch den Vertrag von Amsterdam wurde diese Kooperation in Art. 18 EU dahingehend modifiziert, dass der amtierende EU-Ratsvorsitzende durch den Generalsekretär des Rates in seiner Funktion als Hoher Vertreter für die GASP und einem Kommissionsmitglied sowie ggf. dem nachfolgenden Ratsvorsitzenden unterstützt wird.

entwickeln. Daneben gibt es noch Ad-hoc-Treffen von Ministern, hohen Beamten und Sachverständigen zu bestimmten Themen sowie sonstige Kontakte zwischen Akteuren der Zivilgesellschaften, Parlamentariern, regionalen und lokalen Behörden.

4. Bewertung

Vor allem im Bereich der politischen und sicherheitspolitischen, aber auch im Bereich der sozialen Partnerschaft gestaltet sich die Zusammenarbeit sehr schwierig. Problematisch sind insbesondere die Abhängigkeit des Barcelona-Prozesses vom Nahost-Friedensprozess, der fehlende Wille zur Demokratisierung sowie der mangelnde Einfluss der Zivilgesellschaften in den arabischen Mittelmeerländern.

a) Abhängigkeit vom Nahost-Friedensprozess

Zwar versteht sich der Barcelona-Prozess – wie sich aus der Präambel der Barcelona-Erklärung ergibt – als unabhängige Ergänzung zum Nahost-Friedensprozess. Kommt es aber zum Stocken des Friedensprozesses, wird dadurch auch immer wieder die Euro-Mediterrane-Partnerschaft gelähmt.[392]

So wird im Rahmen des ersten Korbs seit Jahren vergeblich an der Unterzeichnung der „Charta für Frieden und Stabilität"[393] gearbeitet, die eine Verpflichtung zur friedlichen Konfliktbeilegung und zur Fortsetzung des politischen Dialogs im Konfliktfall beinhalten soll. Die arabischen Staaten, insbesondere Syrien, machen immer wieder deutlich, dass keine sicherheitspolitische Zusammenarbeit möglich sei, solange der Nahostkonflikt nicht gelöst sei und Israel sein Atomwaffenmonopol nicht zur Diskussion stelle.[394] Israel hingegen wehrt sich gegen die Aufnahme des Passus „Land gegen Frieden" in die Charta, da sie damit in einen unmittelbaren Zusammenhang mit dem Nahost-Friedensprozess gestellt würde.

Mit der „Gemeinsamen Strategie für die Mittelmeerregion"[395], die vom Europäischen Rat von Freira im Juni 2000 verabschiedet wurde, wurde die Unabhän-

---

[392] *Perthes*, Der Mittelmeerraum, der nahöstliche Friedensprozess und die Europäische Union, S. 173, 178.
[393] EG. Bull. 6-1997, 2. Teil, 3.2.3.1.
[394] *Schäfer*, Die Euro-Mediterrane Partnerschaft, S. 22, 25.
[395] Gemeinsame Strategie des Europäischen Rates v. 19. Juni 2000 für den Mittelmeerraum, Abl. EG 2000, L 183, S. 5 ff.

gigkeit des Barcelona-Prozesses vom Nahost-Friedensprozess aufgegeben. Durch diese Strategie sollte dem stagnierenden Barcelona-Prozess ein neuer Impuls gegeben werden. Ziel der Strategie ist es nach dem Prinzip der Partnerschaft in der Mittelmeerregion einen gemeinsamen Raum des Friedens, der Stabilität und des Wohlstands zu schaffen. Grundlage für die Zusammenarbeit soll die Euro-Mediterrane Partnerschaft mit ihren bilateralen und regionalen Komponenten sein. Die Besonderheit der Gemeinsamen Strategie ist jedoch, dass der erfolgreiche Abschluss des Nahost-Friedensprozesses in seinen sämtlichen Teilbereichen wichtige Voraussetzung für die Schaffung dieses Raumes des Friedens, der Stabilität und des Wohlstandes ist.

Auch aus der Abschlusserklärung der 7. Euromed-Außenminister-Konferenz vom Mai 2005 wird die Abhängigkeit vom Nahost-Friedensprozess deutlich.[396] Darin wird explizit Bezug genommen auf die Road Map[397] und die arabische Friedensinitiative von 2002.[398]

Die faktische Verknüpfung der EMP mit dem Friedensprozess ist trotz aller damit verbundenen Probleme aber insoweit positiv zu bewerten, als die EMP zur Entspannung zwischen den Konfliktparteien beitragen kann. Insbesondere die regelmäßigen Treffen der hohen Beamten zu Fragen des politischen Dialogs und die zahlreichen Treffen von Fachministern und Beamten zu allen drei Körben haben dazu geführt, dass eine gewisse Kontinuität entstanden ist.[399] Gerade in Zeiten, in denen die offiziellen Gespräche im Nahost-Friedensprozess monate-

---

[396] Abschlusserklärung der 7. Euromed-Außenminister-Konferenz in Luxemburg v. 30./31. Mai 2005, http://europa.eu.int/comm/external_relations/euromed/conf/ lux/euromed.pdf, S. 6.

[397] Am 24.06.2002 stellte der US-Präsident George W. Bush die sog. Road Map, den Fahrplan für den Frieden, vor, die dann im September desselben Jahres von den USA, der UN, der EU und Russland angenommen wurde. den Frieden). Sie wurde aber erst am 30. April 2003 veröffentlicht, nachdem die palästinensische Führung Reformen der Autonomiebehörde durchgeführt und ein neues Kabinett unter Regierungschef Mahmud Abbas am 29. April 2003 vereidigt hatte. Das israelische Kabinett hat die Road Map am 25. Mai 2003 angenommen. Israel akzeptiert damit zum ersten Mal die Gründung eines eigenständigen palästinensischen Staates. Ziel des dreiphasigen Friedensplans ist die friedlich Koexistenz zweier nebeneinander existierender selbständiger Staaten Israel und Palästina bis zum Jahr 2005. Vgl. dazu Wortlaut der Road Map, http://www.state.gov/r/pa/prs/ps/2003/20062.htm.

[398] Israel widersetzte sich dem Teil der Vorlage, der detailliert auf die Road Map und vor allem auf die Beirut-Erklärung von 2002 einging. Die Beirut-Erklärung basiert auf der saudiarabischen Friedensinitiative und fordert eine allgemein-arabische Anerkennung Israels im Gegenzug für den Rückzug Israels aus allen besetzten Gebieten sowie die Lösung des Flüchtlingsproblems entsprechend der UNO-Resolution 194. Vgl. dazu Haaretz v. 29.11.2005.

[399] Auch wenn Syrien, Libyen und der Libanon wiederholt die Euro-Med- Außenministerkonferenzen boykottiert haben, um dadurch die israelische Politik anzuprangern. Vgl. dazu *Jünemann*, Zehn Jahre Barcelona-Prozess, S. 7, 8.

lang unterbrochen waren, fanden am Rande der Euromed-Außenminister-Konferenzen oft informelle Gespräche zwischen den Konfliktparteien statt. Auch hat nicht zuletzt die EMP dazu beigetragen, dass die EU-Mitgliedstaaten ihre nationalen Positionen hinsichtlich des Nahost-Konfliktes zunehmend zugunsten einer gemeinsamen europäischen Position zurückstellen.[400]

b) Fehlender Wille zur Demokratisierung

Ein weiteres Problem ist, dass die Entwicklung demokratischer Strukturen in den weitgehend autoritären[401] arabischen Mittelmeerländern nicht vorankommt.

Das liegt zum einen daran, dass die Kooperationsbereitschaft der Regierungen dieser Länder in Bezug auf die Schaffung demokratischer Strukturen bislang sehr gering ist, da ihnen der Erhalt ihrer eigenen Machtposition wichtiger ist. Gerade angesichts der kolonialen Vergangenheit vieler arabischer Mittelmeerländer wehren sie sich gegen jegliche westliche Einmischung in ihre inneren Angelegenheiten. Regelmäßig nehmen sie auch den Nahost-Konflikt als Vorwand, um unter Hinweis auf die angespannte Sicherheitslage im Nahen Osten politische Reformen auszusetzen, obwohl es oft keine kausalen Zusammenhänge gibt.[402] Statt politischem Wandel, der die eigene Machtbasis aushöhlen würde, versprechen sich viele der arabischen Regierungen von der EU primär einen besseren Zugang zum europäischen Binnenmarkt sowie mehr Investitionen und Wirtschaftshilfe.[403]

Zum anderen zeigt sich auch auf europäischer Seite, dass es am politischen Willen fehlt, die vereinbarten Demokratisierungsprogramme mit Nachdruck durchzusetzen. Politischer Zwang seitens der EU würde dem neuen Geist der Partnerschaft entgegenstehen. Außerdem würden durch Demokratisierungsprozesse die innergesellschaftlichen Konflikte in den jeweiligen Ländern erst einmal verstärkt werden, was aber dem Sicherheitsbedürfnis der EU wider-

---

400 *Schäfer*, Die Euro-Mediterrane Partnerschaft, S. 22, 25.

401 2003 galten von den Partnerländern nur Israel als freier Staat; Jordanien, Marokko und die PA als teilweise freie Staaten sowie Ägypten, Libanon, Syrien, Tunesien, Algerien und Libyen als unfreie Staaten. Marokko, Jordanien und die PA werden dabei als offener für ökonomische und graduelle politische Reformen angesehen, da in diesen Ländern das Ausmaß an Repressionen und politischer Blockade geringer ist als in den restlichen Ländern; vgl. *Harders*, Europäische Mittelmeerpolitik aus arabischer Sicht, S. 14, 20.

402 *Harders*, Europäische Mittelmeerpolitik aus arabischer Sicht, S. 14, 20; *Schäfer*, Die Euro-Mediterrane Partnerschaft, S. 22, 25.

403 *Masala*, Die Euro-Mediterrane Partnerschaft, S. 25.

spricht.[404] Würden in den arabischen Mittelmeerländern echte Wahlen durchgeführt, bestünde die Gefahr, dass die herrschenden, pro-westlich eingestellten, autoritären Regime ihre Mehrheit an Islamisten verlieren würden. Da es aber nicht im Interesse der EU liegt, mit dem Westen feindlich gesonnenen Regierungen zusammenzuarbeiten, wird sich die EU auch in Zukunft auf die autoritären Regime verlassen, statt in den Mittelmeerländern mehr Demokratie und Pluralismus zu fördern.[405] Damit wird deutlich, dass aus europäischer Sicht die Stabilität eindeutig Vorrang vor der Demokratisierung genießt.

c) Mangelnder Einfluss der Zivilgesellschaften

Der dritte Korb, der anfänglich nur geringe Bedeutung hatte, wurde durch die weitgehende Blockade des ersten Korbes zwar erheblich aufgewertet, da die EU alle sicherheitsrelevanten Themen zunehmend in den dritten Korb verlagerte. Durch die Einbindung der Zivilgesellschaften erhoffte sich die EU, die Demokratisierungsprozesse in den arabischen Mittelmeerländern von unten her anzustoßen und auf diese Weise die Wurzeln des internationalen Terrorismus wirksam zu bekämpfen. Es zeigte sich aber, dass sich die Einbindung der Zivilgesellschaften schwieriger als gedacht gestaltete.

Zum einen haben die in den arabischen Ländern herrschenden Eliten nur ein geringes Interesse an der Entfaltung ihrer Zivilgesellschaften. Sie begegnen den Aktivitäten zivilgesellschaftlicher Akteure, die sich staatlicher Kontrolle entziehen und sich auch oft gegen das herrschende Regime richten, mit größtem Misstrauen.[406]

Ein weiteres Problem ist, dass durch die bisherigen zivilgesellschaftlichen MED-Projekte hauptsächlich die säkularen, westlich orientierten Eliten der Mittelmeerländer angesprochen wurden, die zwar europäischen Denkstrukturen und Wertvorstellungen nahe stehen, die aber wenig repräsentativ für ihre jeweiligen Gesellschaften sind.[407] Das liegt in dem (uneingestandenen) Wunsch seitens der EU begründet, das Ergebnis des demokratischen Prozesses vorwegzunehmen. Wer aber Demokratie will, der muss auch mit dem Ergebnis demokratischer Wahlen leben, selbst wenn überwiegend islamistische Kräfte den Sieg davon tragen würden.[408] Gerade eine Zusammenarbeit mit gemäßigten islamischen Gruppierungen wäre sogar wünschenswert, da sie am ehesten dazu in der Lage

[404] *Jünemann*, Europas Mittelmeerpolitik im regionalen und globalen Wandel, S. 29, 61.
[405] *Schlotter*, Euro-Mediterrane Partnerschaft, S. 49, 54.
[406] *Jünemann*, Europas Mittelmeerpolitik im regionalen und globalen Wandel, S. 29, 60.
[407] *Jünemann*, Zehn Jahre Barcelona-Prozess, S. 7, 11.
[408] *Harders*, Europäische Mittelmeerpolitik aus arabischer Sicht, S. 14, 21.

wären, eine weitere Radikalisierung der Bevölkerung zu verhindern. Es ist aber nicht zu erwarten, dass die EU in naher Zukunft mit diesen Gruppen zusammenarbeiten wird, immerhin haben auch Radikalismus und Terrorismus ihre Wurzeln im politischen Islam.[409]

5. Europa-Mittelmeer-Abkommen

Wegen der Schwierigkeiten der Umsetzung der Ziele des ersten und dritten Korbes rückte zunehmend die wirtschaftliche Kooperation (2. Korb) mit dem Abschluss von bilateralen Assoziierungsabkommen in den Mittelpunkt der Euro-Mediterranen-Partnerschaft. Mit allen Partnerländern mit Ausnahme Libyens – das bislang nur einen Beobachterstatus hat – hat die EU im Wesentlichen ähnlich aufgebaute „Europa-Mittelmeer-Abkommen" geschlossen.[410] Lediglich das Abkommen mit Syrien, das im Oktober 2004 unterzeichnet worden ist, ist noch nicht in Kraft getreten. Mit der Palästinensischen Autonomiebehörde besteht seit 1997 ein Interimsabkommen.[411]

a) Wesentlichkeits- und Suspendierungsklausel

Wichtigste Neuerung der Assoziierungsabkommen ist die Verbindung von wirtschaftlichen mit politischen Zielen. So enthält Art. 2 aller Assoziierungsabkommen eine Menschenrechts- und Demokratieklausel. Danach sind die Achtung der Grundsätze der Demokratie und der Menschenrechte wesentliches Element der Abkommen, weswegen die Klausel auch als „Wesentlichkeitsklausel" bezeichnet wird.[412]

---

[409] *Harders*, Europäische Mittelmeerpolitik aus arabischer Sicht, S. 14, 21.

[410] Europa-Mittelmeer-Abkommen zur Gründung einer Assoziation zwischen den Europäischen Gemeinschaften, ihren Mitgliedstaaten einerseits und Ägypten (Abl. EG 2004, L 304, S. 39 ff.); Algerien (Abl. EG 2005, L 265, S. 2 ff.); Israel (Abl. EG 2000, L 147, S. 3 ff.); Jordanien (Abl. EG 2002, L 129, S. 3 ff.); Marokko (Abl. EG 2000, L 70, S. 2 ff.); Libanon (Abl. EU 2006, L 143, S. 2 ff.) und Tunesien (Abl. EG 1998, L 97, S. 2 ff.) andererseits.

[411] Europa-Mittelmeer-Interimsabkommen über Handel und Zusammenarbeit, Abl. EG 1997, L 187, S. 3 ff.

[412] Der Rat der EG beschloss 1992 die Aufnahme einer derartigen Klausel in alle Abkommen mit OSZE-Drittstaaten, zu denen alle Staaten in Europa, die Nachfolgestaaten der Sowjetunion sowie die USA und Kanada gehören. Auslöser für die Aufnahme der Klausel war die in der Praxis mit den mittel- und osteuropäischen Staaten gesammelte Erfahrung, wie schnell sich menschenrechtliche Fragen auf die Verträge mit der Gemeinschaft auswirken können. Die Gemeinschaft kam zu dem Schluss, dass die vertraglich festgeschriebene Achtung der

Bei Verstößen eines Partners gegen die in der Wesentlichkeitsklausel genannten Grundsätze hat der andere Partner die Möglichkeit, das jeweilige Abkommen insgesamt oder einzelne Bestimmungen des Abkommens auszusetzen (sog. Suspendierungsklausel).[413] Dabei sehen die Abkommen eine abgestufte Reaktion vor. Es soll zunächst versucht werden, durch Konsultationen im Assoziationsrat eine einvernehmliche Lösung zu finden. Die einseitige Aussetzung des Abkommens ohne vorherige Information des Assoziationsrats kommt nur in „besonders dringenden Fällen" in Betracht.[414] Ein besonders dringender Fall liegt vor, wenn eine Vertragspartei das Abkommen erheblich verletzt. Eine erhebliche Verletzung des Abkommens ist die von den allgemeinen Regeln des Völkerrechts nicht gedeckte Ablehnung der Erfüllung des Abkommens oder der Verstoß gegen die in der Wesentlichkeitsklausel niedergelegten wesentlichen Bestandteile des Abkommens.

Die Aufnahme der Wesentlichkeits- und Suspendierungsklausel hat in den Mittelmeerländern zunächst Furcht vor europäischer Einmischung in ihre inneren Angelegenheiten und vor einem „Menschenrechtsimperialismus" ausgelöst.[415] Diese Ängste sind jedoch wenig begründet, da diese Konditionierung in der Praxis weitgehend wirkungslos bleibt.

Zum einen hat die EU die autoritären Herrschaftseliten in den meisten Mittelmeerländern bedingungslos als Verhandlungspartner akzeptiert, wodurch es schon von vornherein als wenig wahrscheinlich gilt, dass sie gerade deren Vorgehen in ihren jeweiligen Ländern kritisieren wird.[416] Zum anderen kann die EU aus handelspolitischen Gesichtspunkten auch gar kein Interesse an der Ausset-

---

Menschenrechte und der Demokratie nicht nur regionalspezifisch für die OSZE-Staaten sinnvoll wäre, sondern als allgemeiner Grundsatz der vertraglichen Außenbeziehungen gelten sollte. Dementsprechend sollen die Wesentlichkeitsklausel und die Nichterfüllungsklausel in alle zukünftigen Abkommen mit Drittstaaten einbezogen werden. Vgl. dazu Hoffmann, Menschenrechts- und Demokratieklauseln, S. 117 ff. sowie Mitteilung der Kommission über die Berücksichtigung der Wahrung der Grundsätze der Demokratie und der Achtung der Menschenrechte in den Abkommen zwischen der Gemeinschaft und Drittländern, KOM(1995) 216 endg.

[413] Art. 86 Abs. 2 des Abkommens mit Ägypten, Art. 104 Abs. 2 (Algerien), Art. 79 Abs. 2 (Israel), Art. 101 Abs. 2 (Jordanien), Art. 86 Abs. 2 (Libanon), Art. 90 Abs. 2 (Marokko), Art. 70 Abs. 2 (PLO) und Art. 90 Abs. 2 (Tunesien).

[414] Wann ein besonders dringender Fall gegeben ist, findet sich in einer Gemeinsamen Erklärung, die dem jeweiligen Abkommen beigefügt ist, z.B. Gemeinsame Erklärung zu Art. 90 des Europa-Mittelmeer-Abkommens mit Marokko, Abl. EG 2000, L 70, S. 2 ff. Im Abkommen mit Ägypten wird das Vorliegen eines dringenden Falls im Abkommen selbst in Art. 86 Abs. 2 definiert.

[415] *Perthes*, Der Mittelmeerraum, der nahöstliche Friedensprozess und die EU, S. 173, 182.

[416] *Schumacher*, Maghreb-Politik der EU, S. 157.

zung der Verträge haben, da sie mit den Mittelmeerländern Handelsbilanzüberschüsse von bis zu 700 Mio. € erzielt. Die Aussetzung der Abkommen hätte daher massive Exporterlöseinbußen zur Folge, womit sich die EU letztlich selbst schaden würde. Erschwert wird die Anwendung des Prinzips der politischen Konditionalität auch dadurch, dass dafür ein einstimmiger Entschluss des Assoziationsrates erforderlich ist, was sich angesichts einer Union von nunmehr 27 Mitgliedstaaten als schwierig gestaltet, zumal sich gerade die Maghreb-Staaten in den meisten Fällen auf ein Veto ihrer europäischen „Schutzmacht" Frankreich verlassen können.

Bislang wurde lediglich für das Abkommen mit Israel die vorübergehende Aussetzung des Abkommens durch einzelne Abgeordnete des EP gefordert und zwar als im Rahmen der „Operation Schutzschild" im Frühjahr 2002 radikale Islamisten gezielt durch die israelische Armee getötet wurden unter Inkaufnahme ziviler Opfer.[417] Das Europäische Parlament und ihm folgend der Rat lehnte die Aussetzung des Abkommens aber ab.[418] Man zog es vor, auf dem Wege des politischen Dialogs auf Israel einzuwirken, zumal die Wirksamkeit von Wirtschaftssanktionen generell angezweifelt wurde. Außerdem wäre die EU bei einer Suspendierung des Abkommens mit Israel unter Zugzwang gegenüber den meisten anderen Mittelmeerstaaten geraten, die die Menschenrechte auch nicht besser achten.[419]

Nach der gezielten Tötung von Scheich Yassin, dem geistigen Führer der palästinensischen Terrororganisation Hamas, durch die israelische Armee am 22. März 2004 forderten einige Abgeordnete des EP erneut die Aussetzung des Assoziierungsabkommens mit Israel, wofür aber keine Mehrheit gefunden werden konnte. Stattdessen verabschiedete das Plenum zwei Kompromissvorschläge: zum einen die Verurteilung aller terroristischen Akte gegen die Zivilbevölkerung, die von beiden Seiten ausgeführt werden und zum zweiten der Aufruf an die Palästinenser, auf die Tötung von Scheich Yassin nicht gewaltsam zu reagieren, um die Spirale von Terrorismus und Gewalt zu stoppen.[420]

Allein diese beiden Beispiele zeigen, dass die Suspendierungsklausel bislang weitgehend wirkungslos geblieben ist. Der richtige Umgang mit der Suspendie-

---

[417] Schriftliche Anfrage E-1108/02 von Alexander Alavanos an den Rat, Abl. EG 2002, C 309 E, S. 84 f. Zwar wurde die gezielte Tötung von Terroristen unter Inkaufnahme ziviler Opfer wiederholt vom EP auf das Schärfste verurteilt, ohne aber gleichzeitig die Aussetzung des Assoziierungsabkommens zu fordern.

[418] Entschließung des Europäischen Parlaments zur Lage im Nahen Osten und zur Besetzung des Westjordanlands durch Israel v. 8. April 2002, B5-0197/2002; Antwort des Rates auf die Anfrage von Alexander Alavanos, Abl. EG 2002, C 309 E, S. 84 f.

[419] *Schäfer*, Die Europäische Union und der Nahostkonflikt, S. 46, 52.

[420] Haaretz v. 02.04.2004.

rungsklausel gestaltet sich aber auch als schwierig: Verzichtet die EU darauf, die Einhaltung der Menschenrechte auch einzufordern, stellt sie sich als bloßer Papiertiger dar, dessen politische Forderungen auch in anderen Bereichen nicht unbedingt ernst genommen werden müssen. Wenn die EU hingegen darauf besteht, den Menschenrechts- und Demokratiedialog anzumahnen und möglicherweise zur Grundlage einer Konditionierung von Entwicklungshilfe zu machen, läuft sie Gefahr, dass einzelne ihrer mediterranen Partnerstaaten aus der Partnerschaft – zumindest aus dem politischen und sicherheitspolitischen Dialog – aussteigen.

b) Politischer Dialog

Neben der Achtung der Menschenrechte und der Grundsätze der Demokratie ist in den meisten Abkommen in den ersten Artikeln das Bekenntnis zum politischen Dialog enthalten. Lediglich im Abkommen mit der PLO fehlen Bestimmungen zum politischen Dialog. Das liegt daran, dass es sich aufgrund des besonderen politischen Status der Palästinensischen Autonomiebehörde nur um ein Interims-Abkommen handelt, das nach der Gründung eines unabhängigen palästinensischen Staates durch ein endgültiges Abkommen ersetzt werden soll.

Der regelmäßige politische Dialog soll dazu beitragen, die Sicherheit und Stabilität im Mittelmeerraum zu festigen. Welche Bedeutung die EU dem politischen Dialog zumisst, zeigt sich daran, dass sie es vorzieht, auf Menschenrechtsverletzungen mit politischem Dialog zu reagieren, statt mit einer Aussetzung des Abkommens. Anfragen von einzelnen Abgeordneten des Europäischen Parlaments, in denen verschiedenste Menschenrechtsverletzungen in den einzelnen Mittelmeerländern gerügt werden und in denen nach dem weiteren Vorgehen der Kommission gefragt wird, beantwortet die Kommission immer damit, dass diese Verletzungen im Rahmen des politischen Dialogs geprüft werden.[421] Gerade die Assoziierungsabkommen böten einen wichtigen Rahmen für die Diskussion und Förderung der Achtung der Menschen- und Bürgerrechte.[422] Deswegen lehnte es die Kommission z.B. auch ab, den Abschluss des Assoziierungsabkommens mit Syrien zu verzögern, obwohl Syrien die Organisationen Hamas, Hisbollah und Islamischer Dschihad unterstützt, die auf der vom Euro-

---

421 Vgl. Antwort der Kommission auf die Anfrage von Concepció Ferrer bezüglich der Verhandlungen zwischen der EU und Algerien über ein Assoziierungsabkommen, Abl. EG 2002, 229 E, S. 109 f.

422 Vgl. Antwort der Kommission auf die Anfrage von Lousewies van der Lann bezüglich der Festnahme von 52 Homosexuellen in Ägypten und deren Auswirkungen auf das Europa-Mittelmeer-Abkommen, Abl. EG 2002, 160 E, S. 27 f.

päischen Rat beschlossenen Liste terroristischer Vereinigungen stehen.[423] Die Kommission begründete ihre Ablehnung damit, dass die EU im Rahmen der Menschenrechtsklausel des zukünftigen Assoziierungsabkommens eher in der Lage sein werde, diese Fragen mit Syrien zur Sprache zu bringen.[424]

Auch wenn es grundsätzlich erstrebenswert ist, Menschenrechtsverletzungen im Rahmen des politischen Dialogs anzusprechen, muss die EU bereit sein, bei Nichtabhilfe auch den Weg der in den Assoziierungsabkommen vorgesehenen Aussetzung des jeweiligen Abkommens zu beschreiten. Nur so ist sie in der Lage, effektiv politischen Druck auszuüben. Dies ist umso mehr erforderlich, als die Bestimmungen über den politischen Dialog in den Abkommen sehr allgemein gehalten sind und es gerade auch an Bestimmungen über die Einbeziehung der Zivilgesellschaften in den Dialogprozess fehlt.

c) Freihandel

Kernstück aller Abkommen ist die Liberalisierung des Handels mit gewerblichen Gütern, Agrarerzeugnissen und Dienstleistungen.

aa) Gewerbliche Güter

In den jeweiligen Abkommen ist vorgesehen, dass für fast alle gewerblichen Waren eine bilaterale Freihandelszone schrittweise errichtet bzw. die im Fall von Israel bereits seit 1989 bestehende Freihandelszone für gewerbliche Waren weiter ausgebaut wird. Dazu sollen innerhalb eines bestimmten Zeitplans die bestehenden Zölle und Abgaben gleicher Wirkung abgebaut werden. Neue Zölle und Abgaben sowie mengenmäßige Beschränkungen dürfen nicht eingeführt werden. Für den Abbau der Beschränkungen sind zum Teil sehr lange Übergangsfristen vorgesehen. So ist z.B. im Abkommen mit Ägypten, das erst am 1. Oktober 2005 in Kraft getreten ist, vorgesehen, dass innerhalb von 15 Jahren die Zölle vollständig abgebaut sein sollen. Das Ziel der Errichtung einer regionalen Freihandelszone zwischen der EU und allen Mittelmeerländern bis zum Jahr 2010 ist daher kaum zu verwirklichen.

---

[423] Vgl. dazu parlamentarische Anfrage von Ilka Schröder bezüglich der EU-Beziehungen zu Syrien v. 26. Mai 2003, Abl. EG 2004, C 782 E, S. 50.

[424] Antwort der Kommission auf die Anfrage von Ilka Schröder (Fn. 423), Abl. EG 2004, C 782 E, S. 50.

bb) Agrarprodukte

Der Handel mit den für beide Seiten wichtigen Agrarprodukten soll nur schrittweise liberalisiert werden, weswegen sich in den Anhängen zu den Abkommen zahlreiche Ausnahmeregelungen finden. Bereits in der Barcelona-Erklärung findet sich der Passus, dass die Liberalisierung des Handels mit landwirtschaftlichen Erzeugnissen nur langsam und schrittweise „ausgehend von den traditionellen Handelsströmen und soweit dies die verschiedenen Agrarpolitiken zulassen" erfolgen soll. Die Mittelmeerländer hatten zwar die volle Einbeziehung des Agrarsektors in den Freihandel gefordert. Sie scheiterten aber mit ihrer Forderung vor allem wegen der von EU-Seite befürchteten Schwierigkeiten bei der Eingliederung der mittel- und osteuropäischen Länder in den gemeinschaftlichen Agrarsektor. Lediglich für einige wenige Agrarprodukte wie Orangen, Frühkartoffeln und Tomaten gibt es Zollpräferenzen.

cc) Handelsbezogene Vorschriften

Zur Einführung des Freihandels sollen die Mittelmeerländer die handelsbezogenen Rechtsvorschriften der Gemeinschaft möglichst weitgehend übernehmen. Dazu zählen insbesondere die Vorschriften zum Schutz geistigen Eigentums und die gegenseitige Anerkennung von Produktstandards.

dd) Ursprungsregeln

Von besonderer Bedeutung sind die für den Freihandel wichtigen Ursprungsregeln. Da die in den Freihandelsabkommen zugesicherte Zollfreiheit nur für die Güter gilt, die aus dem jeweiligen Vertragsstaat stammen, sind aufwändige Regelwerke zur Ursprungsbestimmung der Güter notwendig, vor allem für die im Land lediglich weiterverarbeiteten Waren.[425] Bislang ist den Europa-Mittelmeer-Abkommen jeweils ein Protokoll über Ursprungsregeln angefügt.[426] In den Protokollen sind die Definition des Begriffs „Ursprungserzeugnis" und die Methoden der Verwaltungszusammenarbeit enthalten. Wichtig ist dabei vor allem die Ursprungskumulierung, die den präferenziellen Handel mit Produkten gemisch-

[425] Anderes gilt in einer Zollunion, innerhalb derer alle verzollt in das Vertragsgebiet eingeführten Waren frei zirkulieren und verarbeitet werden können.

[426] Für Ägypten Protokoll Nr. 4; Algerien Protokoll Nr. 6; Israel Protokoll Nr. 4; Jordanien Protokoll Nr. 3; Libanon Protokoll Nr. 4; Marokko Protokoll Nr. 4; Tunesien Protokoll Nr. 4 und PLO Protokoll Nr. 3.

ten Ursprungs ermöglicht. Die bilaterale Kumulierung[427] zwischen der EG und dem jeweiligen Mittelmeerland ist in allen Abkommen vorgesehen. Die diagonale Kumulierung[428] ist in den Abkommen mit Ägypten, Algerien, Libanon, Marokko, Syrien und Tunesien vorgesehen. Die vollständige Kumulierung[429] gilt nur für die Abkommen mit Algerien, Marokko und Tunesien.

Im Jahr 1997 wurde auf der Grundlage des EWR-Abkommens von 1994 zwischen der EG, den EFTA-Ländern und den mittel- und osteuropäischen Ländern das System der paneuropäischen Kumulierung geschaffen.[430] 1999 wurde es auf die Türkei ausgedehnt, gilt dort allerdings nur für gewerbliche Waren. Geplant ist, dieses System auch auf die Mittelmeerländer auszuweiten. Der Rat der EU hat am 11. Oktober 2005 den Vorschlag der Kommission, eine Urspungskumulierungszone Paneuropa-Mittelmeer zu schaffen, genehmigt.[431] Erforderlich ist nun, die derzeit geltenden Ursprungsprotokolle zu ändern. Die geplante Ursprungskumulierung wird es möglich machen, dass Vormaterialien in verschiedenen Ländern bezogen und hergestellt werden, ohne dass das Endergebnis beim Eingang in die EU den Anspruch auf Präferenzzölle verliert.

d) Niederlassungsrecht und Dienstleistungsfreiheit

Außer den Freihandelsbestimmungen enthalten die Assoziierungsabkommen Vorschriften über die Liberalisierung des Niederlassungsrechts und des grenzüberschreitenden Dienstleistungsverkehrs.

Die Abkommen mit Israel, Marokko und Tunesien enthalten ein gegenseitiges, umfassendes Niederlassungsrecht für Gesellschaften und eine umfassende Dienstleistungsfreiheit. In den restlichen Abkommen ist lediglich eine graduelle Liberalisierung gemäß den Bestimmungen des WTO-Dienstleistungsabkom-

---

[427] Bei einer bilateralen Kumulierung sind an der Herstellung der Ausfuhrware lediglich zwei Vertragsparteien beteiligt, d.h. das hergestellte Ursprungserzeugnis wird in das Gebiet der Vertragspartei geliefert, aus der die Vormaterialien (vollständig oder teilweise) stammen.

[428] Bei einer diagonalen Kumulierung finden Vormaterialien aus verschiedenen Vertragsparteien einer Präferenzzone oder aus besonders vertraglich verankerten Vertragsparteien Verwendung. Das hergestellte Ursprungserzeugnis wird jedoch in das Gebiet einer anderen Vertragspartei, die an den Vorlieferungen nicht beteiligt war, geliefert.

[429] Die vollständige Kumulierung (gelegentlich auch als große Kumulierung bezeichnet) gilt nicht nur für Vormaterialien mit Ursprung in den anderen Vertragsparteien, sondern auch für solche Vormaterialien, die in den Gebieten der anderen Vertragsparteien bereits bearbeitet worden sind, ohne dort ihren Ursprung zu haben.

[430] Dazu im Einzelnen: http://europa.eu.int/comm/taxation_customs/customs/customs_duties/rules_origin/introduction/article_783_de.htm.

[431] Pressemitteilung der Europäischen Kommission v. 12.10.2005, IP/05/1256.

mens (GATS) vorgesehen. Dazu verpflichten sich die Gemeinschaft und ihre Mitgliedstaaten, für die Niederlassung von Gesellschaften aus dem jeweiligen Partnerland und umgekehrt sowie für Dienstleistungen eine Behandlung zu gewähren, die nicht weniger günstig ist, als die gleichartigen Gesellschaften eines Drittlandes gewährte Behandlung. Damit wird im Prinzip nur die Beachtung des Meistbegünstigungsgebots ausdrücklich festgeschrieben. Mit Ausnahme von Israel, Marokko und Tunesien gilt die Niederlassungsfreiheit nicht für den Luft-, Binnenschiffs- und Seeverkehr.

Im Abkommen mit der PLO finden sich keinerlei Bestimmungen über die Niederlassungs- und Dienstleistungsfreiheit.

e) Freizügigkeit der Arbeitnehmer

Im Gegensatz zu den Europa-Abkommen ist die Freizügigkeit der Arbeitnehmer in den Europa-Mittelmeer-Abkommen nicht geregelt. Es finden sich lediglich in dem Titel „Soziale Fragen“ Regeln für Arbeitnehmer, die rechtmäßig in einem Mitgliedstaat beschäftigt sind, wie die Koordinierung der Systeme der sozialen Sicherheit sowie ein Diskriminierungsverbot. Im Abkommen mit der PLO fehlen selbst diese Bestimmungen.

f) Kapitalverkehrsfreiheit

In den Abkommen mit Israel, Jordanien und Libanon ist festgeschrieben, dass Beschränkungen des Kapitalverkehrs unzulässig sind. Für Ägypten, Algerien, Marokko und Tunesien ist vorgesehen, den Kapitalverkehr zu erleichtern und ihn vollständig zu liberalisieren, wenn die dafür erforderlichen Voraussetzungen erfüllt sind. Im Abkommen mit der PLO wird lediglich die Erleichterung des Kapitalverkehrs angestrebt.

g) Zusammenarbeit in verschiedenen Bereichen

Daneben sehen die Abkommen noch eine Zusammenarbeit in weiteren Bereichen vor.

aa) Wettbewerbsrecht

Alle Abkommen enthalten Regeln über das Wettbewerbsrecht, die Art. 81, 82 und 87 des EG-Vertrages entsprechen.

bb) Beschaffungswesen

Darüber hinaus enthalten alle Abkommen Abschnitte, die die Partnerländer zur Öffnung des öffentlichen Beschaffungswesens anhalten. Allerdings zielen die Abkommen mit Ausnahme des Abkommens mit Israel nur allgemein auf eine allmähliche Öffnung, ohne dafür einen konkreten Zeitplan festzulegen.

Im Assoziierungsabkommen mit Israel ist in Art. 35 vorgesehen, dass die Vertragsparteien hinsichtlich der gegenseitigen Öffnung ihrer Märkte für das öffentliche Beschaffungswesen Maßnahmen treffen, die sogar noch über das hinausgehen, was nach dem im Rahmen der WTO geschlossenen Übereinkommen über das öffentliche Beschaffungswesen vereinbart worden ist. Zu diesem Zweck haben die EU und Israel 1997 zwei Abkommen über das öffentliche Beschaffungswesen abgeschlossen, in denen die Einzelheiten näher geregelt sind.[432]

cc) Wissenschaft und Forschung

Wegen des hohen Entwicklungsstands Israels im Bereich Wissenschaft und Forschung ist in Art. 40 des Assoziierungsabkommens vorgesehen, dass die Vertragsparteien die wissenschaftliche und technologische Zusammenarbeit intensivieren und zu diesem Zweck ein Sonderabkommen schließen. Auf der Grundlage von Art. 170 EG wurden daher mit Israel seit 1996 drei Abkommen über die wissenschaftlich-technische Zusammenarbeit geschlossen.[433] Durch diese Abkommen wurde Israel in die jeweils geltenden Forschungsrahmenprogramme der EU eingebunden. Forschungseinrichtungen mit Sitz in Israel können sich an

---

[432] Abkommen zwischen der Europäischen Gemeinschaft und Israel über das öffentliche Beschaffungswesen v. 10.07.1997, Abl. EG 1997, L 202, S. 85 ff.; Abkommen zwischen der Europäischen Gemeinschaft und Israel über die Beschaffungen der Betreiber von Telekommunikationsdiensten v. 10.07.1997, Abl. EG 1997, L 202, S. 74 ff.

[433] Abkommen zwischen der Europäischen Gemeinschaft und Israel über wissenschaftlich-technische Zusammenarbeit v. 25.03.1996, Abl. EG 1996, L 209, S. 23 ff. (4. Rahmenprogramm); Abkommen v. 03.03.1999, Abl. EG 1999, L 83, S. 51 ff. (5. Rahmenprogramm); Abkommen v. 10.06.2003, Abl. EG 2003, L 154, S. 80 ff. (6. Rahmenprogramm).

allen Programmen des jeweiligen Rahmenprogramms beteiligen.[434] Im Gegenzug verpflichtet sich Israel, sich finanziell am Budget der zur Umsetzung der Rahmenprogramme verabschiedeten Programme zu beteiligen. Am weitreichendsten ist das Abkommen von 2003, durch welches Israel als einziges nichteuropäisches Land vollständig mit dem Sechsten Forschungsrahmenprogramm der Europäischen Gemeinschaft assoziiert wird.[435] Israelische Vertreter nehmen als Beobachter an den Ausschüssen des Sechsten Rahmenprogramms und am Aufsichtsrat der Gemeinsamen Forschungsstelle teil. Für jedes Jahr der Laufzeit des Rahmenprogramms zahlt Israel einen finanziellen Beitrag zum Gesamthaushalt der Europäischen Union.[436]

Mit Ägypten, Marokko und Tunesien hat die Europäische Gemeinschaft ebenfalls jeweils ein Abkommen über die wissenschaftlich-technische Zusammenarbeit auf der Grundlage von Art. 170 EG geschlossen.[437] Im Gegensatz zu dem Abkommen mit Israel sehen diese drei Abkommen lediglich eine Kooperation im Bereich der Forschung und technologischen Entwicklung vor. Weder ist eine Beteiligung der drei Länder an den Ausschüssen des Rahmenprogramms vorgesehen, noch leisten die drei Länder einen finanziellen Beitrag zum Gesamthaushalt der EU.

dd) Soziale und kulturelle Zusammenarbeit

Die Zusammenarbeit im sozialen und kulturellen Bereich erstreckt sich neben der sozialen Absicherung der Arbeitnehmer auf die Bereiche Information und Kommunikation. Mit Ausnahme des Abkommens mit Israel streben die Abkommen die Verringerung des Migrationsdrucks, die Förderung der Rolle der Frau, die Ausarbeitung und den Ausbau von Programmen für Familienplanung, die Verbesserung der Systeme der sozialen Sicherheit und der Gesundheitsversorgung, die Verbesserung des Berufsbildungssystems sowie der Lebensbedingungen in armen Gebieten an. Es soll ein regelmäßiger Dialog über alle sozialen und kulturellen Fragen von gemeinsamem Interesse geführt werden.

---

[434] So war Israel während der Dauer des 5. Rahmenprogramms in 623 Projekte eingebunden, 149 davon wurden durch israelische Partner koordiniert, vgl. dazu *Dror/Pardo*, Israeli Grand Strategy towards the EU, S. 17, 21.

[435] Vgl. Art. 1 des Abkommens.

[436] Der Beitrag Israels beläuft sich auf 192 Mio €.

[437] Abkommen über wissenschaftlich-technische Zusammenarbeit, Abl. EG 2004, L 37, S. 9 ff. (Marokko), S. 17 ff. (Tunesien), Abl. EG 2005, L 182, S. 12 ff. (Ägypten).

Dieser Dialog ist sinnvoll, seine Grenzen sind aber gleichsam offensichtlich: Er soll sich in den von der EU dominierten[438] Assoziationsräten vollziehen und setzt außerdem einen Finanzierungsbedarf voraus, dem die EU nicht nachkommen kann.[439]

ee) Sonstige Zusammenarbeit

Weiter sehen die Abkommen eine Zusammenarbeit in den Bereichen regionale Zusammenarbeit, Bildung und Ausbildung, Umwelt, industrielle Zusammenarbeit, Wissenschaft und Technologie, Finanzdienstleistungen, Landwirtschaft, Verkehr, Energie, Fremdenverkehr, Zoll, Normung, Statistik, Drogenbekämpfung, Bekämpfung der Geldwäsche, Informationsinfrastruktur und Telekommunikation, Rechtsangleichung, illegale Einwanderung, Terrorismusbekämpfung, Investitionsförderung und Investitionsschutz vor.

ff) Finanzielle Unterstützung

Mit Ausnahme des Abkommens mit Israel sehen alle Abkommen eine finanzielle Unterstützung der Mittelmeerländer vor, damit diese die in den Abkommen genannten Ziele auch verwirklichen können. Dies geschieht vor allem durch die MEDA-Programme.[440]

Israel erhält aufgrund seines hohen Pro-Kopf-Einkommens keinerlei bilaterale Hilfen für strukturelle Anpassungsmaßnahmen. Seine Teilnahme an den MEDA-Programmen ist auf Projekte regionaler Zusammenarbeit beschränkt. Unterstützt werden vor allem zivilgesellschaftliche Organisationen, die sich für einen dauerhaften und gerechten Frieden im Nahen Osten einsetzen. Israel hat auch als einziges der Mittelmeerländer kein Rahmenabkommen mit der EIB abgeschlossen. Durch ein solches Abkommen hätte die EIB in Israel einen besonderen steuerlichen Status erhalten, ohne dass israelische Banken die gleiche Behandlung in der EU erhalten hätten. Israel hat sich gegen ein solches Abkommen und damit auch gegen Darlehen der EIB entschieden, da es keinerlei Schwierigkeiten hat, auf den internationalen Finanzmärkten Darlehen zu erhalten.[441]

---

[438] Die Assoziationsräte sind zusammengesetzt aus Mitgliedern des Rates, der Kommission sowie der Regierungen der Mittelmeerländer. Siehe dazu unten B. IV. 5. h).

[439] *Schumacher*, Maghreb-Politik der EU, S. 157.

[440] MEDA I für den Zeitraum von 1995 – 1999, MEDA II für den Zeitraum von 2000 – 2006. Siehe dazu im Einzelnen oben B. IV. 3 b).

[441] *Tovias*, Israel and the Barcelona Process, S. 37, 40.

h) Institutionelle Bestimmungen

Zum Schluss enthalten die Abkommen institutionelle Bestimmungen.

aa) Assoziationsrat, -ausschuss und -schiedsgericht

Mit Ausnahme des Abkommens mit der PLO sehen alle Abkommen vor, dass ein Assoziationsrat eingesetzt wird, der einmal jährlich auf Ministerebene tagt. Er besteht aus Mitgliedern des Rates der Europäischen Union, Mitgliedern der Kommission und aus Mitgliedern der Regierungen der Mittelmeerländer. Der Assoziationsrat prüft alle wichtigen Fragen, die sich aus dem Abkommen ergeben, sowie alle anderen bilateralen oder internationalen Fragen von gemeinsamem Interesse. Zur Erreichung der Ziele des Abkommens kann der Assoziationsrat verbindliche Beschlüsse fassen. Des Weiteren ist der Assoziationsrat für die Beilegung von Streitigkeiten über die Anwendung oder Auslegung des jeweiligen Abkommens zuständig. Schlagen seine Bemühungen fehl, wird ein Schiedsgericht einberufen, das aus drei Schiedsrichtern besteht: je ein Richter wird von den Vertragsparteien, der dritte Richter vom Assoziationsrat bestellt. Das Schiedsgericht trifft verbindliche Entscheidungen mit Stimmenmehrheit. Für die Verwaltung des Abkommens wird ein Assoziationsausschuss eingesetzt. Er tagt auf Beamtenebene und kann ebenfalls verbindliche Beschlüsse fassen.

bb) Abkommen mit der PLO

Das Interimsabkommen mit der PLO sieht lediglich die Einsetzung eines Gemischten Ausschusses für den Handel und die Zusammenarbeit zwischen der Europäischen Gemeinschaft und der Palästinensischen Behörde vor. Dieser Ausschuss setzt sich aus Vertretern beider Seiten zusammen, wobei nicht festgelegt ist, ob es sich dabei um Minister oder Beamte handelt. Der Gemeinsame Ausschuss kann verbindliche Beschlüsse fassen und ist für die Beilegung von Streitigkeiten zuständig.

cc) Laufzeit und Kündigungsrecht

Mit Ausnahme des Abkommens mit der PLO wurden alle Abkommen auf unbegrenzte Zeit geschlossen. Im Interimsabkommen mit der PLO ist vorgesehen, dass Verhandlungen über den Abschluss eines Europa-Mittelmeer-Abkommens spätestens am 4. Mai 1999 aufgenommen werden. Bis zum Abschluss eines solchen Abkommens bleibt das Interimsabkommen in Kraft. Bislang wurden aufgrund des stockenden Friedensprozesses und der wirtschaftlich desolaten Situation im Gazastreifen und Westjordanland allerdings noch keine Verhandlungen über den Abschluss eines Europa-Mittelmeer-Abkommens aufgenommen.

Jedes Abkommen sieht ein Kündigungsrecht seitens eines Partners vor.

6. Rechtliche Einordnung der Abkommen

Bei der rechtlichen Einordnung der Assoziierungsabkommen muss, wie schon zuvor, zwischen den Abkommen mit den arabischen Mittelmeerländern, dem Abkommen mit Israel sowie dem Abkommen mit der PLO differenziert werden.

a) Abkommen mit den arabischen Mittelmeerländern

Rechtsgrundlage der Assoziierungsabkommen mit den arabischen Mittelmeerländern war jeweils Art. 310 EG. Die Abkommen sind daher als Beitrittsassoziierung, Freihandelsassoziierung oder Entwicklungsassoziierung einzuordnen.[442]

Eine Beitrittsassoziierung scheidet unabhängig davon aus, dass einige Mittelmeerländer wie z.B. Marokko den Beitritt zur EU langfristig anstreben, da eine solche Assoziierung nur europäischen Staaten offen steht.[443]

Nahe liegend wäre es, die Abkommen als Freihandelsassoziierungsabkommen einzustufen, da für das Jahr 2010 die Schaffung einer Freihandelszone angestrebt wird. Eine Freihandelsassoziierung bezweckt – wie die Europa-Mittelmeer-Abkommen – eine substantielle gegenseitige Integration auf dem Gebiet des Handels sowie auf anderen Politikfeldern, ohne dass damit eine konkrete Beitrittsperspektive verbunden wäre. Eine Freihandelsassoziierung kommt aber nur mit europäischen Ländern in Betracht, die zwar nicht beitrittswillig oder -fähig sind, die aber jederzeit einen Antrag auf Vollmitgliedschaft stellen könnten.[444] Da es sich bei den Mittelmeerländern nicht um europäische Staaten handelt, scheidet eine Einordnung der Abkommen unter den Begriff der Freihandelsassoziierung aus.

Es bleibt somit nur der Begriff der Entwicklungsassoziierung. Die Entwicklungsassoziierung dient der Begründung einer breit angelegten Zusammenarbeit

---

[442] Siehe dazu oben A. II. 5.

[443] Siehe dazu oben A. II. 5. a).

[444] Siehe dazu oben A. II. 5. b).

mit dem Ziel, die wirtschaftliche Entwicklung des jeweiligen Partnerlandes zu fördern. Merkmale dieser Art von Abkommen sind die Einräumung asymmetrischer Handelszugeständnisse, die Entwicklungszusammenarbeit sowie die Gewährung finanzieller Hilfen.[445] Die Assoziierungsabkommen mit den arabischen Mittelmeerländern erfüllen diese Kriterien. Sie sind auf eine breit angelegte Zusammenarbeit in Bereichen, die über den Handel hinausgehen, ausgerichtet. In den jeweiligen Präambeln erklärt die Gemeinschaft ihre Bereitschaft, die Partnerländer bei der wirtschaftlichen und sozialen Entwicklung zu stärken sowie ihnen umfangreiche Unterstützung bei ihren Anstrengungen um Reform und Anpassung auf wirtschaftlichem Gebiet zu gewähren. Die Abkommen räumen auch asymmetrische Handelszugeständnisse ein. Zwar bekräftigt die Gemeinschaft in den jeweiligen Präambeln den Wunsch, auf der Grundlage der Gegenseitigkeit dauerhafte Beziehungen aufnehmen zu wollen. Die Abkommen sind aber davon geprägt, dass sie gerade nicht vollumfänglich auf Gegenseitigkeit ausgerichtet sind, sondern gerade im Bereich des Warenverkehrs einseitige Zollpräferenzen einräumen. Aber auch im Bereich des Niederlassungsrechts und der Dienstleistungsfreiheit fehlt es an einer umfassenden Gegenseitigkeit. Für alle arabischen Mittelmeerländer ist eine finanzielle Unterstützung in den Abkommen vorgesehen, die in Form von verlorenen Zuschüssen sowie durch Darlehen geleistet werden.

b) Abkommen mit Israel

Das Abkommen mit Israel wurde ebenfalls auf Art. 310 EG gestützt. Anders als die Abkommen mit den arabischen Mittelmeerstaaten lässt sich das Abkommen mit Israel nicht unter den Begriff der Entwicklungsassoziierung subsumieren. Zwischen der Gemeinschaft und Israel besteht kein wirtschaftliches und soziales Gefälle, welches durch eine Entwicklungszusammenarbeit verringert werden müsste. Der Begriff der wirtschaftlichen Entwicklung wird nur im Zusammenhang mit der Förderung der regionalen Zusammenarbeit genannt. In dem Bereich ist er auch angebracht, weil die regionale Zusammenarbeit zwischen den Mittelmeerländern selbst noch in den Anfängen steckt und durch die euromediterrane Partnerschaft gerade gefördert werden soll. Das Abkommen mit Israel sieht im Wesentlichen eine umfassende unmittelbare Reziprozität für die gewährten Vergünstigungen vor und ist gerade nicht von der Einräumung einseitiger Handelzugeständnisse geprägt. Israel erhält auch als einziges Mittelmeerland keinerlei finanzielle Unterstützung durch die EG.

---

[445] Siehe dazu oben A. II. 5. c).

Da eine Beitritts- und Freihandelsassoziierung ebenso wie bei den arabischen Mittelmeerländern ausscheidet, fällt das Abkommen mit Israel – wie auch schon das erste Zusatzprotokoll von 1977, das vierte Zusatzprotokoll von 1987 sowie die Finanzprotokolle – unter keine der drei herkömmlichen Arten von Assoziierungsabkommen, sondern bildet erneut einen Assoziierungstypus sui generis.

Ein Rückgriff auf Art. 133 EG als Rechtsgrundlage schied aufgrund der Reichweite des Assoziierungsabkommens aus.

c) Verfahren

Die Assoziierungsabkommen – mit Ausnahme des Abkommens mit der PLO – wurden alle als gemischte Abkommen geschlossen. Art. 310 EG setzt nicht zwingend die Beteiligung der EU-Mitgliedstaaten beim Abschluss von Assoziierungsabkommen voraus. Der Abschluss eines gemischten Abkommen ist aber dann erforderlich, wenn das Abkommen Regelungen über Bereiche enthält, in denen die Zuständigkeit zwischen der Gemeinschaft und den Mitgliedstaaten geteilt ist.[446] Da die Assoziierungsabkommen auch eine Zusammenarbeit in nicht vergemeinschafteten Bereichen vorsehen, wie z. B. im Bereich der Umweltpolitik, Energiepolitik, war der Abschluss eines gemischten Abkommens notwendig.

Für den Abschluss der Assoziierungsabkommen war nach Art. 300 Abs. 3 UAbs. 2 EG die Zustimmung des EP erforderlich. Diese wurde – trotz einigen Vorbehalten einiger Parlamentarier hinsichtlich Menschenrechtsverletzungen in einigen Ländern – letztlich ohne weiteres erteilt.[447]

d) Abkommen mit der PLO

Das Abkommen zwischen der EG und der PLO heißt zwar „Europa-Mittelmeer-Interimsassoziationsabkommen". Die Bezeichnung des Abkommens als Assoziierungsabkommen ist aber insoweit aber ohne Bedeutung.[448] Da sich das Abkommen im Wesentlichen auf handelspolitische Bestimmungen beschränkt, ist es konsequenterweise auf Art. 133, 181 EG gestützt worden. Anders als bei den Assoziierungsabkommen mit den restlichen Mittelmeerländern fehlen Bestimmungen über den politischen Dialog, die Niederlassungs- und Dienstleistungs-

---

[446] Siehe dazu oben A. VI. 7.
[447] Siehe dazu oben B. IV. 5. b).
[448] Siehe dazu oben A. II. 1.

freiheit. Zwar enthält das Abkommen auch Regelungen zum Wettbewerbsrecht, geistigen Eigentum und zur Zusammenarbeit in verschiedenen Bereichen, wie z.B. im Verkehr- und Energiesektor. Handelsabkommen können aber über handelspolitische Aspekte im engeren Sinn auch generelle Rahmenregelungen über eine wirtschaftliche, industriepolitische und technische Zusammenarbeit enthalten.[449] Da das Abkommen mit der PLO das Ziel verfolgt, die wirtschaftliche und soziale Entwicklung im Westjordanland und Gaza-Streifen zu fördern, ist das Abkommen richtigerweise zusätzlich auf Art. 181 EG gestützt worden.
Die Gemeinschaft verfügt im Bereich der Gemeinsamen Handelspolitik über eine ausschließliche Kompetenz. Eine Beteiligung der Mitgliedstaaten war daher nicht erforderlich. Das Europäische Parlament wurde angehört.

7. Bewertung der Europa-Mittelmeer-Abkommen

Der zweite Korb der Euro-Mediterranen Partnerschaft und die in seinem Rahmen abgeschlossenen Europa-Mittelmeer-Abkommen sind insoweit kritisch zu bewerten, als die Errichtung einer Freihandelzone angestrebt wird, die sich einseitig nach europäischen Vorstellungen richtet, die EU aber nicht bereit bzw. nicht in der Lage ist, die für die effektive Herstellung einer solchen Zone erforderlichen Finanzmittel zur Verfügung zu stellen. Inkonsequent ist, dass die Freizügigkeit des Personenverkehrs ausklammert ist. Problematisch sind außerdem die langen Verhandlungs- und Ratifizierungsprozesse.

a) Freihandel nach europäischen Vorstellungen

Die angestrebte Freihandelszone ist einseitig nach europäischen Vorstellungen ausgestaltet:

aa) Beschränkung auf gewerbliche Produkte

Umfasst sind gegenwärtig lediglich Industrieerzeugnisse, bei denen die europäischen Länder weitgehend wettbewerbsfähiger sind als die Mittelmeerländer. Da sich die Mittelmeerländer durch die Abkommen verpflichten, schrittweise alle Handelsbeschränkungen für gewerbliche Produkte aus der EU zu beseitigen, wird dadurch dem fast überall schwachen, wenig wettbewerbsfähigem indus-

[449] Siehe dazu oben A. II. 5.

triellen Sektor in den arabischen Mittelmeerländern ein enormer Anpassungsdruck auferlegt. Erforderlich ist, dass innerhalb eines Jahrzehnts die wirtschaftlichen Reformen nachgeholt werden, die jahrzehntelang versäumt wurden, wie z.B. die Beseitigung der administrativen Hemmnisse für private wirtschaftliche Betätigung oder die Aufgabe des übermäßigen Einfluss der Regierungen auf die Wirtschaft.[450] Dabei haben es die Mittelmeerländer ungleich schwerer als die mittel- und osteuropäischen Länder, da ihnen der gut ausgebildete technisch-administrative Mittelstand sowie die breite Schicht industrieller Facharbeiter fehlen und sie zudem mit dem für Europa unvorstellbaren Problem eines rasanten Bevölkerungswachstums von mehr als 2 % pro Jahr fertig werden müssen.[451]

bb) Ausnahmen für Agrarprodukte

Weitgehend ausgeschlossen sind die für die meisten Mittelmeerländer so wichtigen Agrarprodukte – der einzige Bereich, in dem die Mittelländer wirklich konkurrenzfähig sind –, weil die EU insoweit an ihrer „Politik des versteckten Protektionismus" festhält. Lediglich für Israel ist die Ausklammerung der Agrarprodukte weniger gravierend, da die landwirtschaftlichen Exporte gemessen an den Gesamtexporten nur einen sehr geringen Anteil ausmachen, der zudem noch von Jahr zu Jahr sinkt.[452]

cc) Verschlechterung der Finanzsituation in den Mittelmeerländern

Die Liberalisierung der Märkte ist auch für die Finanzlage der Mittelmeerländer problematisch. Der Wegfall der Zolleinnahmen für aus der EU eingeführte Produkte führt zu beachtlichen Verlusten für die jeweiligen Staatshaushalte, da die Zölle in einigen Mittelmeerländern bis zu einem Drittel der Staatseinnahmen ausmachen.[453] Der Ausfall dieser wichtigen Einnahmequelle zwingt die Regierungen, auf andere Finanzmittel, wie höhere Steuern zurückzugreifen, was sich natürlich negativ auf die Nachfrage auswirkt. Die Abschaffung der Importzölle führt außerdem zu einer Verbesserung der Wettbewerbsposition europäischer Anbieter, da europäische Produkte im Vergleich zu Importen aus anderen Regi-

---

[450] *Rhein*, Mit Geduld und Ausdauer, S. 15, 17.
[451] *Rhein*, Mit Geduld und Ausdauer, S. 15, 17.
[452] *Tovias*, Israel and the Barcelona Process, S. 37, 40. Siehe genaue Zahlen dazu unten C. II. 1. b) bb).
[453] *Nienhaus*, Euro-Mediterrane Freihandelszone, S. 91, 98.

onen, die nicht von der Zollbefreiung profitieren, billiger werden. Dadurch wird die wirtschaftliche Abhängigkeit der Mittelmeerländer von Europa verstärkt.

dd) Fehlende Partnerschaft

Dass sich die Mittelmeerländer trotzdem auf diese für sie ungünstige Regelung in den Assoziierungsabkommen eingelassen haben, liegt darin begründet, dass sie bis zu 80 % ihres Außenhandels mit der EU abwickeln, was die EU zum wichtigsten Handelspartner dieser Staaten macht. Umgekehrt sind die Mittelmeerstaaten mit einem Anteil von durchschnittlich unter 1 % an den Gesamtim- und -exporten der EU keine relevanten Handelspartner.[454] Dementsprechend sind die Mittelmeerstaaten gegenüber der EU nicht in der Lage, ihre Interessen durchzusetzen, weswegen man auch nicht wirklich von einer euromediterranen Partnerschaft sprechen kann.

b) Unzureichende Finanzmittel

Die Idee der wirtschaftlichen und finanziellen Partnerschaft ist es, der Region einen ähnlichen wirtschaftlichen Anstoß zu geben, wie es im Jahr 1986 beim Beitritt Spaniens und Portugals gelungen ist. Allerdings gibt es innerhalb der euromediterranen Partnerschaft keinen Struktur- oder Kohäsionsfonds, der den Ländern eine starke finanzielle Unterstützung bieten könnte. Außerdem erhalten die Mittelmeerländer eine geringere finanzielle Unterstützung in Form von MEDA-Geldern, als die mittel- und osteuropäischen Länder durch die Programme PHARE und TACIS erhalten haben, obwohl sie über mehr Einwohner und eine größere Gesamtfläche verfügen. Die Haushaltsanstrengungen der Europäischen Union gegenüber den Mittelmeerländern machen weniger als ein Dreißigstel der Vorteile aus, die Europa aus der Freihandelszone zuteil werden.[455] Zur Umsetzung der erforderlichen Reformen müssten aber die Mittel des MEDA-Programms substanziell erhöht werden, womit aber angesichts der angespannten Finanzlage der EU nicht zu rechnen ist.

Ein weiteres Problem ist die Auszahlung der durch MEDA bereit gestellten finanziellen Mittel, die viel zu lange dauert.[456] Die geringe Inanspruchnahme der

[454] *Harders*, Europäische Mittelmeerpolitik aus arabischer Sicht, S. 14, 19.

[455] Bericht über die Mitteilung der Kommission zu den Beziehungen EU/Mittelmeerraum: Intensivierung des Barcelona-Prozesses v. 22.01.2001, A5-0009/2001, S. 20.

[456] Während der Laufzeit von MEDA I (1995-1999) haben die Auszahlungen nur ca. 26 % der gebundenen Beiträge erreicht.

MEDA-Mittel ist nur bedingt auf Mängel in den Mittelmeerländern zurückzuführen. Vor allem das komplizierte Verfahren, die Schwerfälligkeit der Verwaltungsverfahren sowie die fehlende Bereitschaft, sich auf Akteure zu stützen, die in der Lage sind, diese Finanzmittel vor Ort einzusetzen, wie z.B. Gebietskörperschaften, Wirtschaftsakteure, Vereinigungen und Bildungseinrichtungen, erschweren die Auszahlung.[457] Im Interesse der Empfängerländer versuchte die EU anfangs zwar, diesen das zugesagte Geld schnell und unbürokratisch zukommen zu lassen. Dabei passierten aber des Öfteren Pannen und das Geld landete in den falschen Taschen, was dann zu Recht vom Europäischen Rechnungshof und vom Europäischen Parlament als „Verschwendung des Geldes der europäischen Steuerzahler“ gebrandmarkt wurde.[458] Als Folge dessen führte die EU-Verwaltung mehr Effizienzkontrollen ein mit dem Ergebnis, dass die Geldvergabe wieder länger dauert. Für MEDA II wurden allerdings die dargestellten Probleme bei der Mittelauszahlung berücksichtigt und eine neue Strategie erarbeitet, die dazu führte, dass im Jahr 2001 immerhin ca. 56 % der gebundenen Mittel ausgezahlt werden konnten.[459]

c) Ausklammerung der Freizügigkeit des Personenverkehrs

Inkonsequent ist auch, dass die EU im Zuge der geplanten euro-mediterranen Freihandelszone zwar Freizügigkeit für Waren, Dienstleistungen und Kapital anstrebt, die Freizügigkeit des Personenverkehrs dabei aber ausklammert. Die Abschottung der EU-Außengrenzen entspricht den sicherheitspolitischen Interessen der EU und ihrem Plan, innerhalb Europas einen Raum der Freiheit, der Sicherheit und des Rechts zu schaffen. Sie passt aber weder zum erklärten Partnerschaftsgeist noch vermag sie dem von der EU immer wieder angeregten Dialog der Kulturen Glaubwürdigkeit zu verleihen.[460] Außerdem behindert sie faktisch den zivilgesellschaftlichen Dialog, den die EMP aber gerade fördern will.

d) Lange Verhandlungs- und Ratifizierungsprozesse

Problematisch ist auch, dass der Verhandlungs- und Ratifizierungsprozess für die jeweiligen Assoziierungsabkommen viel länger als geplant dauerte. Im

---

[457] *Khalatbari*, Naher Osten, Nordafrika und die EU im 21. Jahrhundert, S. 156.
[458] Sonderbericht Nr. 1/96 des Rechnungshofes über die Mittelmeerprogramme v. 30.05.1996, Abl. EG 1996, C 240, S. 1 ff.
[459] *Khalatbari*, Naher Osten, Nordafrika und die EU im 21. Jahrhundert, S. 156.
[460] *Jünemann*, Zehn Jahre Barcelona-Prozess, S. 7, 9.

Durchschnitt lag zwischen der Unterzeichnung eines Abkommens und seinem Inkrafttreten ein Zeitraum von 4 Jahren.

Die Gemeinschaft machte deutlich, dass nur solche Länder für die Ausweitung der Kooperation durch den Abschluss eines Europa-Mittelmeer-Abkommens in Frage kämen, die im Bereich der Menschenrechte und der Demokratie Fortschritte vorzuweisen hätten.[461] Deswegen nahm die EG zunächst lediglich Verhandlungen mit Israel, Tunesien und Marokko auf.

Israel hatte schon seit geraumer Zeit auf die Vertiefung des Kooperationsabkommens von 1975 gedrängt. Bis zum Beginn des Friedensprozesses 1991 verweigerte die EG aber die Aushandlung eines neuen Abkommens, hauptsächlich aus politischen Gründen. So erklärte der Ratspräsident auf der Sitzung des Kooperationsrates im Mai 1992, die Beziehungen seien nicht unabhängig von den Fortschritten im Nahost-Friedensprozess.[462] Erst nach Abschluss des israelisch-palästinensischen Friedensabkommens vom 13. September 1993 wurde das wiederholte israelische Verhandlungsangebot für den Abschluss eines neuen Abkommens angenommen.[463] Bereits eine Woche vor der Verabschiedung der Barcelona-Erklärung wurde das Europa-Mittelmeer-Abkommen zwischen der EG und Israel unterzeichnet. Es erhielt ohne weiteres die Zustimmung des Europäischen Parlaments im Februar 1996.[464] Es konnte dennoch erst zum 1. Juni 2000 in Kraft treten, da es zuvor noch von allen Mitgliedstaaten ratifiziert werden musste.

Das Abkommen mit Tunesien wurde ebenfalls vor der Verabschiedung der Barcelona-Erklärung im Juli 1995 unterzeichnet. Nach Billigung des EP vom Dezember des gleichen Jahres trat es nach der Ratifizierung durch alle Mitgliedstaaten zum 1. März 1998 in Kraft.

Die Verhandlungen mit Marokko konnten 1995 nicht abgeschlossen werden. Das lag aber nicht an den anhaltenden Menschenrechtsverletzungen, die wiederholt vom EP gerügt wurden,[465] sondern hauptsächlich an Meinungsverschiedenheiten über die Fischquoten der Union im Fischereiabkommen[466] zwischen der

[461] Entschließung des EP zu den Beziehungen zwischen der Gemeinschaft und dem Maghreb v. 26.05.1993, Abl. EG 1993, C 176, S. 68 ff.

[462] EG Bull. 5-1992, 1.2.24.

[463] *Tovias*, Israel and the Barcelona Process, S. 37, 38.

[464] Legislative Entschließung des EP über den Abschluss des Europa-Mittelmeer-Abkommens mit Israel v. 29.02.1996, Abl. EG 1996, C 78, S. 32.

[465] Entschließung des EP zu den Menschenrechtsverletzungen in Marokko v. 18.11.1993, Abl. EG 1993, C 329, S. 275 ff.; Entschließung zu den Menschenrechtsverletzungen in Marokko und der Westsahara v. 10.02.1994, Abl. EG 1994, C 61, S. 177 ff.

[466] Abkommen über die Zusammenarbeit in der Seefischerei zwischen der EG und Marokko v. 26.02.1996, Abl. EG 1995, L 306, S. 7 ff.

Gemeinschaft und Marokko.[467] Das Assoziierungsabkommen konnte dann – wie das Fischereiabkommen – im Februar 1996 unterzeichnet werden, wurde vom EP im Juni 1996 gebilligt[468] und trat nach Ratifizierung durch alle Mitgliedstaaten zum 1. März 2000 in Kraft.

Auch bei den restlichen Assoziierungsabkommen dauerte der Verhandlungs- und Ratifizierungsprozess ähnlich lange. Dass es bis zum Inkrafttreten der Abkommen so lange gedauert hat, liegt darin begründet, dass die Assoziierungsabkommen als gemischte Abkommen geschlossen wurden und dementsprechend von allen 15 bzw. nunmehr 27 Mitgliedstaaten der EU ratifiziert werden müssen.

8. Regionale Zusammenarbeit

Sobald alle Assoziierungsabkommen in Kraft getreten sind, besteht ein Freihandelsrahmen zwischen Nord und Süd. Erforderlich ist nun aber auch die Süd-Süd-Integration, um eine umfassende Freihandelszone Europa-Mittelmeer zu schaffen. Deswegen ist neben dem Abschluss bilateraler Assoziierungsabkommen zwischen der EU und dem jeweiligen Mittelmeerland vorgesehen, dass die Mittelmeerländer untereinander ähnliche Freihandelsabkommen schließen. Nur durch den Abschluss solcher regionalen Abkommen ist die Umsetzung der für die Mittelmeerstaaten wichtigen paneuropäischen Ursprungskumulierung möglich.[469] Denn für eine Kumulierung verlangt die EU, dass zwischen den am Erwerb der Ursprungseigenschaft beteiligten Ländern ein Präferenzhandelsabkommen nach Artikel XXIV des Allgemeinen Zoll- und Handelsabkommens (GATT) besteht.[470]

---

[467] *Hoffmeister*, Menschenrechts- und Demokratieklauseln, S. 141.

[468] Legislative Entschließung des EP über den Abschluss des Europa-Mittelmeer-Abkommens mit Marokko v. 06.06.1996, Abl. EG 1996, C. 181, S. 15.

[469] Vgl. dazu auch Arbeitsprogramm der Kommission für die Partnerschaft Europa-Mittelmeer für die nächsten fünf Jahre v. 12.04.2004, KOM(2005), 139 endg., S. 9 f.

[470] Vgl. Entwürfe des Rates der EU für einen Beschluss des Assoziationsrates EU-Mittelmeerland zur Änderung der jeweiligen Ursprungsprotokolle v. 28.09.2005, 9525/05 CAS/go (Algerien), 9524/05 (Ägypten), 9519/05 (Israel), 9526/05 (Jordanien), 9517/05 (Libanon), 9516/05 (Marokko), 9518/05 (Tunesien), 9515/05 (PLO).

a) Probleme der regionalen Zusammenarbeit

Die regionale ökonomische Zusammenarbeit ist bislang aber noch nicht sehr weit gediehen. Das liegt zum einen an dem in der Region besonders ausgeprägten Souveränitätsstreben der einzelnen Staaten und der zahlreichen inneren wie zwischenstaatlichen Konflikte.[471] Insbesondere die Zusammenarbeit zwischen Israel und seinen arabischen Nachbarstaaten gestaltet sich als schwierig. Ökonomische Fragen bilden außerdem eher einen zusätzlichen Konfliktstoff, wie z.B. die Situation der Palästinenser, die in Israel arbeiten, die Wasserfrage oder die von israelischen Siedlern auf palästinensischem Gebiet erstellten Produkte.

Zum anderen spielt eine Rolle, dass Israel ein Industrieland mit einem hoch entwickelten High-Tech-Sektor ist, dessen Pro-Kopf-Einkommen um ein Vielfaches über dem seiner arabischen Nachbarn liegt.[472] Zwar könnte Israel aufgrund seines hohen Entwicklungsstandes die Rolle des Motors für die regionale Integration in der Region spielen. Die arabischen Mittelmeerstaaten fürchten aber die ökonomische Dominanz Israels fast so sehr wie deren militärische Dominanz und stehen daher einer ökonomischen Zusammenarbeit mit Israel skeptisch gegenüber, zumal kurz- und mittelfristig vor allem Israel von der Zusammenarbeit profitieren würde.[473]

Ein weiteres Problem ist auch, dass von europäischer Seite wenig getan wird, um die regionale Zusammenarbeit zu fördern. Insbesondere hat sie die für die Mittelmeerstaaten so wichtige Ursprungskumulierung immer wieder angekündigt, aber erst im Jahr 2005 wurden konkrete Schritte in diese Richtung unternommen durch den Vorschlag der Kommission, eine Urspungskumulierungszone Paneuropa-Mittelmeer zu schaffen.[474]

b) Agadir-Abkommen

Das wichtigste regionale Abkommen, das bislang geschlossen wurde, ist das Abkommen von Agadir. Am 25. Februar 2004 haben Jordanien, Marokko, Tunesien und Ägypten dieses Abkommen unterzeichnet, durch welches eine Ara-

[471] *Krenzler*, in: von der Groeben/Thiesing/Ehlermann, 5. Auflage, Bd. 5, Architektur Europas, Rn. 121.
[472] BIP pro Kopf: Israel 19.578 €, Syrien 4.305 €, Libanon 5.285 €. Siehe zu den Daten unten Fn. 522.
[473] *Schäfer*, Euro-Mediterrane Partnerschaft und der Nahostkonflikt, S. 22, 26.
[474] Siehe oben B. IV. 5. c) dd).

bisch-Mediterrane Freihandelszone geschaffen werden soll.[475] Die Zollabgaben zwischen diesen Ländern sollen zunächst um 65 % verringert und letztlich vollständig abgeschafft werden. Außerdem erlaubt das Abkommen diesen Staaten die Ursprungskumulierung und bildet damit einen wichtigen Schritt in die Richtung einer Euro-Mediterranen-Freihandelszone. Da das Abkommen von den teilnehmenden Staaten noch nicht ratifiziert worden ist, konnte es bislang nicht in Kraft treten. Es ist geplant, dass alle Staaten der Arabischen Liga das Abkommen ebenfalls unterzeichnen und ratifizieren.

c) Weitere Abkommen

Neben dem Abkommen von Agadir gibt es noch einige weitere regionale Abkommen. So haben z.B. Israel, Jordanien und die EU ein gemeinsames Handelsabkommen unterzeichnet, das den steuerfreien Export von Waren in die EU vorsieht, die in israelisch-jordanischer Koproduktion hergestellt wurden.[476] Gleichzeitig können israelische Hersteller jordanische Arbeitskräfte beschäftigen, ohne dafür Steuervorteile zu verlieren. Nutznießer des Abkommens ist insbesondere die Textilbranche. 2004 haben Israel und Jordanien ihr Handelsabkommen ausgeweitet, indem sie die Liste der Exportgüter, die zollfrei in die Mitgliedstaaten der EU geliefert werden können, erweitert haben. Damit erhält das Abkommen fast den Rang eines Freihandelsabkommens.

Im Oktober 2003 haben Israel und die PA unter der Schirmherrschaft der EU ein Abkommen geschlossen, das darauf gerichtet ist, den Verkauf von Elektrizität zu regulieren. Des Weiteren haben Israel und Ägypten 2005 ein Abkommen über die Einfuhr von Gas von Ägypten nach Israel unterzeichnet.[477]

9. Zusammenfassung

Insgesamt ist das Konzept der Euro-Mediterranen-Partnerschaft zwar insoweit gelungen, als es die Zusammenarbeit zwischen der EU und den Mittelmeerländern nicht auf den Handels- und Finanzbereich beschränkt, sondern auch ausdrücklich Aspekte der gemeinsamen Sicherheit, politischen Ordnung, Kultur und Gesellschaft mit einbezieht. Aber gerade in den Bereichen, in den die EMP

---

[475] Vgl. dazu Mitteilung der Kommission anlässlich der 10. Jahrestagung der Partnerschaft Europa-Mittelmeer v. 12.04.2005, KOM(2005), 139 endg.
[476] Newsletter der israelischen Botschaft v. 17.05.2004, http://nlarchiv.israel.de.
[477] Newsletter der israelischen Botschaft v. 01.07.2005, http://nlarchiv.israel.de.

konzeptionell innovativ ist, nämlich dem multilateralen und regionalen Bereich, sind bislang die geringsten Fortschritte zu verzeichnen.

Problematisch ist auch, dass es sich bei der Euro-Mediterranen Partnerschaft um ein einseitiges Konzept handelt.[478] Die Mitgliedstaaten der EU haben sich in einem langwierigen Verhandlungsprozess auf das Konzept verständigt und die Ergebnisse den Mittelmeerstaaten präsentiert.[479] Diesen blieb kaum mehr als die Wahl, als das europäische Angebot anzunehmen oder abzulehnen.[480] Dem Prinzip einer Partnerschaft, das ja gerade Ziel des Barcelona-Prozesses ist, entspricht ein derartiges Vorgehen nicht. Dieses Vorgehen hat daher die Beziehungen zwischen der EU und den Mittelmeerländern auch von Anfang an belastet.

Ein weiteres Problem ist, dass es sich bei der Euro-Mediterranen-Partnerschaft um ein Globalkonzept handelt, das den Mittelmeerraum als ein einheitliches Gebilde betrachtet. Ziel der EU ist die Gleichbehandlung dieser Staaten und die Schaffung vergleichbarer vertraglicher Strukturen. Angesichts der Heterogenität und der unterschiedlichen Interessen der Mittelmeerländer ist eine Gleichbehandlung dieser Staaten weder von den Mittelmeerländern gewollt noch umsetzbar, was auch die Assoziierungsabkommen zeigen, die eine unterschiedliche Regelungstiefe aufweisen. Insbesondere Israel hat aufgrund der umfassenden Regelungen des Assoziierungsabkommens erneut eine Sonderrolle inne.

V. Europäische Nachbarschaftspolitik

Auf seiner Tagung in Kopenhagen im Dezember 2002 beschloss der Europäische Rat, „die Beziehungen zu den Nachbarländern nach der Erweiterung der EU auf der Grundlage gemeinsamer politischer und wirtschaftlicher Werte auszubauen, um so neue Trennungslinien in Europa zu vermeiden und Stabilität und Wohlstand über die neuen Grenzen der EU hinaus zu fördern“.[481]

---

[478] *Masala*, Euro-Mediterrane-Partnerschaft, S. 19.

[479] Siehe dazu oben B. IV. 2. c).

[480] *Jünemann*, Europas Mittelmeerpolitik im regionalen und globalen Wandel, S. 29, 49.

[481] Schlussfolgerungen des Europäischen Rates von Kopenhagen v. 12./13.12.2002, EG Bull. 12-2002, I.7.22 ff.

1. Nachbarschaftskonzept

In Umsetzung dieses Beschlusses legte die Kommission im März 2003 ein Konzept für eine „Europäische Nachbarschaftspolitik" (ENP)[482] vor, das vom Europäischen Rat in Thessaloniki im Juni 2003 gebilligt wurde. Durch ein Strategiepapier vom Mai 2004 präzisierte die Kommission dieses Konzept.[483]

a) Teilnehmende Staaten

Die Nachbarschaftspolitik richtet sich an die Nachbarstaaten der EU, die derzeit keine Aussicht auf eine Mitgliedschaft haben.[484] Dazu gehören neben Moldawien, Ukraine und Weißrussland alle Teilnehmer der Europa-Mittelmeer-Partnerschaft mit Ausnahme der Türkei, mit der die EU Beziehungen im Rahmen einer „Vor-Beitrittspolitik" pflegt.[485] Zu beachten ist allerdings, dass aufgrund des in Weißrussland herrschenden autoritären Regimes die EU ihre Beziehungen zu diesem Land zurzeit suspendiert hat. Libyen soll auch in die ENP einbezogen werden, aber erst nachdem es vollständig in den Barcelona-Prozess integriert worden ist.

Mit Russland, ebenfalls einem Nachbarland der EU, unterhält die EU seit Mai 2003 eine „strategische Partnerschaft".[486] Im Rahmen dieser Partnerschaft arbeiten die Partner in den vier Bereichen (sog. „vier gemeinsamen Räumen") Wirtschaft und Energie, Außen- und Sicherheitspolitik, Innere Sicherheit und Recht,

---

[482] Mitteilung der Kommission „Größeres Europa – Nachbarschaft: Ein neuer Rahmen für die Beziehungen der EU zu ihren östlichen und südlichen Nachbarn" v. 11.03.2003, KOM(2003) 104 endg.

[483] Strategiepapier der Kommission zur Europäischen Nachbarschaftspolitik v. 12.05.2004, KOM(2004) 373 endg.

[484] Wegen ihrer mittelbaren Beitrittsperspektive sind die direkt an das Gebiet der EU angrenzende Nachbarländer Länder des westlichen Balkans nicht in die Europäische Nachbarschaftspolitik eingebunden. Diesen Ländern (d.h. Albanien, Bosnien und Herzegowina, Kroatien, Mazedonien sowie Serbien und Montenegro) steht die EU-Mitgliedschaft generell offen, wenn sie die Kopenhagener Beitrittskriterien erfüllen.

[485] Ursprünglich war die Nachbarschaftspolitik für die nach der EU-Osterweiterung neuen Nachbarn Ukraine, Moldawien und Weißrussland gedacht und sollte die negativen Auswirkungen der Erweiterung auf diese Länder kompensieren. Auf Druck der südlichen EU-Mitgliedstaaten wurde sie auf die Teilnehmer der Euro-Mediterranen Partnerschaft ausgeweitet; *Emerson*, European Neighbourhood Policy, S. 7.

[486] Auf dem Gipfeltreffen zwischen der EU und Russland im Mai 2003 in St. Petersburg wurde die strategische Partnerschaft verabschiedet. Vgl. dazu Gemeinsame Schlussfolgerungen v. 31.05.2003, http://ec.europa.eu/comm/external_relations/russia/sum05_03/js.htm.

Bildung und Kultur zusammen. Die Kooperation ähnelt strukturell der ursprünglich von der Kommission mit Russland vorgesehenen Partnerschaft im Rahmen der ENP. Die Umetikettierung zur strategischen Partnerschaft hat offenbar vor allem symbolischen Wert und hebt Russland als besonders wichtigen Partner von den restlichen, kleineren Nachbarländern ab.[487]

Im Juni 2004 wurden auch Armenien, Aserbaidschan und Georgien, also die Länder, die nach einem möglichen Beitritt der Türkei zur EU deren neue Nachbarn sein werden, in die ENP aufgenommen. Iran und Irak, die dann ebenfalls Nachbarländer der EU sein werden, werden von der Nachbarschaftspolitik nicht erfasst.[488]

b) Inhalt des Konzepts

Das Nachbarschaftskonzept sieht die Schaffung eines „Rings befreundeter Staaten", eine verstärkte Konditionalität sowie die Differenzierung nach einzelnen Staaten vor.

aa) Ring befreundeter Staaten

Strategisches Ziel der ENP ist es, einen „Ring befreundeter Staaten" um die EU herum zu etablieren. Den Nachbarländern sollen durch eine stärkere Anbindung an die EU Anreize zur Modernisierung ihrer Politik, Wirtschaft und Gesellschaft gegeben werden. Allen Nachbarstaaten der EU soll die Teilnahme am Binnenmarkt sowie die weitere Integration und Liberalisierung der vier Grundfreiheiten angeboten werden. Daneben sollen die neuen Nachbarn eine Perspektive erhalten, an der gemeinsamen Verkehrs-, Energie-, Umweltschutz-, Forschungs-, Kultur- und Bildungspolitik der EU, insbesondere an einigen EU-Programmen in diesen Bereichen, wie z.B. den Forschungsrahmenprogrammen, teilzunehmen. Das Konzept sieht eine „Teilhabe an der Union mit Ausnahme ihrer Institutionen" vor.[489] Langfristig sollen die Beziehungen der EU zu ihren Nachbarstaaten den engen politischen und wirtschaftlichen Bindungen ähneln, die bereits im Europäischen Wirtschaftsraum bestehen. Deswegen wird in offiziellen Do-

---

[487] *Müller-Kraenner*, Die Europäische Nachbarschaftspolitik, S. 5.

[488] Die Beziehungen zu den Ländern des Golf-Kooperationsrates Irak, Iran und Jemen sollen im Rahmen eines „erweiterten Nahen Ostens" gestärkt werden.

[489] So der damalige Kommissionspräsident Romano Prodi in seiner Rede auf der Sechsten ECSA-Weltkonferenz in Brüssel am 5./6. Dezember 2002, abrufbar unter: http://europa.eu.int/futurum/documents/offtext/sp051202_de.htm.

kumenten zur Nachbarschaftspolitik auch von einer „privilegierten Partnerschaft“ gesprochen.[490]

bb) Konditionalität

Eine engere Anbindung an die EU ist für die Nachbarländer gedacht, die die gemeinsamen Werte der EU teilen und an gemeinsamen Initiativen mitwirken. Sie sollten aber nur dann in den Genuss einer engeren wirtschaftlichen Integration mit der EU kommen, wenn sie im Gegenzug konkrete Fortschritte bei der Verwirklichung der gemeinsamen Werte und der effektiven Umsetzung politischer, wirtschaftlicher und institutioneller Reformen nachweisen. Das Tempo der Annäherung zwischen EU und den Nachbarländern soll also davon abhängen, wie weit die einzelnen Länder an den Zielen des Programms mitwirken. Höhere Finanzhilfen sollen so gewährt werden, dass sie Reformen fördern und belohnen. Der erfolgreiche Beitrittsprozess im Rahmen der EU-Osterweiterung einerseits und die zehn Jahre Erfolglosigkeit im Rahmen der Euro-Mediterranen Partnerschaft haben gezeigt, dass Transformationsprozesse ohne überzeugende Anreize für die regierenden Eliten von außen nicht angestoßen werden können.[491]

cc) Differenzierung der Staaten

Auf der Grundlage eines einheitlichen Konzepts soll allen Nachbarstaaten die gleichen Möglichkeiten geboten werden. Allerdings ist dabei zu berücksichtigen, dass die Beziehungen der EU zu ihren Nachbarstaaten bislang sehr unterschiedlich ausgestaltet sind. Mit einigen Nachbarstaaten bestehen bereits Freihandelsabkommen (insbesondere mit den Mittelmeerländern), die einen unterschiedlichen Grad an Umfang und Tiefe ausweisen, während andere Staaten gerade erst begonnen haben, eine Partnerschaft mit der EU aufzubauen. Die EU strebt daher an, die Nachbarländer im Rahmen des einheitlichen Konzepts trotzdem individuell zu behandeln und die Beziehungen im gegenseitigen Einverständnis und basierend auf dem jeweiligen politischen, ökonomischen und gesellschaftlichen Entwicklungsstand weiterzuentwickeln.

---

[490] Vgl. Strategiepapier der Kommission (Fn. 483), S. 3.
[491] *Jünemann*, Zehn Jahre Barcelona-Prozess, S. 7, 13.

2. Aktionspläne

Hauptinstrument der ENP sind die bilateralen Aktionspläne. Dabei handelt es sich um gemeinsam von der EU und dem jeweiligen Partnerland entwickelte länderspezifische mehrjährige Programme, die für ein breites Spektrum von Politikfeldern Zielvorgaben sowie Maßnahmen zu deren Umsetzung enthalten. Die Aktionspläne enthalten eine Reihe von gemeinsamen Grundsätzen, die durch länder- bzw. regionenspezifische Themen ergänzt werden, um den Stand der Beziehungen der EU zu dem jeweiligen Land sowie dessen Bedürfnissen, Fähigkeiten und Interessen Rechnung zu tragen. Sie sind insofern für jedes Land maßgeschneidert.

a) Entwicklung der Aktionspläne

Die Aktionspläne basieren auf Länderberichten, die von der Kommission erstellt werden und in denen die politische und wirtschaftliche Situation der Partnerstaaten evaluiert wird. Die Länderberichte werden an den Rat weitergeleitet, der entscheidet, ob die Beziehungen zu dem jeweiligen Land durch einen Aktionsplan weiterentwickelt werden sollen.

Die Umsetzung der in den Aktionsplänen vereinbarten Maßnahmen soll regelmäßig in den durch die Partnerschafts- und Kooperationsabkommen bzw. Assoziierungsabkommen eingerichteten Gremien bewertet und in Fortschrittsberichten der Kommission festgehalten werden. Auf Grundlage dieser Bewertung überprüfen die EU und die Partnerländer den Inhalt der Aktionspläne und beschließen deren Anpassung und Verlängerung. Damit die Aktionspläne in Kraft treten können, bedürfen sie der Genehmigung durch den Rat sowie der Billigung der jeweiligen bilateralen Partnerschafts- und Kooperationsräte bzw. Assoziationsräte.[492]

b) Bekenntnis zu gemeinsamen Werten

Alle Aktionspläne sollen ein Bekenntnis zu den gemeinsamen Werten Achtung der Menschenwürde, Freiheit, Demokratie, Gleichheit, Rechtsstaatlichkeit und

[492] Da die Verabschiedung eines Aktionsplanes die Beteiligung der Kooperations- bzw. Assoziationsräte vorsieht, werden solche Pläne nur mit den Nachbarländern ausgearbeitet, mit denen bereits ein Assoziierungs- bzw. Partnerschafts- und Kooperationsabkommen besteht. Vgl. dazu unten B. V. 4.

Menschenrechte enthalten. Zur Stärkung des Engagements für diese Werte sollen die erforderlichen Reformen durchgeführt werden, wie z.B. durch die Schaffung einer unabhängigen Justiz, die Bekämpfung der Korruption und die Entwicklung der Zivilgesellschaft. Der politische Dialog soll gestärkt werden. Er umfasst Fragen der Außen- und Sicherheitspolitik einschließlich regionaler und internationaler Fragen. Dazu gehören insbesondere die Bereiche Grenzverwaltung, Migration, Krisenmanagement, Bekämpfung des Terrorismus und seiner Ursachen, Bekämpfung der organisierten Kriminalität und der Verbreitung von Massenvernichtungswaffen sowie die Lösung regionaler Konflikte wie dem Nahostkonflikt, wobei die Lösung derartiger Konflikte nicht Vorbedingung für eine engere politische und wirtschaftliche Zusammenarbeit mit dem jeweiligen Land sein soll.

c) Wirtschaftliche Kooperation

Breiten Raum soll die wirtschaftliche Kooperation einnehmen. Dadurch soll der Handel belebt und die ökonomische Position der Nachbarländer gestärkt werden. Vorgesehen sind die Stärkung der präferentiellen Handelsbeziehungen, der Abbau von Handelsbarrieren, die Harmonisierung der Rechts- und Verwaltungsvorschriften (durch Übernahme der EU-Rechtsnormen und -Standards), die Verbesserung der Verwaltungszusammenarbeit, eine Aufstockung der Finanz- und Wirtschaftshilfe und die Möglichkeit der Teilnahme am Binnenmarkt. Der Dialog und die Zusammenarbeit im Hinblick auf die soziale Dimension der wirtschaftlichen Kooperation sollen intensiviert werden. Dies bezieht sich insbesondere auf die Bekämpfung von Armut und Arbeitslosigkeit, Verbesserung der Arbeitsbedingungen und die Reform der nationalen Wohlfahrtssysteme. Fragen im Zusammenhang mit der Freizügigkeit der Arbeitnehmer und mit der Koordinierung der Sozialversicherungssysteme werden weiterhin im Rahmen der geltenden Assoziierungs- und Partnerschaftsabkommen und nicht durch die Aktionspläne aufgegriffen.

d) Vernetzung

Eine weitere Komponente der Nachbarschaftspolitik besteht darin, Nachbarn miteinander zu vernetzen durch Integration der Verkehrs-, Energie- und Telekommunikationsnetze. So sollen ein paneuropäisches Transportnetzwerk für Straßen- und Eisenbahnstrecken, eine paneuropäische Energieorganisation sowie regionale Energienetzwerke geschaffen werden.

Neben der materiellen Vernetzung sollen auch persönliche Verbindungen hergestellt werden durch die Förderung kultureller, bildungspolitischer und sozialer Kontakte. Der Europäische Forschungsraum soll weiter geöffnet werden, um die Wissenschaftler der Nachbarstaaten zu integrieren.

e) Regionale Zusammenarbeit

Darüber hinaus soll die regionale Zusammenarbeit zwischen den Nachbarn selbst gefördert werden. Dabei wird aufgrund der unterschiedlichen Bedingungen in den Nachbarstaaten und vor dem Hintergrund der historischen Entwicklung der Zusammenarbeit zwischen der EU und den jeweiligen Nachbarstaaten differenziert zwischen den Staaten an der östlichen Grenze der EU und den Staaten des Mittelmeerraums.

Die Schwerpunkte im Osten lauten: Stärkung der Zusammenarbeit in den Bereichen Wirtschaft, Unternehmen, Beschäftigung und Sozialpolitik, Handel und Infrastruktur, Umwelt, nukleare Sicherheit und natürliche Ressourcen, Justiz und Inneres und Schaffung von Kontakten zwischen den Bevölkerungen untereinander.

Die regionale Zusammenarbeit im Mittelmeerraum stützt sich auf den „Besitzstand“ der Euro-Mediterranen-Partnerschaft. Insbesondere soll der Abschluss von Freihandelsabkommen zwischen den Mittelmeerländern untereinander forciert werden.

f) Nachbarschaftsabkommen

Die Nachbarschaftspolitik soll die bestehenden Konzepte der EU für ihre Nachbarstaaten nicht ersetzen, sondern lediglich ergänzen. Bereits bestehende Partnerschafts- und Kooperationsabkommen mit den östlichen Nachbarländern sowie die Assoziierungsabkommen mit den Mittelmeerländern bleiben zunächst in Kraft und bilden die vertragliche Grundlage der ENP. Diese Abkommen decken aber nicht den angestrebten Umfang der Zusammenarbeit ab. Die Aktionspläne haben die Aufgabe, den Umfang der Zusammenarbeit zu konkretisieren. Auf der Grundlage der Aktionspläne sollen dann umfassende bilaterale Nachbarschaftsabkommen mit dem jeweiligen Nachbarstaat geschlossen werden, die über den geltenden Rahmen hinausgehen und neue Rechte und Pflichten begründen sollen.

Hinsichtlich der Mitgliedstaaten der Euro-Mediterranen Partnerschaft gilt insoweit eine Besonderheit: Enthält ein Nachbarschaftsabkommen mit einem Mittelmeerstaat Bestimmungen, die über die der Europa-Mittelmeer-Assoziierungsabkommen hinausgehen, so werden den restlichen Partnerländern ähnliche Vereinbarungen zu gleichwertigen Bedingungen angeboten. Auch wenn die Grundlage der neuen Nachbarschaftspolitik die Differenzierung zwischen den Ländern sein soll, wird durch diesen Passus deutlich, dass die EU auch im Rahmen der Nachbarschaftspolitik um eine Gleichbehandlung zumindest der Mittelmeerstaaten bemüht ist.

3. Europäisches Nachbarschafts- und Partnerschaftsinstrument

Die ENP, die sich an zumeist deutlich ärmere Staaten richtet, sieht ein umfangreiches finanzielles Engagement der EU, das der Umsetzung der in den Aktionsplänen vereinbarten Maßnahmen dienen soll, vor. Dazu soll bis 2007 ein einheitliches „Europäisches Nachbarschafts- und Partnerschaftsinstrument" (ENPI) eingerichtet werden, das für alle Projekte und alle Nachbarstaaten gleichermaßen gilt und sicherstellen soll, dass die Hilfeleistungen in verbesserter und eher am Bedarf orientierter Weise gewährt werden. Bis dahin behalten die traditionellen Finanzinstrumente, wie z.B. MEDA für den Mittelmeerraum, ihre Gültigkeit. Ergänzt werden sie durch diverse (finanzielle) Nachbarschaftsprogramme.

Durch das ENPI sollen nicht nur Regionalprojekte in den Partnerländern finanziert werden, sondern auch gemeinsame Projekte auf beiden Seiten der EU-Außengrenzen, die der Bewältigung gemeinsamer Herausforderungen in Bereichen wie Umwelt und öffentliche Gesundheit, der Verhütung und Bekämpfung der organisierten Kriminalität sowie der wirksamen Sicherung der gemeinsamen Grenzen dienen. Die Finanzierung soll dabei in dem jeweiligen förderfähigen Gebiet zum Tragen kommen, unabhängig davon, ob sich dieses innerhalb oder außerhalb der Grenzen der EU befindet.

Mit dem Wirksamwerden von ENPI soll auch das Finanzvolumen der Nachbarschaftspolitik erheblich gesteigert werden von bisher ca. 8,5 Mrd. € für den Zeitraum von 2000 – 2006 auf 14,9 Mrd. € für den Zeitraum von 2007 – 2013.

4. Inkrafttreten der ersten Aktionspläne

Im Dezember 2004 wurden die ersten sieben Aktionspläne mit Israel, Jordanien, Moldawien, Marokko, der Palästinensischen Behörde, Tunesien und der Ukraine nach Verhandlungen mit den jeweiligen Partnerländern von der Kommission angenommen. Nach Genehmigung der Pläne durch den Rat der EG im Februar 2005 und der Billigung durch die jeweiligen Assoziations- bzw. Kooperationsräte konnten sie im Frühjahr bzw. Sommer 2005 in Kraft treten.[493] Die Umsetzung und das Monitoring dieser Aktionspläne sind bereits im Gang.

Mit Armenien, Aserbaidschan, Georgien, Ägypten und dem Libanon werden zurzeit Aktionspläne ausgehandelt. Für Algerien wird derzeit der Länderbericht erstellt. Da die Aktionspläne auf den bestehenden Assoziierungs- bzw. Partnerschafts- und Kooperationsabkommen aufbauen, ist die Nachbarschaftspolitik aufgrund der bislang fehlenden Abkommen mit Weißrussland, Libyen und Syrien für diese Staaten zurzeit noch nicht „aktiviert".

a) Aktionsplan für Israel[494]

Der Aktionsplan für Israel ist am weitreichendsten. Er betont zunächst, dass zwischen der EU und Israel in kultureller und historischer Hinsicht eine große natürliche Ähnlichkeit besteht, da beide über ein gemeinsames Erbe verfügen. Beide teilen die gemeinsamen Werte Demokratie, Menschenrechte, Rechtsstaatsprinzip und Grundrechte. Israel hat eine funktionierende Marktwirtschaft. Die öffentliche Verwaltung und der öffentliche Dienst sind gut entwickelt.

Folgende Prioritäten, die teilweise sogar über das bestehende Assoziierungsabkommen hinausgehen, verfolgt der Aktionsplan: Verstärkung des politischen Dialogs und der Zusammenarbeit insbesondere bei der Lösung des Nahostkonflikts, dem Kampf gegen Terrorismus, dem Kampf gegen jede Form von Antisemitismus und Rassismus und der Nichtverbreitung von Massenvernichtungswaffen.

Gerade hinsichtlich des Nahostkonflikts und der Abrüstung von Massenvernichtungswaffen (insbesondere von Atomwaffen) gestalteten sich die Verhandlungen zwischen der EU und Israel als schwierig, da Israel keine Referenzen zur Road Map und zu Rüstungsfragen in die Prioritäten des Aktionsplans aufnehmen wollte. Die Parteien einigten sich in Bezug auf den Nahostkonflikt darauf, dass die EU das Selbstverteidigungsrecht Israels anerkennt, Israel hingegen an die Einhaltung des Völkerrechts erinnert wird. Hinsichtlich der Rüstungsfragen enthält der Aktionsplan den Passus, dass Verhandlungen zur Abrüstung erst nach Abschluss der Friedensverhandlungen beginnen werden.

---

[493] Inkrafttreten der Aktionspläne: Israel (11.04.2005), Jordanien (21.02.2005), Moldawien (22.02.2005), Marokko (27.07.2005), der Palästinensischen Behörde (04.05.2005), Tunesien (04.07.2005) und der Ukraine (21.02.2005), vgl. dazu Pressemitteilung v. 24.11.2005, IP/05/1467.

[494] Dok. 5962/05, abrufbar unter: http://europa.eu.int/comm/world/enp/pdf/action_plans/israel_enp_ap_final_en.pdf.

Die wirtschaftliche Zusammenarbeit mit Israel soll weiter ausgebaut werden. Die Handels- und Investmentströme sollen entwickelt, der Warenhandel im Bereich von verarbeiteten Agrarprodukten weiter liberalisiert und regionale Handelsbeziehungen zu den Nachbarstaaten entwickelt werden, um so die für Israel so wichtige Ursprungskumulierung zu ermöglichen. Der Dienstleistungshandel – insbesondere der Finanzhandel im Hinblick auf die Teilnahme Israels am Gemeinschaftsmarkt – soll ebenfalls weiter liberalisiert werden. Israelische Investitionsfirmen und Versicherungen sollen an europäischen Ausschreibungen teilnehmen können und Steuererleichterungen erhalten. Umgekehrt können europäische Versicherungsgesellschaften in den israelischen Markt einsteigen. Das Netz von bilateralen Doppelbesteuerungsabkommen zwischen Israel und den einzelnen Mitgliedstaaten soll vervollständigt, staatliche Beihilfen sollen transparent gemacht und der Zugang zum Öffentlichen Beschaffungsmarkt des jeweils anderen soll ausgebaut werden. In allen Bereichen soll geprüft werden, wie die relevanten Rechtsvorschriften an die EU-Normen angepasst werden können.

Die Zusammenarbeit im Bereich der Migration und im Kampf gegen das organisierte Verbrechen sowie die polizeiliche und justizielle Zusammenarbeit soll gestärkt werden. Wichtig ist auch die Zusammenarbeit in den Bereichen Verkehr, Energie und Informationstechnologie und Umwelt. Dazu soll z.B. die mögliche Einbindung Israels in den „einheitlichen europäischen Luftraum" geprüft werden. Darüber hinaus soll geprüft werden, inwiefern Israel an weiteren europäischen Programmen teilnehmen kann. Der Abschluss eines Nachbarschaftsabkommens wird anvisiert. Bis dahin bleibt das Assoziierungsabkommen der Rahmen für die Zusammenarbeit.

b) Aktionsplan für Marokko[495]

Mit dem Aktionsplan für Marokko soll das Assoziierungsabkommen gezielter umgesetzt werden. Er sieht folgende Prioritäten für die nächsten Jahre vor: Weiterführung der rechtlichen Reformen durch Festigung der Institutionen, die die Achtung von Demokratie und Rechtsstaatlichkeit stärken, und durch die Erleichterung des Zugangs zur Justiz, Gewährleistung des Schutzes der Menschenrechte und Grundfreiheiten im Einklang mit den internationalen Normen, verstärkter politischer Dialog in den Bereichen GASP und ESVP, Intensivierung der Zu-

---

[495] Dok. 5959/05, abrufbar unter: http://europa.eu.int/comm/world/enp/pdf/action_plans/morocco_enp_ap_final_en.pdf.

sammenarbeit bei der Terrorismusbekämpfung sowie die Unterstützung der regionalen Zusammenarbeit insbesondere im Rahmen des Agadir-Prozesses.

In wirtschaftlicher Hinsicht sieht der Aktionsplan vor, dass der freie Warenverkehr durch den wechselseitigen Abbau aller Handelshemmnisse umgesetzt wird. Der Dienstleistungsverkehr zwischen der Gemeinschaft und Marokko soll allmählich liberalisiert werden und in den Abschluss eines Freihandelsabkommens im Dienstleistungsbereich führen. Der Kapitalverkehr soll ebenfalls allmählich liberalisiert werden. Günstige Rahmenbedingungen für ausländische Direktinvestitionen, Wachstum und nachhaltige Entwicklung sollen geschaffen werden.

Im Bereich der Sozialpolitik wollen die Partner dergestalt zusammenarbeiten, dass die Armut in Marokko verringert wird und Arbeitsplätze geschaffen werden. Das allgemeine und berufliche Bildungssystem, die wissenschaftliche Forschung und die Informationstechnologien werden als entscheidende Faktoren für die Wirtschaftsentwicklung des Landes angesehen und sollen dementsprechend gefördert werden. Die Migrationsströme sollen wirksam gesteuert werden. Zu diesem Zweck soll zwischen der Gemeinschaft und Marokko ein Rückübernahmeabkommen geschlossen werden. Der Verkehrssektor soll ausgebaut werden. Dazu sieht der Aktionsplan u.a. Verhandlungen über den Abschluss eines Luftverkehrsabkommens zwischen der EU und Marokko vor sowie die Prüfung der Möglichkeiten über eine Teilnahme Marokkos am einheitlichen europäischen Luftraum. Der Energiesektor soll ebenfalls ausgebaut werden. Ziel ist es, die Strommärkte der Maghrebstaaten allmählich in den Strombinnenmarkt der EU zu integrieren. Eine Teilnahme Marokkos an EU-Programmen soll erwogen werden, sofern dazu ein beiderseitiges Interesse vorhanden ist und die erforderlichen Voraussetzungen, wie ein finanzieller Beitrag Marokkos sowie die Anpassung der Rechtsvorschriften in den entsprechenden Gebieten, erfüllt sind. So soll insbesondere die Integration Marokkos in den europäischen Forschungsraum und in die gemeinschaftlichen Rahmenprogramme beschleunigt werden. Wie der Aktionsplan für Israel wird auch in diesem Aktionsplan der Abschluss eines weitergehenden Nachbarschaftsabkommen angestrebt.

c) Aktionsplan für Tunesien[496]

Der Aktionsplan für Tunesien sieht ähnliche Prioritäten wie der Aktionsplan für Marokko vor. Lediglich im Verkehrssektor bestehen Unterschiede. So sieht der

[496] Dok. 6003/05, abrufbar unter: http://europa.eu.int/comm/world/enp/pdf/action_plans/tunisia_enp_ap_final_en.pdf.

Aktionsplan nicht vor, dass zwischen Tunesien und der Gemeinschaft ein Luftverkehrsabkommen geschlossen wird. Vielmehr sollen die zwischen den einzelnen Mitgliedstaaten und Tunesien bestehenden bilateralen Abkommen lediglich ausgebaut werden.

d) Aktionsplan für Jordanien[497]

Die im Aktionsplan für Jordanien festgelegten Prioritäten für die nächsten Jahre sind wie folgt: Ausbau des nationalen Dialogs über Demokratie, Weiterentwicklung eines unabhängigen und unparteiischen Justizwesens, Stärkung der Verwaltungs- und richterlichen Kapazitäten, Weiterentwicklung der Presse- und Meinungsfreiheit, Förderung der Gleichstellung der Frauen, Verstärkung des politischen Dialogs in Bereichen des nationalen und internationalen Interesses wie dem Nahostkonflikt und dem Kampf gegen den Terrorismus.

In wirtschaftlicher Hinsicht sollen die Rahmenbedingungen für Unternehmen verbessert und der Warenverkehr, der Dienstleistungsverkehr und der Kapitalverkehr weiter liberalisiert werden z. B. durch den Abbau von Handelshemmnissen und die Verbesserung industrieller Standards.

Die Migrationsströme sollen wirksam gesteuert und die Strategie der jordanischen Regierung zur Reduzierung von Armut umgesetzt werden. Der Verkehrs-, Energie- und Kommunikationssektor soll entwickelt werden. Auch im Aktionsplan für Jordanien ist vorgesehen, dass Jordanien langfristig am einheitlichen europäischen Luftraum teilnehmen soll. Ebenso soll die Einbindung Jordaniens in den europäischen Forschungsraum beschleunigt werden sowie die Integration in weitere EU-Programme angedacht werden. Nach erfolgter Umsetzung der im Detail aufgeführten Maßnahmen wird auch für Jordanien der Abschluss eines weitergehenden Nachbarschaftsabkommen angestrebt.

e) Aktionsplan für die Palästinensische Autonomiebehörde[498]

Der Aktionsplan für die Palästinensische Autonomiebehörde stellt klar, dass die palästinensische Beteiligung an der Nachbarschaftspolitik im Kontext der politischen Gesamtlage in der Region zu sehen ist, die das Spektrum der durchführba-

---

[497] Dok. 5970/05, abrufbar unter: http://europa.eu.int/comm/world/enp/pdf/action_plans/jordan_enp_ap_final_en.pdf.

[498] Dok. 6014/05, abrufbar unter: http://europa.eu.int/comm/world/enp/pdf/action_plans/pa_enp_ap_final_en.pdf.

ren Maßnahmen einschränkt. Der andauernde israelisch-palästinensische Konflikt, die Besatzung einschließlich der Siedlertätigkeit sowie die durch die Abriegelungspolitik und die „Trennmauer" bedingten Einschränkungen der Bewegungsfreiheit schaffen eine Reihe von Sachzwängen und Grenzen der Zusammenarbeit.

Oberstes Ziel des Aktionsplans ist dementsprechend auch die Beilegung des Nahostkonflikts und die Verbesserung der humanitären Lage. Daneben soll der politische Dialog und die Zusammenarbeit auf der Grundlage gemeinsamer Wertvorstellungen intensiviert, ein funktionierendes Justizwesens mit einer wirksamen Rechtsdurchsetzung geschaffen, die Rechtsstaatlichkeit und die Achtung der Menschenrechte gefördert und die Institutionen und Verwaltungskapazitäten gestärkt werden.

Auch sollen die hinsichtlich der Rechenschaftspflicht auf Ebene der öffentlichen Finanzen erzielten Fortschritte ausgebaut, die Handelsbeziehungen zur Palästinensischen Behörde durch die Liberalisierung des Warenverkehrs entwickelt und die Privatwirtschaft wieder angekurbelt werden. In verkehrs- und energiepolitischen Fragen soll stärker zusammengearbeitet werden, wobei insoweit lediglich die Entwicklung einer regionalen Zusammenarbeit in den Bereichen Strom, Gas und erneuerbare Energiequellen erwähnt wird. Detaillierte Regelungen zu den einzelnen Sektoren Luft-, See-, Straßen- und Schienenverkehr fehlen. Die palästinensische Beteiligung am Forschungsrahmenprogramm der EU soll gefördert werden.

Nach der Verwirklichung der im Aktionsplan aufgeführten Ziele wird der Abschluss eines Nachbarschaftsabkommens in Erwägung gezogen. Dieses soll aber nicht – wie bei den anderen Ländern – weitergehende Regelungen enthalten als die bestehenden Assoziierungsabkommen, sondern soll nach der Gründung eines unabhängigen palästinensischen Staates zu einem vollwertigen Assoziierungsabkommen ausgeweitet werden.

5. Strategische Partnerschaft der EU

Die Nachbarschaftspolitik stellt einen der Eckpfeiler der „Strategischen Partnerschaft der EU mit dem Mittelmeerraum sowie dem Nahen und Mittleren Osten"[499], die der Europäische Rat im Juni 2004 angenommen hat[500], dar. Die stra-

[499] Die strategische Partnerschaft erstreckt sich auf die an der Euro-Mediterranen Partnerschaft teilnehmenden Staaten sowie auf Mauretanien, die Länder des Golf-Kooperationsrates (Saudi-Arabien, Kuwait, Vereinigte Arabische Emirate, Bahrain, Oman und Katar), Jemen, Iran und Irak. Sie setzt die vom Europäischen Rat verabschiedete Gemeinsame Strategie für den Mittelmeerraum von 2000 fort und ergänzt sie. Siehe dazu im Einzelnen oben B. IV. 4. a).

tegische Partnerschaft für den Mittelmeerraum ist ihrerseits Teil der „Europäischen Sicherheitsstrategie“, die im Dezember 2003 vom Europäischen Rat verabschiedet worden war und die die Grundlagen einer gemeinsamen Sicherheitspolitik der EU umreißt.[501]

Ziel der Strategischen Partnerschaft für den Mittelmeerraum ist die Schaffung eines gemeinsamen Raums des Friedens, des Wohlstands und des Fortschritts. Sie umfasst zwei Grundsätze: echte Konsultation der Region zur strategischen Partnerschaft durch Einbeziehung der jeweiligen Regierungen, der Arabischen Liga, regionaler Organisationen und der Zivilgesellschaften sowie ein nachdrückliches Eintreten für die Lösung des arabisch-israelischen Konflikts.

Zur Lösung des Konflikts werden keine neuen Vorschläge unterbreitet, sondern nur auf die weitere Gültigkeit der Road Map und die Bedeutung der Beteiligung der EU im Nahostquartett verwiesen. Neu ist, dass die EU klarstellt, dass Fortschritte bei der Lösung des Nahostkonflikts keine Vorbedingung für die Inangriffnahme der dringend erforderlichen sozialen, politischen und wirtschaftlichen Reformen in den Ländern der Region darstellen. Gerade die arabischen Mittelmeerländer haben den Nahostkonflikt oft vorgeschoben, um von ihrem mangelnden Reformwillen abzulenken.[502]

Umgesetzt werden soll die Strategische Partnerschaft im Wege bereits bestehender Strukturen und Vereinbarungen für die Region, wie die Euro-Mediterrane Partnerschaft und die Europäische Nachbarschaftspolitik. Durch die Strategische Partnerschaft werden die Mittelmeerländer geographisch mit den Golfstaaten, Irak, Iran und Jemen verknüpft und damit die immer wieder als künstlich empfundene Grenzziehung der konstruierten Mittelmeerregion korrigiert. Auch wenn die Strategische Partnerschaft auf den bestehenden Vereinbarungen basiert, werden durch diese Ausdehnung aber die ersten Ansätze einer erfolgreichen Regionenbildung im enger definierten Mittelmeerraum wieder aufgeweicht.[503]

---

[500] Schlussfolgerungen des Europäischen Rates von Brüssel v. 17./18.06.2004, EG Bull. 6-2004, I.17. 66 ff.; dazu auch Bericht des Rates v. 19.03.2004, 7498/1/04 REV 1.

[501] Siehe dazu im Einzelnen Bericht des Hohen Vertreters Javier Solana v. 20.06.2003 mit dem Titel: „Ein sicheres Europa in einer besseren Welt“, abrufbar unter: http://ue.eu.int/ueDocs/cms_Data/docs/pressdata/DE/reports/76257.pdf; Schlussfolgerungen des Europäischen Rates in Brüssel v. 12.12.2003, EG. Bull. 12-2003, I.32.83 ff.

[502] Siehe dazu oben B. IV. 4. b).

[503] *Schäfer*, Zehn Jahre Barcelona-Prozess, S. 7, 13.

6. Bewertung

Kritisch zu bewerten ist, dass die Frage der Mitgliedschaft in der EU im Rahmen der Nachbarschaftspolitik nicht definitiv entschieden, sondern eher bewusst offengelassen wird. Problematisch ist auch, dass die EU mit dem Nachbarschaftskonzept einerseits einen einheitlichen Rahmen schafft, andererseits aber dennoch nach einzelnen Staaten differenzieren will. Das dem Nachbarschaftskonzept innewohnende Prinzip der „Gemeinsamen Verantwortung" wird nur bedingt befolgt. Offengelassen wird außerdem die Finalität der Nachbarschaftspolitik.

a) Frage der Mitgliedschaft

Die Nachbarschaftspolitik richtet sich an die Nachbarstaaten der EU, die derzeit keine Aussicht auf einen Beitritt zur Union haben. Die Nachbarschaftspolitik will damit die Frage der Mitgliedschaft ausklammern. Bereits in der Mitteilung „Größeres Europa" vom März 2003 hat die Kommission ausgeführt, dass „die durch Nähe und Nachbarschaft aufgeworfenen praktischen Fragen getrennt von der Frage nach der Aussicht auf einen EU-Beitritt zu beantworten sind."[504] Dass die Frage der Mitgliedschaft ausgeklammert werden sollte, liegt vor allem daran, dass die Aufnahmekapazität der EU mit der letzten Erweiterungsrunde im Mai 2004 an ihre Grenzen gestoßen ist. Da auch in den Mitgliedstaaten unterschiedliche Vorstellungen über die zukünftige Gestalt der EU besteht, muss vor einer weiteren Ausdehnung der EU eine Debatte über die äußersten geographischen Grenzen der Union stattfinden. Aus Sicht der EU war es daher erforderlich im Rahmen der Nachbarschaftspolitik ein Konzept ohne direkte Beitrittsfolge zu entwickeln.

Dies ist aber gerade im Hinblick auf die Reformbemühungen der einzelnen Nachbarstaaten problematisch. Mit der Nachbarschaftspolitik will die EU die Erfolgsgeschichte des Erweiterungsprozesses wiederholen durch die Nutzung ähnlicher Instrumente, wie z. B. die verstärkte Konditionalisierung.[505] Die einzelnen Länder können selbst bestimmen, in welchem zeitlichen Rahmen sie die ökonomischen, sozialen und politischen Reformen angehen. Besonders reform-

[504] Mitteilung der Kommission (Fn. 482), S. 5.
[505] *Cremona*, European Neighbourhood Policy, S. 5.

eifrige Länder werden mit einer engeren Anbindung unterhalb der Schwelle des Beitritts an die EU belohnt.[506]

Es ist jedoch fraglich, ob die Aussicht auf eine lediglich engere wirtschaftliche Anbindung einen ebenso großen Anreiz für die Umsetzung von Reformen in den betroffenen Ländern bietet wie die Aussicht auf einen Beitritt zur EU, zumal bislang der umfassenden Liste der Verpflichtungen, die die Nachbarländer zu erfüllen haben, nur eher schwach ausgeprägte Angebote seitens der EU gegenüber stehen.[507] Wie das Beispiel der mittel- und osteuropäischen Länder gezeigt hat, führt vor allem die Aussicht auf eine spätere Mitgliedschaft dazu, dass Drittstaaten bestimmte Regelungen und institutionelle Vereinbarungen akzeptieren, gegen die sie ansonsten Einwendungen erheben würden.[508]

Die Frage der Mitgliedschaft wird durch die Nachbarschaftspolitik auch nicht völlig ausgeklammert, sondern wird eher bewusst offen gelassen. In den Dokumenten der EU ist davon die Rede, dass sich die Nachbarschaftspolitik an die Nachbarstaaten der EU richtet, die „derzeit“ keine Aussicht auf Mitgliedschaft haben.[509] In seiner Rede auf der Sechsten ECSA-Weltkonferenz führte der damalige Kommissionspräsident Romano Prodi aus, dass „wir bereit sein müssen, [den Nachbarländern] mehr als eine Partnerschaft und weniger als die Mitgliedschaft anzubieten, ohne letztere auszuschließen. Damit wäre das Problem aus der Welt geschafft, dass man einem Land, das sich für einen Beitritt bewirbt, frühzeitig eine Zusage oder Absage erteilen muss.“[510] Derartige Formulierungen lassen die Nachbarländer – und zwar nicht nur die europäischen, da die Nachbarschaftspolitik insoweit gerade nicht zwischen europäischen und nichteuropäischen Staaten differenziert – weiter auf eine Beitrittsperspektive hoffen.[511] Zwar kann diese Hoffnung durchaus positive Auswirkungen auf den Reformeifer der einzelnen Nachbarstaaten haben, da das Ziel des Beitritts der denkbar stärkste Anreiz für Reformen ist. Deswegen will die EU diesen Reformhebel zum jetzigen Zeitpunkt wohl auch nicht aufgeben. Auf Dauer lässt sich diese unbestimm-

---

[506] Sog. Politik der positiven Konditionalität: keine Bestrafung für schlechte Leistungen, sondern Belohnung für gute Leistungen. Dazu *Emerson*, European Neighbourhood Policy, S. 15.

[507] So werden in den Aktionsplänen Hunderte von Einzelmaßnahmen, die die Nachbarstaaten zu erfüllen haben, aufgelistet. Vgl. dazu *Lypp*, Nachbarschaftspolitik der EU, S. 2; *Emerson*, European Neighbourhood Policy, S. 7.

[508] *Vahl*, Models for the European Neighbourhood Policy, S. 11.

[509] Mitteilung der Kommission (Fn. 482), S. 4.

[510] Rede von Romano Prodi vor der ECSA-Weltkonferenz (Fn. 489).

[511] So hat der offizielle Sprecher des marokkanischen Königs bei einem Besuch in Paris im März 2000 verkündet, dass sein Land einen erneuten Antrag auf Mitgliedschaft in der EU stellen will, nachdem der Europäische Rat von Helsinki die Türkei als Beitrittskandidat akzeptiert und damit ein „Tabu“ hinsichtlich der Aufnahme muslimischer Staaten gebrochen hat. Dazu *Wallace*, Looking after the Neighbourhood, S. 11.

te Haltung aber nicht durchhalten. Die Nachbarstaaten werden sich nicht auf die „silver carrot“ der funktionalen Kooperation jenseits der Integrationslogik einlassen, solange die „golden carrot“ der Beitrittsperspektive noch in Reichweite erscheint.[512] Außerdem birgt diese ambivalente Haltung der EU das Potential für künftige unangenehme Missverständnisse. Es ist einfach Hoffnungen zu wecken, aber schädlich für die politischen Interessen, wenn diese Hoffnungen enttäuscht werden.[513] Dringend erforderlich ist daher, dass sich die EU über ihre Grenzen klar wird und deutlich sagt, ob und, wenn ja, welche Nachbarländer überhaupt jemals eine Aussicht auf einen Beitritt haben.

b) Einheitlichkeit trotz Differenzierung

Das Grundproblem der Nachbarschaftspolitik ist, dass sie einerseits einen einheitlichen Rahmen für die Gesamtheit der Anrainerstaaten der EU schaffen und damit ganz unterschiedliche Länder umfassen will. Andererseits will sie aber den Spezifika der einzelnen Länder Rechnung tragen.

Die EU hat trotz und in Anerkennung der bestehenden Unterschiede zwischen den Nachbarstaaten ein gemeinsames Konzept für diese Staaten ausgearbeitet in der Annahme, dass sie aufgrund ihrer geographischen Nähe zur EU gemeinsame Interessen haben. Allen Nachbarstaaten soll die Teilnahme am Binnenmarkt, die weitere Integration und Liberalisierung der vier Grundfreiheiten sowie die Teilnahme an EU-Programmen angeboten werden. Im Gegenzug soll von allen Nachbarstaaten die Einhaltung der gleichen Verhaltensnormen verlangt werden. Indem die EU für die „alten Nachbarn“ im Mittelmeerraum und die „neuen Nachbarn“ ein einheitliches Konzept vorsieht, läuft sie Gefahr, keines der regionalen Probleme (Nahostkonflikt, Auswirkungen der Osterweiterung auf die östlichen Nachbarstaaten) nachhaltig im europäischen Interesse lösen zu können.[514]

Auch die EU hat erkannt, dass zwischen den einzelnen Staaten gravierende wirtschaftliche und politische Unterschiede bestehen. Deswegen soll Grundlage der Nachbarschaftspolitik auch die Differenzierung zwischen den Ländern sein.[515] Diese Differenzierung birgt aber die Gefahr, dass die existierenden Un-

---

[512] *Kempe/van Meurs*, Neues Denken für ein Großes Europa, S. 1149, 1153.

[513] Wie das Beispiel Polen zeigt: Der deutsche Bundeskanzler und der französische Präsident hatten Polen „versprochen“, dass es bereits im Jahr 2000 der Union beitreten könne. Durch den späten Beitritt erst im Jahr 2004 entstand in Polen der Eindruck, dass das Land unnötigerweise lange aus der Union ferngehalten werden sollte, vgl. dazu *Wallace*, Looking after the Neighbourhood, S. 11 f.

[514] *Kempe/van Meurs*, Neues Denken für ein großes Europa, S. 1149, 1153 f.

[515] Mitteilung der Kommission (Fn. 482), S. 16.

terschiede zwischen den Nachbarstaaten in Bezug auf ihre Beziehungen zur EU weiter verstärkt werden und so neue Trennlinien geschaffen werden, die die Nachbarschaftspolitik aber gerade vermeiden will.[516] Die EU bestärkt die Nachbarstaaten in ihrer Konkurrenz um eine Annäherung an die EU, gibt ihnen jedoch wenig Anreize, regionale Integrationsprozesse weiter voranzutreiben. Jeder einzelne Nachbarstaat kann von dem partnerschaftlichen Ansatz im Rahmen der Aktionspläne profitieren, die bestehenden Regionen wie der Mittelmeerraum – der nichts dringender benötigt als regionale Kohärenz und Solidarität – verlieren jedoch ihre Verhandlungsmacht als Gesamtheit.[517] Dadurch könnten die interregionalen Beziehungen noch asymmetrischer werden, als sie es heute schon sind. Statt einen „Ring von Freunden" zu schaffen, kann die unterschiedliche Behandlung der Nachbarstaaten zu einer ablehnenden Haltung bei den Staaten führen, die weniger günstige Vereinbarungen mit der EU erzielen konnten.[518] Auch ist nicht ersichtlich, wie es der Nachbarschaftspolitik, die sich als Ergänzung zum Barcelona-Prozess versteht, gelingen soll, bilaterale, maßgeschneiderte Beziehungen zu jedem einzelnen Nachbarstaat zu fördern, ohne die regionale Dimension des Barcelona-Prozesses ungünstig zu beeinflussen. Es bleibt abzuwarten, wie die Nachbarschaftspolitik und der Barcelona-Prozess nebeneinander existieren können. Die Differenzierung und die damit verbundene Verstärkung der bilateralen Strukturen stellt außerdem die Gesamtkohärenz der Nachbarschaftspolitik in Frage.[519]

Insgesamt ist aber die Rückkehr zu mehr bilateral organisierten Beziehungen nicht vollkommen negativ zu bewerten, da nur sie es erlaubt, stärker auf die spezifischen Gegebenheiten der einzelnen Länder einzugehen und die Reformgeschwindigkeiten anzupassen.[520] Von den Mittelmeerstaaten profitiert vor allem Israel von diesem verstärkten Bilateralismus. Wegen der Abhängigkeit der Euro-Mediterranen Partnerschaft vom Nahostkonflikt und der Meinungsverschiedenheiten der Mittelmeerländer über die Lösung des Konflikts einerseits und der mit der EMP verfolgten prinzipiellen Gleichbehandlung der Mittelmeerländer andererseits war eine weitergehende Entwicklung der Beziehungen zwischen Israel und der EU bislang schwierig.[521] Durch den „maßgeschneiderten" Ansatz der Nachbarschaftspolitik kann Israel seine Rolle als einzige funktionierende

---

[516] *Cremona*, European Neighbourhood Policy, S. 7.

[517] *Harpaz*, Enhanced Relations between the EU and Israel, S. 257, 266; *Jünemann*, Zehn Jahre Barcelona-Prozess, S. 7, 13.

[518] *Vahl*, Models for the European Neighbourhood, S. 5.

[519] *Aumont*, Frankreich und die neue Nachbarschaftspolitik, S. 3.

[520] *Schäfer*, Euro-Mediterrane Partnerschaft, S. 22, 28.

[521] *Allen/Smith*, External Policy Developments, S. 109, 118.

Demokratie im Mittelmeerraum und reichster Nachbarstaat[522] ausspielen und als „Spitzenreiter“ auf die Einräumung weiterer Privilegien drängen.[523]

c) Gemeinsame Verantwortung

Neu ist, dass die Aktionspläne in Zusammenarbeit mit den Partnerländern erstellt werden nach dem Prinzip der „Gemeinsamen Verantwortung“ („joint ownership“). Damit hat die EU Abschied genommen von den „Gemeinsamen Strategien“ und dem damit verfolgten Ansatz, den Nachbarstaaten einseitig verfasste Dokumente zu präsentieren.

In den wesentlichen Fragen der Zusammenarbeit bestehen aber große Unterschiede zwischen der EU und ihren Nachbarstaaten: Stehen für die EU vor allem Sicherheitsaspekte im Vordergrund, so erhoffen sich die Nachbarn von der Teilnahme an der Nachbarschaftspolitik vor allem Zugang zum europäischen Binnenmarkt sowie wirtschaftliche und finanzielle Hilfe. Die divergierenden Interessen in Einklang zu bringen, ist oft nur schwer möglich, wie an dem Bereich der Migration deutlich wird: Die EU drängt auf verbessertes Grenzmanagement, bei dem die Abwehr illegaler Einwanderung im Mittelpunkt steht, während die Nachbarstaaten hingegen auf größtmöglicher Durchlässigkeit der Grenzen, Visa-Erleichterungen und auf Zugang ihrer Arbeitskräfte zum gemeinsamen Markt bestehen.[524]

Letztlich werden die Aktionspläne trotz des Prinzips der Gemeinsamen Verantwortung von EU-Interessen wie der Sicherheit der Grenzen, der regionalen Stabilität und dem Rechtsstaatsprinzip dominiert.[525] Die einseitige Übernahme der EU-Regeln zieht sich wie ein roter Faden durch die Aktionspläne. Die wirtschaftliche Integration stellt eher einen Anreiz für die Nachbarstaaten für die Umsetzung der geforderten Reformen dar und bildet nicht ein gemeinsames Projekt. Die für die Mittelmeerstaaten so wichtigen Agrarprodukte werden nach wie vor weitestgehend vom Freihandel ausgenommen. Die EU verhandelt mit den

---

[522] Vgl. Mitteilung der Kommission (Fn. 482), S. 7, S. 20 (Anhang 1): Der reichste Nachbarstaat der EU ist Israel mit einem BIP von 19.578 €, gefolgt von Libanon mit einem erheblich niedrigeren BIP-Niveau von 5.284 € und mit einigem Abstand hinter diesen beiden Ländern Russland mit einem BIP von 2.382 € (Zahlen von 2001). Auch wenn das BIP in Israel in den Jahren 2001 bis 2003 erheblich gesunken ist (vgl. zu den aktuellen Zahlen für Israel unten C. II. 1. b) bb)), blieb Israel auch in diesem Zeitraum der mit Abstand reichste Staat in der Nachbarschaft der EU.

[523] *Harpaz*, Enhanced Relations between the EU and Israel, S. 257, 265 f.

[524] *Lypp*, Nachbarschaftspolitik der EU, S. 3.

[525] *Cremona*, European Neighbourhood Policy, S. 7.

von ihr wirtschaftlich abhängigen Nachbarstaaten[526] auf bilateraler Ebene und kann auf diese Weise Druck auf diesen Staat ausüben. Die Umsetzung der in den Aktionsplänen vereinbarten Maßnahmen wird zwar durch die Assoziationsräte bzw. Kooperationsräte regelmäßig überprüft. Festgehalten werden die gemachten Fortschritte aber in von der Kommission erstellten einseitigen Berichten. Auf Grundlage dieser Kommissionsberichte wird entschieden, wie die künftige Zusammenarbeit aussehen kann.[527] Wahre Partnerschaft sieht anders aus.[528]

Es ist wichtig, dass die Nachbarschaftspolitik gemeinsam von der EU und den Partnerstaaten entwickelt wird, damit sie von letzteren als äußerer Anstoß für einen autonomen Reformprozess und nicht als Einmischung in die eigene Politik begriffen wird.[529] Die Nachbarländer müssen die nötigen Modernisierungsmaßnahmen um ihrer selbst willen durchführen. Das Prinzip der Konditionalisierung darf nicht die alleinige Motivation sein. Werden Reformen nur mit der Perspektive einer Gegenleistung unternommen, steht ihre Ernsthaftigkeit und Nachhaltigkeit in Frage.[530]

d) Fehlende Finalität der Nachbarschaftspolitik

Ein weiteres Problem ist, dass nicht klar ist, wie die engere Anbindung der Nachbarstaaten letztlich erfolgen soll. In der Mitteilung der Kommission von März 2003 sowie bereits zuvor in der Rede von Romano Prodi vom Dezember 2002 wird deutlich gesagt, dass allen Nachbarstaaten der EU die Teilnahme am Binnenmarkt, die weitere Integration und die Liberalisierung der vier Grundfreiheiten sowie die Teilnahme an ausgewählten EU-Programmen angeboten werden sollen. Letztlich sollen die Beziehungen denen ähneln, die bereits im Europäischen Wirtschaftsraum bestehen.[531] In späteren Dokumenten der Kommission, des Rats und des Parlaments wird allerdings weder auf die vier Grundfrei-

[526] Die EU ist für die meisten der Nachbarstaaten der wichtigste Handelspartner; die Aussicht auf wirtschaftliche Entwicklung hängt stark vom Zugang zum Gemeinsamen Europäischen Markt ab; die ausländischen Direktinvestitionen in den Nachbarländern stammen zum größten Teil aus den Mitgliedstaaten der EU und die EU ist der größte Geldgeber. Vgl. dazu: *Wallace*, Looking after the Neighbourhood, S. 8 f.

[527] Dieses Vorgehen erinnert an das Vorgehen im Erweiterungsprozess mit der Erfüllung der Kopenhagener Kriterien sowie der Übernahme des acquis durch die Beitrittskandidaten und den regelmäßigen Fortschrittsberichten der Kommission, ohne dass aber die Aussicht auf eine Mitgliedschaft in der EU „lockt".

[528] *Cremona*, European Neighbourhood Policy, S. 7.

[529] *Lypp*, Nachbarschaftspolitik der EU, S. 3.

[530] *Emerson*, European Neighbourhood Policy, S. 2.

[531] Mitteilung der Kommission (Fn. 482), S. 15, Rede von Romano Prodi (Fn. 489), S. 3.

heiten noch auf das EWR-Modell direkt Bezug genommen. Stattdessen ist von „privilegierter Partnerschaft“ und „engeren Beziehungen, die ein erhebliches Maß an wirtschaftlicher und politischer Integration beinhalten“ die Rede.[532]

Es ist unwahrscheinlich, dass diese Änderungen auf einem unbewussten Unterlassen seitens der EU beruhen.[533] Es ist vielmehr davon auszugehen, dass die EU gemerkt hat, dass das EWR-Modell[534] nur bedingt auf die Staaten an ihrer Peripherie passt. Das EWR-Abkommen richtet sich an Staaten, die beitrittsfähig, aber nicht beitrittswillig sind. Die potentielle Mitgliedschaft bleibt somit eine strategische Option für diese Länder nach ihrem eigenen Ermessen. Da die EU aber die Frage der Mitgliedschaft getrennt von der Nachbarschaftspolitik betrachtet und sich insoweit gerade nicht festlegen will, will sie nicht durch die Festlegung auf ein Endziel „EWR-Modell“ diese Frage doch schon vorzeitig entscheiden. Auch sieht das EWR-Abkommen die Teilnahme der EWR-Staaten am Binnenmarkt mit Ausnahme der Gemeinsamen Handelspolitik, der Agrar- und der Fischereipolitik vor. Für die Nachbarschaftspolitik vermeidet die EU aber gerade in neuerer Zeit die Festlegung darauf, wie die engere wirtschaftliche Anbindung erfolgen soll, sondern bleibt in der Hinsicht eher unverbindlich.
Nicht klar ist, ob und wenn ja für welche Staaten die Nachbarschaftspolitik eine Vorstufe zur Vollmitgliedschaft ist oder ob eine Teilmitgliedschaft bzw. ein gemeinsamer institutioneller Rahmen denkbar ist. In seiner Rede von Dezember 2002 hat Romano Prodi noch ausgeführt, dass eine „Teilhabe an der Union mit Ausnahme ihrer Institutionen“ möglich sei.[535] In späteren Dokumenten wird eine Teilmitgliedschaft durchaus in Erwägung gezogen, wenngleich sie auch noch sehr vage bleibt. Möglich wäre die Teilnahme an europäischen Agenturen wie z.B. der Umweltagentur, dem Wirtschafts- und Sozialausschuss, dem Ausschuss der Regionen, für sehr weit entwickelte Länder auch der Beitritt zur Wirtschafts- und Währungsunion, die Teilnahme an Gremien im Bereich der Gemeinsamen Außen- und Sicherheitspolitik oder sogar im Europäischen Parlament.[536] Denkbar ist auch die Schaffung einer umfassenden paneuropäischen Freihandelszone, die den multilateralen zollfreien Handel mit der paneuropäischen Ursprungskumulierung verbindet. Dieses Modell wird auch angedacht seitens der EU, bleibt aber – wie die gesamte Nachbarschaftspolitik – sehr vage.

Die EU sollte deshalb möglichst bald in aller Deutlichkeit sagen, was das letztlich verbindliche Ziel der Nachbarschaftspolitik ist, ob es ein Ziel für alle

---

532 Vgl. z.B. Strategiepapier der Kommission (Fn. 483), S. 3, 5.
533 *Harpaz*, Enhanced Relations between the EU and Israel, S. 257, 269 f.
534 Siehe dazu A. II. 2. d), 5. b) sowie ausführlich unten C. II. 2.
535 Rede von Roman Prodi (Fn. 489).
536 *Emerson*, European Neighbourhood Policy, S. 14 f.

Staaten gibt oder ob doch wieder nach Regionen differenziert wird, um so falsche Hoffnungen und damit verbundene Enttäuschungen zu vermeiden.

7. Nachbarschaftspolitik in der Verfassung

In der Verfassung ist die Nachbarschaftspolitik der EU in Art. I-57 VVE als eigenständiger Verfassungstitel (Titel VIII) erwähnt. Danach entwickelt die Union besondere Beziehungen zu den Staaten in ihrer Nachbarschaft, um einen Raum des Wohlstands und der guten Nachbarschaft zu schaffen, der auf den Werten der Union aufbaut und sich durch enge, friedliche Beziehungen auf der Grundlage der Zusammenarbeit auszeichnet. Zur Umsetzung kann die Union nach Art. I-57 Abs. 2 VVE mit den betreffenden Ländern spezielle Abkommen abschließen, die gegenseitige Rechte und Pflichten umfassen und die Möglichkeit zu gemeinsamen Vorgehen eröffnen. Zur Durchführung der Übereinkünfte finden regelmäßige Konsultationen statt. Art. I-57 Abs. 2 VVE enthält somit eine ausdrückliche Vertragsschlusskompetenz für den Abschluss der anvisierten Nachbarschaftsabkommen. Der Verweis auf die gegenseitigen Rechte und Pflichten, das gemeinsame Vorgehen sowie die im letzten Satz vorgesehene regelmäßige Abstimmung erinnert an die Vertragsschlusskompetenz nach Art. 310 EG.

Fraglich ist daher, ob die Einfügung von Art. I-57 VVE überhaupt erforderlich war oder ob die Nachbarschaftsabkommen nicht ebenso gut auf der Grundlage von Art. 310 EG geschlossen werden könnten.

Art. 310 EG ermöglicht die Schaffung von besonderen Beziehungen zwischen der Gemeinschaft und einem Drittstaat durch die Beteiligung desselben an der durch die Gemeinschaft in Gang gesetzten Integration außerhalb der Organisation der Gemeinschaft. Dazu enthält Art. 310 EG eine umfassende Sachkompetenz der Gemeinschaft, die alle vergemeinschafteten Bereiche und Politiken erfasst, wie z.B. die Grundfreiheiten, die Handelspolitik, das Wettbewerbsrecht, die Rechtsangleichung, Bereiche des Verbraucherschutzes, des Gesundheitsschutzes und des Umweltschutzes.[537] Durch eine Beteiligung der Mitgliedstaaten an den Abkommen können die Sachbereiche sogar noch ausgeweitet werden. Dass eine weit reichende Zusammenarbeit auf der Grundlage von Art. 310 EG möglich ist, zeigen die Abkommen mit den EWR-Staaten Norwegen, Island und Liechtenstein.[538]

[537] Siehe dazu oben A. II. 3.

[538] Siehe oben A. II. 5. b) und C. II. 2.

Gegen Art. 310 EG als Rechtsgrundlage für die Nachbarschaftsabkommen spricht aber, dass im Allgemeinen im Rahmen von Art. 310 EG zwischen drei Arten von Assoziierungsabkommen unterschieden wird, nämlich der Beitritts-, der Freihandels- und der Entwicklungsassoziierung. Ein Beitritt der Nachbarstaaten soll aber – sofern es sich bei ihnen überhaupt um europäische Staaten handelt –, zumindest derzeit nicht angestrebt werden. Die Freihandelsassoziierung kommt nur mit europäischen Ländern in Betracht, die zwar nicht beitrittswillig oder -fähig sind, aber jederzeit einen Antrag auf Mitgliedschaft stellen könnten. Davon abgesehen, dass durch die Nachbarschaftspolitik ein Rahmen für die Entwicklung engerer Beziehungen geschaffen werden soll, der eine Aussicht auf Mitgliedschaft gerade nicht einschließt, soll durch sie auch ein einheitliches Konzept geschaffen werden, das für alle Nachbarstaaten – europäische sowie nichteuropäische – gleichermaßen gilt. Insofern wäre es inkonsequent, für die Nachbarschaftsabkommen auf unterschiedliche Rechtsgrundlagen zurückzugreifen, je nachdem ob es sich um ein europäisches Land handelt oder nicht. Die Entwicklungsassoziierung i.S.v. Art. 310 EG dient der Begründung einer breit angelegten Zusammenarbeit mit dem Ziel, die wirtschaftliche Entwicklung des jeweiligen Partnerlandes zu fördern. Zwar sollen den Nachbarländern durch die Nachbarschaftspolitik Anreize zur Modernisierung ihrer Politik, Wirtschaft und Gesellschaft gegeben werden. Aber erst wenn sie die Fortschritte im Reformprozess konkret nachweisen, sollen sie in den Genuss einer engeren wirtschaftlichen Integration mit der EU kommen, die durch den Abschluss eines Nachbarschaftsabkommens manifestiert wird. Der Abschluss von Nachbarschaftsabkommen dient damit nicht der wirtschaftlichen Entwicklung des jeweiligen Landes, sondern soll die „Belohnung" für die vorherige, erfolgreiche Umsetzung der geforderten Reformen sein.

Die drei „klassischen" Arten von Assoziierungsabkommen passen daher nicht auf die geplanten Nachbarschaftsabkommen, weswegen für ihren Abschluss die Einfügung einer neuen Rechtsgrundlage erforderlich war. Zwar ist in Art. 310 EG nur allgemein von „Assoziierung" die Rede, ohne dass auf die drei verschiedenen Assoziierungsarten Bezug genommen wird, so dass die Gemeinschaft an sich auch Abkommen mit einer anderen Zielsetzung auf der Grundlage von Art. 310 EG erlassen kann – und dies in Bezug auf Israel auch schon mehrfach getan hat.[539] Aber gerade die Einfügung des Art. I-57 VVE zeigt, dass die mit Israel auf der Grundlage von Art. 310 EG geschlossenen Abkommen Ausnahmecharakter haben sollen und die Gemeinschaft die üblicherweise vorgenommene Einteilung der Assoziierungsabkommen in Beitritts-, Freihandels- und Entwicklungsassoziierung mittlerweile als zwingende Vorgabe ansieht.

---

[539] Siehe oben B. III. 7. b) und B. IV. 6. b).

Auch zur Vermeidung von Unklarheiten war es besser, mit Art. I-57 VVE für den Abschluss der Nachbarschaftsabkommen eine eigene Rechtsgrundlage zu schaffen. Ansonsten könnten gerade die europäischen Nachbarstaaten ein auf Art. 310 EG gestütztes Nachbarschaftsabkommen als Form der Beitrittsassoziierung werten und damit – unter Umständen vergeblich – auf einen zukünftigen Beitritt hoffen könnten.

Abgesehen davon sieht die Verfassung aber auch ein anderes Verfahren für beide Abkommensarten vor: Nach Art. III-325 Abs. 8 UAbs. 1 VVE reicht für den Abschluss eines Nachbarschaftsabkommens eine qualifizierte Mehrheit, während für den Abschluss von Assoziierungsabkommen nach Art. III-325 Abs. 8 UAbs. 2 VVE nach wie vor Einstimmigkeit erforderlich ist. Gerade nach der Erweiterung auf 27 Mitgliedstaaten wird so im Rat der Abschluss eines Nachbarschaftsabkommen nicht übermäßig erschwert und verzögert durch unterschiedliche Auffassungen der Mitgliedstaaten.

C. Privilegierter Status Israels

Die europäischen Staats- und Regierungschefs haben Israel 1994 einen privilegierten Status verliehen, ohne näher auszuführen, was sie darunter verstehen.

Im Folgenden werden zunächst die Gründe sowie die politischen Rahmenbedingungen erläutert, die zu der Verleihung dieses privilegierten Status geführt haben. Anschließend wird untersucht, wie der privilegierte Status Israels umgesetzt werden kann bzw. ob und inwieweit er durch die bestehenden Abkommen und Zusammenarbeit in den verschiedensten Bereichen bereits umgesetzt wurde.

I. Verleihung des „privilegierten Status“ an Israel

Auf dem Europäischen Gipfel von Essen im Dezember 1994 haben die europäischen Staats- und Regierungschefs auf Initiative des damaligen deutschen Ratsvorsitzenden Helmut Kohl in ihren Schlussfolgerungen „Israel in Anbetracht seines hohen Entwicklungsstandes auf der Grundlage der Gegenseitigkeit und des gemeinsamen Interesses im Verhältnis zur Europäischen Union“ als einzigem Mittelmeerstaat „einen privilegierten Status“ verliehen.[540] Schon im Jahr zuvor hatte Kohl ausgeführt, dass Israel seine Beziehungen mit der EU vertiefen sollte und hatte sich bereit erklärt, eine Initiative einzuleiten, deren Ziel die feste Verankerung Israels in der EU sein sollte.[541]

1. Gründe für die deutsche Initiative

Dass Kohl sich so für Israel einsetzte, liegt darin begründet, dass er sich selbst als Nachfolger Konrad Adenauers und die Beziehungen zu Israel – wie auch viele seiner Amtsvorgänger – als wichtiges Element der deutschen Rolle in der Weltpolitik betrachtete.[542] Adenauer hatte sich September 1951 vor dem deutschen Bundestag zur Schuld und Verantwortung des deutschen Volkes an den NS-Verbrechen sowie zu einer prinzipiellen Verpflichtung gegenüber Israel und

[540] Schlussfolgerungen des Europäischen Rats von Essen v. 9./10.12.1994, Außenbeziehungen der Europäischen Union, 2. Mittelmeerpolitik, http://www.europarl.eu.int/summits/ess1_de.htm.

[541] Vgl. Brief des damaligen israelischen Botschafters in Deutschland Avi Primor an den damaligen Bundeskanzler Helmut Kohl v. 3. November 1995, abgedruckt in: Schael, Israel's Way to the European Union, S. 15.

[542] *Shpiro/Rynhold*, Bestimmungsfaktoren der Außenpolitik, S. 48, 55.

dem jüdischen Volk bekannt.[543] Als Folge dessen kam es 1952 zur Unterzeichnung des Reparationsabkommens zwischen beiden Staaten, dem Luxemburger Abkommen. Durch das Abkommen verpflichtete sich Deutschland zu Zahlungen in Höhe von 3,45 Milliarden DM in zwölf Jahresraten, die als kollektive Reparationen vor allem in Form von Warenlieferungen an den Staat Israel geleistet werden sollten.[544] Auch wenn es bis zur offiziellen Aufnahme diplomatischer Beziehungen noch dreizehn Jahre dauern sollte,[545] intensivierte sich das Verhältnis beider Länder schon damals in erstaunlicher Weise – in Anbetracht des Umstandes, dass die NS-Diktatur noch nicht einmal zehn Jahre vorbei war. Adenauer versuchte die so lange hinausgezögerte Aufnahme diplomatischer Beziehungen durch eine bilaterale Rüstungszusammenarbeit, die wissenschaftliche Kooperation zwischen der deutschen Max-Planck-Gesellschaft und dem israelischen Weizmann-Institut sowie die Gewährung attraktiver Aufbaudarlehen zu kompensieren. Der Israel-Tourismus lief an und es kam zu zahlreichen gegenseitigen wissenschaftlichen und kulturellen sowie persönlichen Kontakten. Seit den 1960er Jahren ist Deutschland Israels zweitwichtigster Handelspartner nach den USA.[546]

Vor diesem Hintergrund – Wiedergutmachung für das NS-Unrecht sowie zahlreiche Kontakte zwischen beiden Ländern in verschiedenen Bereichen – wurde Deutschland schnell zum engsten Partner Israels in der EU.[547] Bereits in

---

[543] *Kloke*, 40 Jahre deutsch-israelische Außenbeziehungen, S. 2, 4.

[544] Die Gelder, die Israel aufgrund des Abkommens erhielt, waren für die israelische Wirtschaft bedeutsam, da sie der neu entstehenden Industrie die Entwicklung einer modernen Produktionsinfrastruktur ermöglichten. Außerdem bildeten die Lebensmittel und Brennstoffe, die aus den Reparationsgeldern bezahlt wurden, die Basis des Grundbedarfs für die mehr als 1,5 Mio. mittellosen Einwanderer; vgl. dazu *Shpiro/Rynhold*, Bestimmungsfaktoren der Außenpolitik, S. 48, 53 f.

[545] Israel hatte zwar schon 1956 auf die Aufnahme diplomatischer Beziehungen gedrängt, dieses Ansinnen scheiterte aber an der deutschen Sorge, dass die arabischen Länder dann ihre Drohung wahr machen würden, die DDR anzuerkennen – für die Bundesregierung wegen ihres zu dem Zeitpunkt noch konsequent verfochtenen Alleinvertretungsanspruch für Gesamtdeutschland (sog. Hallstein-Doktrin) ein Albtraum; vgl. dazu *Hansen*, Aus dem Schatten der Katastrophe, S. 9, 10.

[546] Zwar hat die EU als Region die USA mittlerweile als wichtigsten Handelspartner abgelöst. Innerhalb der EU ist Deutschland aber weiterhin der wichtigste Handelspartner Israels mit einem bilateralen Handelsvolumen von 3,8 Mrd. Euro im Jahr 2004; vgl. *Mertins*, Deutschland und Israel als Wirtschaftspartner, S. 25.

[547] Vgl. zum Verhältnis zwischen Israel und den sechs Gründerstaaten oben B. II. 1. Auch wenn Deutschland in Israel zunächst als „Feindstaat" betrachtet wurde und die israelische Opposition anfangs auch das Reparationsabkommen und die damit verbundenen Zahlungen als „Blutgeld" vehement ablehnten, wandelte sich die Stimmung in Israel gegenüber Deutschland angesichts der beginnenden vielfältigen Beziehungen rasch. Großbritannien, das zwar

die Zeit der frühen 1960er Jahre fällt auch die beginnende deutsche Förderung der von Israel gewünschten möglichst engen Anbindung an die Europäische Wirtschaftsgemeinschaft.[548] Es ist daher nicht verwunderlich, dass die Privilegierung Israels auf einer deutschen Initiative beruht. Zwar ist Deutschland in die sich mühsam formierende gemeinsame Außenpolitik der EU eingebunden, doch hat es sich stets darum bemüht, die berechtigten israelischen Interessen auch in diesem Rahmen – stärker als die anderen Mitgliedstaaten – multi- und bilateral in Rechnung zu stellen.[549]

2. Bereitschaft der EU zu der Einräumung der Sonderrolle

Dass aber auch die anderen EU-Mitgliedstaaten bereit waren, Israel einen privilegierten Status einzuräumen, lag an den veränderten politischen Rahmenbedingungen im Nahen Osten. Durch die Friedenskonferenz von Madrid im Oktober 1991 und vor allem durch die Unterzeichnung der Verträge von Oslo von September 1993 hatte sich die Lage dort erheblich entspannt, weswegen sich die EU auch zu einer Neuausrichtung ihrer Mittelmeerpolitik entschlossen hatte.[550] Nach dem Abschluss des Friedensvertrags zwischen Jordanien und Israel im Oktober 1994 war das politische Klima innerhalb der EU für die Einräumung einer Sonderrolle Israels im Dezember 1994 günstig.

Um welche Privilegien es sich im Einzelnen handeln sollte, welche Bedeutung und Tragweite die Verleihung des Sonderstatus haben sollte, welche Rechte und Pflichten sich aus ihm ergeben würden und welche Schritte notwendig

---

der zionistischen Bewegung mit der Balfour-Erklärung von 1917 (Zusage einer nationalen Heimstatt in Palästina für das jüdische Volk) die erste praktische Unterstützung hatte zukommen lassen, beschränkte ab 1939 trotz Kenntnis der antisemitischen Verfolgungen in Deutschland die Einwanderung von Juden nach Palästina. Auch nach Beendigung des britischen Mandats entwickelte Großbritannien keine engeren Beziehungen zu Israel, da es seine eigenen Interessen in der arabischen Welt nicht gefährden wollte. Dänemark fühlt sich wegen des Schicksals seiner jüdischen Gemeinden während des 2. Weltkriegs Israel gegenüber verpflichtet. Weniger Unterstützung erhält Israel von den südlichen EU-Ländern, die in wirtschaftlicher Konkurrenz zu Israel stehen. Vgl. dazu *Shpiro/Rynold*, Bestimmungsfaktoren der Außenpolitik, S. 48, 51 f. Zu vielen der durch die Osterweiterung im Mai 2004 hinzugekommenen Staaten, insbesondere Polen, Tschechien, Ungarn und den baltischen Staaten, hat Israel bedingt durch kulturelle und historische Ähnlichkeiten sehr gute Beziehungen. Vgl. dazu *Dror/Pardo*, Grand Strategy towards the EU, S. 17, 26; *Tovias*, Mapping Israel's Policy Options, S. 3.

548 *Hansen*, Aus dem Schatten der Katastrophe, S. 9, 10.

549 *Hansen*, Aus dem Schatten der Katastrophe, S. 9, 10.

550 Siehe oben B. IV. 2. b).

werden würden, um ihn umzusetzen, blieb in der Erklärung von Essen offen. Ausgeführt wird darin lediglich, dass durch die Privilegierung Israels „auch die regionale wirtschaftliche Entwicklung im Nahen Osten unter Einbeziehung der palästinensischen Gebiete gestärkt werden wird". Rat und Kommission sollen dem Europäischen Rat über das Unternommene berichten. In Rat und Kommission erinnert man sich heute aber am liebsten gar nicht mehr an den Beschluss von Essen.[551] Auch von den israelischen Regierungen wurde bislang keine Initiative ergriffen, um den Begriff mit Leben auszufüllen, obwohl gerade der frühere Ministerpräsident Benjamin Netanyahu offen für den Beitritt Israels zur EU plädiert.[552]

3. Veränderung der politischen Rahmenbedingungen

Das Desinteresse der EU an einer näheren Ausgestaltung der Privilegierung Israels hängt insbesondere mit der Veränderung der politischen Rahmenbedingungen in Israel zusammen. Nach der Ermordung des damaligen israelischen Ministerpräsidenten Jitzhak Rabins (Arbeitspartei) im November 1995, einer Welle von Terroranschlägen im Frühjahr 1996 und dem damit verbundenen Regierungswechsel im Mai 1996, durch den Benjamin Netanyahu (Likud[553]) neuer Ministerpräsident wurde, geriet der Nahost-Friedensprozess ins Stocken. Der Ratifizierungsprozess hinsichtlich des Assoziierungsabkommens von 1995 ging zwar weiter, die Diskussionen über die inhaltliche und praktische Gestaltung des privilegierten Status kamen aber zum Erliegen.

Nach der Wahl Ehud Baraks (Arbeitspartei) zum Ministerpräsidenten im Jahr 1999 und dem Rückzug Israels aus dem Südlibanon im Mai 2000, nahm der damalige Bundeskanzler Gerhard Schröder, der sich dem gegenüber Israel eingegangenen Versprechen seines Amtsvorgängers verpflichtet fühlte, die Gespräche wieder auf. Auf Anregung des Kanzleramtes wurde von der Friedrich-Ebert-Stiftung eine deutsch-israelische Expertengruppe eingesetzt, an der sich Vertreter der Außen- und Finanzministerien, der Zentralbanken und anderer Institutionen beteiligten. Mit dem Ausbruch der zweiten Intifada nach dem Besuch Ariel Scharons (Likud) auf dem Tempelberg in Jerusalem im September 2000, den harten israelischen Reaktionen darauf und der Ernennung Ariel Scharons zum

[551] *Lypp*, Europäische Perspektive für Israel, S. 155, 170.

[552] Siehe dazu unten C. II. 1.

[553] Der Likud (dt. Einigung) ist eine konservativ-liberale Partei in Israel, während die Arbeitspartei die Hauptkraft der israelischen Sozialdemokratie ist.

Ministerpräsidenten nach den Wahlen in Israel Anfang 2001, stellte die Expertengruppe ihre Arbeit ein.

Parallel zur deutsch-israelischen Expertengruppe bildete sich an der Universität Tel Aviv ein „Israel-EU-Forum" unter Leitung des früheren israelischen Botschafters in Deutschland, Avi Primor, mit dem Ziel, israelische Vorschläge für die Erreichung des Sonderstatus auszuarbeiten. Im Juni 2002 legte das Forum seine Empfehlungen vor, deren Umsetzung in der Tat einen Sonderstatus Israels nach „Schweizer Modell"[554] begründen würde.[555] Der Beginn der zweiten Intifada und die damit verbundene Verschärfung des Nahostkonflikts hatten in den vergangenen Jahren aber europaweit zu einer Welle der Ablehnung gegenüber Israel geführt, weswegen diese Empfehlungen weder umfassend diskutiert noch umgesetzt wurden.

Erst der international sehr positiv bewertete einseitige Rückzug Israels aus dem Gazastreifen und dem nördlichen Westjordanland im September 2005 bewirkte einen deutlichen Stimmungsumschwung der öffentlichen Meinung in Europa. Dennoch stehen zurzeit bei gemeinsamen Gesprächen und Diskussionen nicht die nähere Ausgestaltung des privilegierten Status Israels im Vordergrund, sondern die Nachbarschaftspolitik und die damit verbundene Umsetzung der im Aktionsplan für Israel vorgesehenen Maßnahmen.

4. Privilegierter Status – privilegierte Partnerschaft

Zu einigen Staaten, wie den EFTA-Staaten, unterhält die EU „privilegierte Beziehungen"[556]. Durch die Nachbarschaftspolitik soll zwischen der EU und dem jeweiligen Nachbarstaat eine „privilegierte Partnerschaft" entstehen.[557] Schließlich hat die EU Israel als bislang einzigem Staat ausdrücklich einen „privilegierten Status" verliehen, ohne aber in den Schlussfolgerungen des Europäischen Rates von Essen oder an anderer Stelle zu definieren, was sie darunter versteht. Klar ist nur, dass der privilegierte Status weitreichender ist als die im Rahmen der Nachbarschaftspolitik angestrebte privilegierte Partnerschaft. Dies wird – abgesehen von der unterschiedlichen Wortwahl – vor allem durch den Aktionsplan für Israel deutlich. Dort wird ausdrücklich auf den privilegierten Status Is-

---

[554] Siehe dazu ausführlich unten C. II. 3.

[555] Schael, Israel's Way to the European Union, Documentation of the Israel-EU-Forum at Tel Aviv University from its Establishment in Spring 2000 until June 2002; näher dazu die folgenden Ausführungen.

[556] Vgl. insoweit als Beispiel den zweiten Erwägungsgrund der Präambel des EWR-Abkommens v. 02.05.1992, Abl. EG 1994, L 1, S. 3 ff.

[557] Vgl. Strategiepapier der Kommission (Fn. 483), S. 3.

raels Bezug genommen, indem ausgeführt wird, dass „dieser Aktionsplan dazu beitragen wird, die Erklärung von Essen zu erfüllen, soweit wir damit den zukünftigen Weg und den Rahmen der Beziehungen zwischen der EU und Israel formen“.[558] Offen bleibt aber nach wie vor, wie die Erklärung von Essen im Einzelnen erfüllt werden kann.

II. Umsetzung des privilegierten Status

Israel erhofft sich vom privilegierten Status, dass es mit der EU in einer dauerhaft institutionalisierten Weise verbunden wird, die unabhängig ist von vorübergehenden politischen Interessen.[559] Für die Herstellung dieser dauerhaften Verbindung werden verschiedene Modelle diskutiert, wie z.B. der Beitritt Israels zur EU, das EWR-Modell und das Schweizer-Modell.

1. Beitritt Israels zur EU

Die intensivste Form der Verbindung wäre ein Beitritt Israels zur EU. Zwar stellt die Nachbarschaftspolitik klar, dass für Israel zumindest derzeit keine Beitrittsperspektive besteht. Angesichts der engen wirtschaftlichen Beziehungen zwischen der EU und Israel wird dennoch von beiden Seiten immer mal wieder die Idee eines potentiellen Beitritts diskutiert.

In Israel wurde durch einen Beitrag der Wissenschaftler Josef Gorni und Aharon Zeidenberg in der Zeitung Haaretz im Oktober 2001 die Diskussion angestoßen und seit dem in regelmäßigen Abständen von den Medien thematisiert.[560] Im Mai 2002 unterzeichnete eine Gruppe von Knesset[561]-Abgeordneten ein Manifest, mit dem sie einen Beitritt Israels zur EU befürworteten.[562] Im November 2002 erklärte der damalige israelische Außenminister und frühere Ministerpräsident Benjamin Netanyahu, dass Israel der EU beitreten wolle – eine Idee, die sein Nachfolger im Amt, Silvan Shalom, im Mai 2003 gegenüber der Delegation

[558] Aktionsplan für Israel (Fn. 494), Einleitung.

[559] *Primor*, Herausforderungen an Europa, S. 112, 113, 130.

[560] *Josef Gorni/Aharon Zeidenberg*, Toward the Mediterranean European Rainbow, Haaretz v. 03.10.2001; *Thomas O'Dwyer*, Nothing Personal/ Europa-bound, Haaretz v. 23.05.2003.

[561] Die Knesset (dt. Versammlung) ist das israelische Parlament.

[562] *Dror/Prado*, Israeli Grand Strategy towards the EU, S. 17, 30.

des EP für die Beziehungen zu Israel aufgriff.[563] Nicht nur Politiker, sondern auch die israelische Bevölkerung ist für einen Beitritt Israels: Bei einer im März 2004 im Auftrag der Vertretung der Europäischen Union durchgeführten Meinungsumfrage in Israel befürworteten 85 % der Israelis ein Beitrittsgesuch Israels.[564] Allerdings wird in derselben Umfrage auch eine ausgeprägte Europafeindlichkeit deutlich, da 74 % der Israelis bemängelten, dass sich Europa gegenüber Israel unfair und pro-palästinensisch verhalte. Die Haltung der EU gegenüber Israel sei eine Form von Antisemitismus, die sich hinter fadenscheinigen Moralvorstellungen verstecke. Ob die israelische Bevölkerung damit – sollte es jemals soweit kommen – wirklich einen Beitritt unterstützen würde, ist überaus fraglich.

Auch von europäischer Seite wird gelegentlich ein Beitritt Israels zur EU aufgegriffen. So führte der frühere italienische Ministerpräsident Silvio Berlusconi, der seit einigen Jahren den Beitritt Israel zur EU befürwortet, 2004 aus, dass „nach italienischer Auffassung Israel vollkommen europäisch ist gemessen am Lebensstandard, gemeinsamen Erbe und kulturellen Werten. Die geographische Einordnung des Landes ist nicht entscheidend."[565] Auch die Transnationale Radikale Partei, die dem Europäischen Parlament angehört, führt seit Jahren eine Kampagne für einen Beitritt Israels zur EU.[566] Von offizieller Seite wird Israel derzeit aber nicht als Beitrittskandidat in Betracht gezogen. Die für die Auswärtigen Beziehungen zuständige EU-Kommissarin Benita Ferrero-Waldner führte aus, dass „wir im Rahmen der Nachbarschaftspolitik Israel und die EU enger zusammenbringen werden, wobei die Frage der EU-Mitgliedschaft nicht auf der Agenda steht."[567]

Abgesehen davon, dass der EU-Beitritt Israels zurzeit von keiner Seite ernsthaft erwogen wird, sprechen verschiedene Gründe gegen einen solchen Beitritt, die im Folgenden ausgeführt werden.

---

[563] „I can't exclude the formal request to Israel to become member of the European Union" adding „we will be glad to be accepted by the European Union", zitiert auf der Homepage der Transnational Radical Party unter www.radicalparty.org/welcome2.html.

[564] *Ilil Shahar*, Survey: 85 % of Israelis wish to join "anti-Semitic" EU, Maariv international v. 11.03.2004. Umfrageergebnisse in Auszügen abgedruckt in Dror/Pardo, Grand Strategy towards Europe, S. 17, 29 f.

[565] *Hadas Manor*, Berlusconi: Italy will Support Israeli EU Membership, Globes v. 03.10.2004.

[566] Kampagne abrufbar unter www.radicalparty.org/welcome2.html.

[567] *Adar Primor*, EU Commissioner for External Relations: We will take advantage of the improvement of Relations with the USA for a deeper involvement of the EU in the Peace Process, Haaretz v. 08.02.2005.

a) Europäischer Staat

Nach Art. 49 EU kann jeder europäische Staat, der die in Art. 6 Abs. 1 EU genannten Grundsätze achtet, einen Antrag auf Mitgliedschaft stellen. Voraussetzung wäre demnach, dass Israel ein europäischer Staat wäre. In geographischer Hinsicht gehört Israel unstreitig nicht zu Europa.

Neben rein geographischen Kriterien spielen aber auch historisch-kulturelle Aspekte eine Rolle, um einen Staat als europäisch zu qualifizieren.[568] Gerade von israelischer Seite wird vertreten, dass Israel in kultureller Hinsicht zu Europa gehöre. Israel sei zwar „nicht in Europa, aber von Europa".[569] Israel sei eine „euromediterrane Gesellschaft, die demographisch und kulturell überwiegend europäisch beeinflusst sei".[570]

aa) In demographischer Hinsicht

Richtig ist, dass die ersten jüdischen Einwanderer im 19. und 20. Jahrhundert hauptsächlich aus Europa stammten[571]. Auch Theodor Herzl, der im 19. Jahrhundert die zionistische Bewegung gegründet hatte, hatte die klare Vorstellung von einem eigenen Judenstaat europäischer Prägung im Nahen Osten.[572] Die Kinder der ersten Pioniere, die im Land Israel geboren und aufgewachsen waren, hatten zwar Anfang des 20. Jahrhunderts ein wachsendes Interesse gegenüber ihrer arabischen Umgebung entwickelt. Aber trotz einer gewissen Faszination gegenüber der arabischen Kultur und Bevölkerung konnten auch sie ihr europäisches Erbe und den Wunsch, zur westlichen Welt (und das war für sie vor dem 2. Weltkrieg hauptsächlich Europa) zu gehören, zu dem Zeitpunkt nicht wirklich aufgeben.[573]

---

568 Siehe oben A. VII. 2.

569 Zitat des deutsch-israelischen Historikers Dan Diner, zitiert in: *Tovias*, Mapping Israel's policy options, S. 9.

570 *Gorni/Zeidenberg* (Fn. 560).

571 Während der 1. Einwanderungswelle (hebr. Alijah) kamen von 1882 bis 1903 ca. 30.000 Einwanderer aus Russland; 2. Alijah (1904 – 1914) ca. 40.000 Einwanderer aus Russland und Polen; 3. Alijah (1919 – 1923) ca. 35.000 Einwanderer aus Russland bzw. der Sowjetunion und Polen; 4. Alijah (1924 –1931) ca. 80.000 Einwanderer aus der Sowjetunion und Polen; 5. Alijah (1932 – 1938) ca. 200.000 Einwanderer aus Polen und Deutschland; 1939 – 1945 ca. 80.000 Einwanderer aus Polen, Deutschland, Rumänien, Ungarn und der Tschechoslowakei; 1946 – 1948 ca. 56.000 Einwanderer aus Polen und Rumänien (Zahlen aus: Timm, Israel, S. 348).

572 *Herzl*, Der Judenstaat.

573 *Primor*, Introduction, S. 7.

Diese Einstellung wandelte sich aber spätestens mit Ende des 2. Weltkrieges und dem Ende der britischen Mandatszeit. Viele Israelis, insbesondere die aus Europa stammenden, die damals die große Mehrheit der Bevölkerung bildeten, wandten sich nach der Staatsgründung Israels von Europa ab. In den Jahren nach dem Unabhängigkeitskrieg von 1948 nahm dann die Einwanderung europäischer Juden ab, hingegen die Einwanderung von Juden aus den umliegenden arabischen Ländern zu, da die dort ansässigen jüdischen Staatsbürger als potenzielle Verbündete Israels zunehmend diskriminiert und vielfach auch zum Verlassen ihres jeweiligen Heimatlandes aufgefordert wurden.[574] So kamen in den Jahren von 1952 – 1968 nur 29,3 % der Einwanderer aus Europa, während fast 50 % aus Afrika und Asien kamen.[575]

Seit den späten 1960er hat die Einwanderung aus europäischen Ländern und insbesondere seit dem Umbruch in der Sowjetunion im Jahr 1989 die Einwanderung russischer Bürger wieder stark zugenommen. So kamen zwischen 1990 und 2002 fast 900.000 Menschen aus den GUS-Staaten nach Israel.[576] Sie bilden nach wie vor die stärkste Einwanderungsgruppe, auch wenn seit 2004 der Anteil der Einwanderer aus den GUS-Staaten wieder unter 50 % gesunken ist.[577] Mit den 250.000 Fremdarbeitern, die vor allem aus Rumänien, Thailand, den Philippinen, dem Libanon, Russland, China, der Türkei und Bulgarien stammen, leben in Israel heutzutage Menschen aus über 80 verschiedenen Ländern. Angesichts der unterschiedlichen geographischen Herkunft der Bevölkerung Israels kann man in demographischer Hinsicht nicht von einem „europäisch geprägten" Volk sprechen.

bb) In kultureller Hinsicht

Es ließe sich aber vertreten, dass Israel in kultureller Hinsicht ein europäischer Staat sei, da Israel als einziger nichteuropäischer Staat an europäischen kulturellen Veranstaltungen wie dem Eurovision Song Contest und an europäischen Sportwettbewerben wie dem UEFA (Union of European Football Association) Cup teilnimmt.

---

[574] Als Folge des israelischen Unabhängigkeitskrieges wurden ca. 750.000 Juden aus den umliegenden arabischen Ländern vertrieben und flohen mittellos nach Israel, wo sie als Staatsbürger integriert wurden.

[575] *Timm*, Israel, S. 348.

[576] Vgl. Angaben des Israelischen Zentralbüros für Statistik, Statistical Abstract of Israel 2003, No. 54, Jerusalem 2003.

[577] Die restlichen Einwanderer kamen z.B. im Jahr 2004 aus Äthiopien (18 %), Frankreich (10 %), USA (9 %) und der Rest aus verschiedenen anderen Ländern.

Dass der israelische Fußballverband IFA seit 1994 vollständiges Mitglied der UEFA ist, liegt aber darin begründet, dass Israel aus politischen Gründen aus dem Asiatischen Fußballverband (AFC), dessen Mitglied es von 1956 bis 1974 war, wegen des wachsenden Widerstandes der arabisch-muslimischen AFC-Mitglieder austreten musste. Ähnliches gilt auch für die Teilnahme Israels an sonstigen europäischen kulturellen Veranstaltungen.

Aber selbst wenn man Israel in kultureller Hinsicht als einen europäisch geprägten Staat ansehen würde, wäre diese Prägung nicht ausreichend, da die Begriffsbestimmung des europäischen Staates nicht allein anhand historisch-kultureller Kriterien erfolgen kann. Diese dienen vielmehr nur dazu, den geographischen Begriff in Zweifelsfällen zu ergänzen. Zwar könnte man zu dem Schluss kommen, dass spätestens seit der offiziellen Aufnahme von Beitrittsverhandlungen mit der Türkei im Oktober 2005 das Merkmal „europäischer Staat" in geographischer Hinsicht sehr weit interpretiert wird und demzufolge auch Staaten am Rand Europas erfasst wären. Erforderlich ist aber zumindest eine partielle Zugehörigkeit zum europäischen Kontinent[578], die im Fall der Türkei vorliegt, im Fall von Israel aber gerade nicht gegeben ist.

cc) Praxis anderer internationaler Organisationen

Faktisch ist die Qualifizierung von Staaten als europäisch durch die Praxis anderer internationaler Organisationen präjudiziert.[579]

Israel ist seit dem 11. Mai 1949 Mitglied der Vereinten Nationen und seit sechs Jahren temporäres Mitglied der westeuropäischen Regionalgruppe der UNO. Auch wenn dies in der Charta der Vereinten Nationen nicht vorgesehen ist, arbeitet die UNO auf der Basis von Regionalgruppen. Insbesondere die Verteilung von Sitzen und Ämtern in den verschiedenen Gremien erfolgt nach regionalen Gesichtspunkten, weswegen die Mitgliedschaft in einer der fünf Regionalgruppen für alle Mitgliedstaaten äußerst wichtig ist.[580] Bis vor sechs Jahren gehörte Israel keiner Regionalgruppe an. Nach seiner geographischen Lage müsste Israel der Asiatischen Gruppe zugeordnet werden. Die Blockade der Arabischen Liga, die diese Gruppe dominiert, hat aber zu einem dauerhaften Ausschluss Israels aus dieser Gruppe geführt.[581] Deswegen wurde Israel als temporäres Mitglied in die Gruppe „Western European and Others Group" (WEOG)

---

[578] Siehe oben A. VII. 2.
[579] Siehe oben A. VII. 2.
[580] *Von Benningsen*, in: Wolfrum, Vereinte Nationen, Kap. 9, Rn. 8 f.
[581] *Gershon Kedar*, Stellen Sie sich Israel als Mitglied des UNO-Sicherheitsrates vor, Jerusalem Post v. 10.05.2006 (engl.).

aufgenommen, welche sich aus den westeuropäischen Staaten sowie den Staaten, die sich der abendländischen Welt zuordnen – das sind die USA, Kanada, Australien und Neuseeland –, zusammensetzt. Da in der westeuropäischen Gruppe auch vier nichteuropäische Staaten vertreten sind und Israel außerdem auch kein gleichwertiges Mitglied in dieser Gruppe ist, sondern eher einen Beobachterstatus hat, lassen sich aus der Mitgliedschaft Israels in der WEOG keine Rückschlüsse für eine Einordnung des Landes als europäisches Land ziehen.

Im Europarat ist Israel weder vollständiges noch assoziiertes[582] Mitglied, sondern das israelische Parlament, die Knesset, besitzt neben den Parlamenten von Kanada und Mexiko lediglich einen Beobachterstatus in der Beratenden Versammlung. Aus diesem Beobachterstatus ohne eigene Rechte kann eine Einordnung Israels als europäischer Staat nicht präjudiziert werden.

dd) Sicherheitspolitische Gründe – Vorbild Türkei

Im Oktober 2005 nahm die EU mit der Türkei offiziell Beitrittsverhandlungen auf. Nach dem Verhandlungsrahmen, der von den EU-Mitgliedstaaten sowie der Türkei verabschiedet wurde, ist das gemeinsame Ziel der Verhandlungen der Beitritt.[583] Da der größte Teil des türkischen Staatsgebietes nicht in Europa liegt, wird auch weniger der europäische Charakter des Landes betont, als die mit einem Beitritt des Landes verbundene Annäherung der EU an den Islam.[584] Das heißt, es geht weniger darum, einen weiteren Staat ins gemeinsame Haus zu holen, als letztlich um sicherheitspolitische Erwägungen.

Ähnliches wäre auch für Israel denkbar: Nicht Fortschritte im Friedensprozess wären Voraussetzung für eine weitere Annäherung, sondern die Aussicht auf einen Beitritt würde die Friedensbereitschaft Israels stärken. Israels Sicherheit und Existenz wären als EU-Mitglied dauerhaft gesichert und es erscheint als wahrscheinlich, dass es aus dieser sicheren Position heraus viel eher in der Lage wäre, gute Beziehungen zu seinen arabischen Nachbarn zu knüpfen.[585] Israel könnte so als Brücke zwischen Europa und dem Nahen Osten fungieren.

Die EU ist aber erstens erweiterungsmüde und hat zweitens kein Interesse daran, einen Staat aufzunehmen, auf dessen Territorium weiterhin der israelisch-

---

[582] Nach Art. 5 der Satzung des Europarates kann ein europäisches Land Mitglied im Europarat werden. Die assoziierten Mitglieder sind dann in der Beratenden Versammlung vertreten, nicht aber im Ministerkomitee.

[583] Verhandlungsrahmen zwischen der EU und der Türkei v. 03.10.2005, Nr. 2, http://europa.eu.int/comm/enlargement/docs/pdf/st20002_en05_TR_framedoc.pdf.

[584] *Wehler*, Die türkische Frage, FAZ v. 19.12.2003.

[585] *Lypp*, Europäische Perspektive für Israel, S. 155, 174 f.

palästinensische Konflikt ausgetragen wird.[586] In ihrer Erklärung zur Strategischen Partnerschaft der EU für den Mittelmeerraum hat die EU vielmehr klargestellt, dass sie nachdrücklich für die Lösung des arabisch-israelischen Konflikts im Rahmen des Nahostquartetts eintreten will.[587] Außerdem hat Israel für die EU nicht die strategische Bedeutung, die die Türkei für die Europäische Union hat. Auch sicherheitspolitische Gründe sprechen daher nicht für einen Beitritt Israels.

ee) Vertragsänderung

Der Beitritt eines nichteuropäischen Staates ist nur im Wege einer Vertragsänderung nach Art. 48 EU möglich. Die EU ist aber schon mit den Erweiterungen vom Mai 2004 und vom Januar 2007 an ihre Grenzen gestoßen. Die momentanen Erweiterungsverhandlungen mit zahlreichen europäischen Beitrittskandidaten werden von den derzeitigen Mitgliedstaaten überaus kritisch betrachtet. Vor diesem Hintergrund ist nicht damit zu rechnen, dass die EU in naher Zukunft durch eine großzügige Interpretation des Kriteriums „europäischer Staat" oder gar den Verzicht auf dieses Kriterium den Kreis der potentiellen Beitrittsländer noch weiter ziehen wird, zumal sie dann wahrscheinlich ihren Charakter als supranationale Organisation verlieren und lediglich eine riesige Freihandelszone darstellen würde.

b) Erfüllung der Kopenhagener Kriterien

Sollte dennoch über eine Vertragsänderung der Kreis der potentiellen Mitgliedstaaten erweitert werden, stellt sich die Frage, ob Israel die sonstigen Voraussetzungen für einen Beitritt, insbesondere die Kopenhagener Kriterien[588], erfüllen würde.

aa) Politisches Kriterium

Israel müsste über eine demokratische und rechtsstaatliche Ordnung verfügen, durch die die institutionelle Stabilität garantiert wird. Daneben müsste Israel die

[586] *Schäfer*, Euro-Mediterrane Partnerschaft und der Nahostkonflikt, S. 22, 28.
[587] Siehe dazu oben B. V. 5.
[588] Siehe dazu oben A. VII. 3.

Menschenrechte wahren sowie Minderheiten achten und schützen. Israel ist eine funktionierende parlamentarische Demokratie und ein Rechtsstaat, in dem die Menschenrechte grundsätzlich geachtet werden.[589] Problematisch sind aber aus europäischer Sicht die Durchsetzung der Menschenrechte in den besetzten Gebieten und der Umgang mit Minderheiten.[590]

aaa) Weitergeltung der Notstandsgesetze

In den besetzten Gebieten kommen noch die aus der britischen Mandatszeit stammenden Notstandsgesetze („Defence Regulations") von 1945 zur Anwendung, wonach im Fall des Notstands Menschen ohne gerichtliches Verfahren und für unbestimmte Zeit in Haft genommen (sog. Verwaltungshaft - „administrative detention"), Häuser von Terroristen oder deren Familien zerstört oder bestimmte Personen aus dem Land ausgewiesen werden können.[591] Seit 1996 verlangt zwar das israelische „Grundgesetz für die Regierung"[592], dass das Bestehen eines Notstandes jährlich überprüft und genehmigt wird – was aber in der Regel automatisch geschieht.

Problematisch sind aus Sicht der EU auch die seit dem Ausbruch der zweiten Intifada verstärkt aufgenommenen gezielten Tötungen („targeted killings") von Terroristen, denen aber auch immer wieder Unschuldige zum Opfer fallen,[593]

---

[589] Vgl. Aktionsplan für Israel (Fn. 494), Introduction.

[590] Die folgenden Ausführungen basieren auf dem von der Europäischen Kommission erstellten Länderbericht für Israel v. 12.05.2004, COM(2004), 373 final, S. 8 ff.

[591] Zum Ende der britischen Mandatszeit hatten sich sowohl auf arabischer als auch auf jüdischer Seite Terrorgruppen gebildet. Insbesondere der stärker werdende jüdische Untergrund sollte durch diese Notstandsgesetze bekämpft werden. Während der jordanischen Herrschaft über das Westjordanland und der ägyptischen Herrschaft über den Gazastreifen von 1949 bis 1967 galten diese Gesetze weiter. Als die israelische Armee 1967 das Westjordanland besetzte, bildeten diese Gesetze einen Teil der Landesgesetze, die von den Besatzern nach Art. 43 der Haager Landkriegsordnung von 1907 zu beachten waren. Vgl. dazu *Gundermann*, Die Rolle des Obersten Gerichtshofs, S. 88. Im Länderbericht der Kommission wird hingegen ausgeführt, dass die offizielle Begründung für die Weitergeltung der Gesetze die ernste Sicherheitslage sei, vgl. Bericht (Fn. 590), S. 8.

[592] Israel verfügt über keine geschriebene Verfassung. Stattdessen gibt es verschiedene Grundgesetze („Basic Laws").

[593] Allerdings ist anzumerken, dass nach Angaben des Institute for Counter Terrorism of Herzliya ca. 17 % aller palästinensischen Todesfälle in diesem Konflikt Zivilisten sind, während es auf israelischer Seite ca. 70 % Zivilisten sind. Vgl. Erklärung des israelischen Außenministeriums v. 22.06.2006 zur terroristischen Verantwortung für zivile Opfer, abgedruckt im Newsletter der israelischen Botschaft v. 23.06.2006, http://nlarchiv.israel.de. Vgl. dazu auch Urteil des OGH v. 14.12.2006, HCJ 769/02, http://elyon1.court.gov.il/Files_ENG/02/

sowie die Anwendung von Folter. Zwar hat der israelische Oberste Gerichtshof die Anwendung von physischer Gewalt bereits 1999 für verfassungswidrig erklärt,[594] was zu einer Kehrtwende bei den Verhörmethoden der israelischen Sicherheitsdienste geführt hat und was auch von Menschenrechtsorganisationen anerkannt wurde. Doch seit dem Ausbruch der zweiten Intifada werden erneut Foltervorwürfe erhoben.[595]

690/007/a34/02007690.a34.HTM. Der OGH hat darin ausgeführt das Festnahmen, Ermittlungen und Strafverfahren nicht immer als Mittel zur Verfügung stünden. Daher könnten gezielte Tötungen im Voraus nicht immer als verboten im Sinne des herkömmlichen Völkerrechts eingestuft werden. Andererseits könnte im Voraus nicht festgelegt werden, dass jede gezielte Tötung im Sinne des Völkerrechts zulässig sei. Liquidierungen seien nur dann rechtens, wenn die erwarteten zivilen Opfer nicht im Missverhältnis zum erhofften militärischen Nutzen stünden. So seien gezielte Schüsse auf gegnerische Kämpfer oder Scharfschützen auch dann erlaubt, wenn ein Passant getroffen werden könne. Das sei aber nicht der Fall, wenn durch einen Luftangriff Bewohner oder Nachbarn eines beschossenen Gebäudes in Mitleidenschaft gezogen würden. Die Rechtmäßigkeit einer gezielten Tötung müsse demnach von Fall zu Fall entschieden werden. Die Identität der Zielperson müsse mit Sicherheit bekannt sein und mögliche Entschädigungen für unschuldige Opfer müssten in Betracht gezogen werden.

[594] Urteil des OGH v. 06.09.1999, HCJ 5100/94, 4054/95, 6536/95, 5188/96, abgedruckt in: Judgements of the Israel Supreme Court, S. 25 ff. Danach sind angemessene Befragungen von Verdächtigen erlaubt, wobei eine Befragung nur angemessen sein kann, wenn sie frei von grausamer, unmenschlicher und herabwürdigender Behandlung ist. Eine effektive Befragung ist auch möglich durch die Anwendung spezieller Techniken, ohne dass die Anwendung physischer Gewalt erforderlich ist. Dementsprechend lehnt der OGH die Rechtmäßigkeit von bestimmten Praktiken, wie z.B. das Schütteln des Verdächtigen und die sog. Shabak-Methode (dabei wird der Verdächtige auf einen niedrigen Stuhl gesetzt, seine Hände mit zu kleinen Handschellen auf dem Rücken gefesselt, ihm ein Sack übergestülpt und er lauter Musik ausgesetzt), ab. Dies gilt auch in den Fällen von sog. Zeitbomben („ticking bombs"), in denen ein Verdächtiger um den Ort einer bald explodierenden Bombe weiß, die zahlreiche Menschen töten wird. Zwar kennt das Strafrecht den Rechtfertigungsgrund der Erforderlichkeit („necessity"). Dieser kann aber nur im Nachhinein dem Befragenden in einem Strafprozess zugute kommen und kann nicht dazu dienen, die Anwendung von Gewalt von vornherein zu legitimieren. Dazu bedarf es vielmehr einer ausdrücklichen gesetzlichen Grundlage, die aber im konkreten Fall nicht existiert. Weder die Regierung noch die Führung der Sicherheitskräfte sind ermächtigt, Direktiven zu erlassen, die die Anwendung von physischer Gewalt während einer Befragung regeln. Nach dem Rechtsstaatsprinzip und dem Prinzip der Gewaltenteilung steht eine solche Entscheidung nur dem Parlament zu.

[595] Die Vorwürfe beruhen auf dem Umstand, dass eine genaue Bewertung der Lage nicht möglich ist, weil dem Sonderberichterstatter der UN-Menschenrechtskommission (UNHCR) im Jahr 2002 nicht gestattet worden war, israelische Gefängnisse zu besuchen oder mit Beamten zu sprechen, die bei der Prüfung der Richtigkeit dieser Vorwürfe hätten behilflich sein können; vgl. dazu Länderbericht (Fn. 590), S. 10.

bbb) Sicherheitszaun

Ein weiteres Problem in Bezug auf die Menschenrechte im Gazastreifen und Westjordanland stellt der Sicherheitszaun dar, durch den die israelische Bevölkerung vor terroristischen Anschlägen geschützt werden soll.[596] Er wird teilweise auf der sog. Grünen Linie, der vor dem Sechstagekrieg von 1967 zwischen Israel und dem Westjordanland geltenden Grenze, teilweise aber auch auf palästinensischem Boden errichtet.

In seinem nicht bindenden Gutachten vom 9. Juli 2004 hat der Internationale Gerichtshof festgestellt, dass die „Mauer"[597], soweit sie sich auf palästinensischem Gebiet befinde, völkerrechtswidrig sei, weil sie die Palästinenser in ihrer Bewegungsfreiheit, bei der Arbeitssuche und -ausübung, bei Bildungsanstrengungen sowie der Gesundheitsversorgung einschränke.[598] Die UNO-Vollversammlung schloss sich dem Gutachten an und forderte Israel mit ihrer am 20. Juli 2004 mit 150 gegen sechs Stimmen angenommenen Resolution zum Abriss der Mauer auf, wobei sämtliche EU-Mitgliedstaaten die Resolution unterstützten.[599] Abgesehen davon hat die EU wiederholt gefordert, die Errichtung

[596] 99 % aller Anschläge werden vom Westjordanland und nicht vom bereits abgetrennten Gazastreifen ausgeführt. Mit dem Bau der ca. 640 km langen Absperrung, die das israelische Kernland vom Westjordanland trennen soll, erhofft sich die israelische Regierung eine Reduzierung der Anschläge. Der Bau wurde im Jahr 2003 begonnen. Die Fertigstellung sollte ursprünglich im Sommer 2005 erfolgen, sie verzögert sich aber wegen verschiedener anhängiger Verfahren vor dem Obersten Gerichtshof in Israel hinsichtlich des konkreten Verlaufs. Der überwiegende Teil der Sperranlagen (etwa 600 km) wird als schwer gesicherter Metallzaun mit Stacheldraht, einem Graben, einem Zaun mit Bewegungsmeldern, einem geharkten Sandstreifen zur Verfolgung von Fußabdrücken, einem geteerten Patroullienweg sowie weiterem Stacheldraht auf der israelischen Seite errichtet. Zu beiden Seiten des Zauns wird auf insgesamt 70 m ein militärisches Sperrgebiet errichtet, welches von Beobachtungsposten zusätzlich optisch überwacht wird. In den Bereichen, wo diese Breite nicht eingehalten werden kann, in der Nähe von Qalqiliya und Jerusalem, wird eine bis zu 8 m hohe Mauer aus Stahlbeton errichtet. Die Betonverstärkungen des Zauns, die ca. 3 % der gesamten Strecke ausmachen, dienen als Schutz gegen Feuerüberfälle auf Autos und Menschen auf der israelischen Seite. Vgl. dazu Seite des israelischen Verteidigungsministeriums, http://securityfence.mfa.gov.il.

[597] Der Gerichtspräsident betonte, dass das Gericht in seinem Gutachten bewusst von einer Mauer und nicht, wie Israel, von einem Zaun oder einer Barriere gesprochen habe – obwohl nur der kleinste Teil der Anlage aus einer Mauer besteht (vgl. dazu Fn. 596).

[598] Urteil des IGH v. 09.07.2003, abrufbar unter: http://www.icj-cij.org/ icjwww/idecisions.htm.

[599] UN-Resolution ES-10/15 v. 20.07.2004. Der Resolution lag ein Entwurf arabischer und blockfreier Staaten zugrunde, nach dem Israel zum Abriss der Mauer aufgefordert und Israel

des „so genannten Sicherheitszaunes“ auf palästinensischem Land zu stoppen, weil dadurch künftige Verhandlungen präjudiziert würden und eine Zweistaatenlösung physisch undurchführbar wäre.[600]

Die israelische Regierung hält aber nach wie vor am Bau des Zaunes („separation fence“) fest, da durch ihn die Zahl der Selbstmordanschläge drastisch gesunken ist,[601] was auch in der EU mittlerweile vereinzelt eingeräumt wird.[602]

Der Oberste Gerichtshof (OGH) in Israel hat in seinem Grundsatzurteil von Juni 2004[603] den Bau des Zaunes grundsätzlich gebilligt, da der Bau von Sicherheitserwägungen getragen sei und damit gerade keine politische Entscheidung über die zukünftigen Grenzen des Staates Israel getroffen werde. Gerade weil der Sicherheitsaspekt im Vordergrund stehe, könne der Zaun nicht per se auf der Grünen Linie errichtet werden, sondern müsse da gebaut werden, wo die Sicherheit es gebiete. Nach dem internationalen Kriegsrecht, das auf die besetzten Gebiete anwendbar ist, sei der für die Gebiete zuständige Militärkommandant auch berechtigt, Land in Besitz zu nehmen, wenn das für die Belange der Armee erforderlich sei, wobei die Betroffenen für den Verlust ihres Landes angemessen zu entschädigen seien. Dabei seien aber die Sicherheitsinteressen des Staates Israel gegen die Rechte, Bedürfnisse und Interessen der örtlichen Bevölkerung nach dem Grundsatz der Verhältnismäßigkeit abzuwägen. Da dieser Grundsatz im konkreten Fall nicht gewahrt worden war, musste der Verlauf des Zauns für

---

anderenfalls Strafmaßnahmen in Aussicht gestellt werden. Mit dem zweiten Teil ihres Entwurfs konnten sich die arabischen Staaten allerdings nicht durchsetzen.

600 Schlussfolgerungen des Europäischen Rates von Brüssel v. 12. Dezember 2003, EG Bull. 12-2003, I.21.58.

601 Bei Selbstmordattentaten, die vom Westjordanland ausgingen, wurden im Jahr 2003 in Gebieten mit Zaun insgesamt 46 Menschen ermordet, 221 wurden verletzt. In Gebieten ohne Zaun waren es 89 Tote und 411 Verletzte. Im ersten Halbjahr 2004 (bis einschließlich Juni) wurden bei Selbstmordattentaten in Gebieten ohne Zaun 19 Menschen getötet und 102 wurden verletzt. In Gebieten mit Zaun starben in demselben Zeitraum keine Menschen. Seit Fertigstellung des Sicherheitszaunes um den Gazastreifen im Jahr 1996 gelang es keinem von dort stammenden Attentäter mehr, einen Anschlag in Israel auszuführen. Vgl. Newsletter der israelischen Botschaft v. 02.07.2004, v. 09.07.2004, http://nlarchiv. israel.de.

602 *Silke Mertins/Rainer Koch*, EU räumt Erfolg israelischer Sperranlage ein, Financial Times Deutschland v. 8.10.2004. In dem Artikel räumt der frühere belgische Botschafter in Israel und heutige EU-Sonderbeauftragte für die Region Marc Otte ein, dass er die Wirkung des Zauns zwar anerkenne, aber ihn deshalb nicht gutheiße, da die völkerrechtliche Problematik bestehen bleibe.

603 Urteil des OGH v. 30.06.2004, HCJ 2056/04, Beit Sourik Village Council vs. the Government of Israel and the Commander of the IDF Forces in the West Bank, abgedruckt in: Judgements of the Israel Supreme Court, S. 179 ff.

den betroffenen Abschnitt von der Regierung korrigiert werden. Ähnlich entschied der OGH auch in weiteren Verfahren.

Auch wenn der OGH darauf achtet, dass die Interessen der palästinensischen Bevölkerung angemessen berücksichtigt werden, bleibt der Bau bzw. die Existenz des Zaunes weiterhin ein Streitpunkt zwischen der EU und Israel und würde die Verhandlungen für einen potentiellen Beitritt erschweren.

ccc) Umgang mit der arabischen Minderheit

Auch der Umgang mit der arabischen Minderheit wird von der EU kritisiert.[604] Durch die Unabhängigkeitserklärung Israels vom 14. Mai 1948 werden die Gleichberechtigung aller Bürger sowie die Religionsfreiheit garantiert.[605] Es gibt keine Staatsreligion. Gleichzeitig ist Israel nach der Unabhängigkeitserklärung aber ein jüdischer Staat. Dementsprechend hat das jüdische Recht, die Halacha, auch großen Einfluss auf die israelische Gesetzgebung sowie das öffentliche Leben.[606] Dadurch wird die nichtjüdische Minderheit, die einen Anteil von 23 % der Bevölkerung ausmacht[607], benachteiligt. Auch haben aufgrund des Nahostkonflikts Sicherheitsüberlegungen oft Vorrang vor dem weiteren Ausbau der Zivilgesellschaft. Nach den Ergebnissen einer israelischen Kommission aus dem Jahr 2003 („Or Commission“) leidet vor allem die arabische Minderheit unter Diskriminierung in Bereichen wie Haushaltszuteilungen, Arbeit, Bildung und Gesundheit. Auch wenn der Oberste Gerichtshof 2001 entschieden hat, dass arabische Israelis zu einer gerechten und verhältnismäßigen Repräsentation in Behörden berechtigt seien, sind sie bislang noch stark unterrepräsentiert.[608]

---

[604] Länderbericht für Israel (Fn. 590), S. 10.

[605] Abgedruckt in *Gundermann*, Die Rolle des OGH, S. 233 f.

[606] Die Fahne Israels ist dem traditionellen jüdischen Gebetsschal, dem Tallit, nachempfunden; die Menora, der siebenarmige Leuchter, der sich im ersten und zweiten Tempel befand, ist das Symbol des Staates; die Hymne des Staates ist die HaTikva, ein zionistisches Lied mit ausschließlich jüdischem Bezug; das Bildungsgesetz erklärt, die Ausbildung habe nach jüdischen Werten stattzufinden und solle zur Loyalität zum Staat und zum jüdischen Volk erziehen; alle Gesetze und staatlichen Verordnungen werden nicht nur mit dem Datum des gregorianischen, sondern auch mit dem des jüdischen Kalenders versehen; vgl. dazu *Gundermann*, Die Rolle des Obersten Gerichtshofs, S. 112 f.

[607] Die Minderheit setzt sich zusammen aus einem muslimischen Anteil (15,6 %), einem christlichen Anteil (2,1 %), einem drusischen Anteil (1,6 %) sowie anderen religiösen bzw. nicht religiös definierten Gruppen (3,5 %), vgl. Angaben des Israelischen Zentralbüros für Statistik (Fn. 576).

[608] Länderbericht für Israel (Fn. 590), S. 10.

bb) Wirtschaftliches Kriterium

In wirtschaftlicher Hinsicht müsste Israel über eine funktionsfähige Marktwirtschaft sowie die Fähigkeit, dem Wettbewerbsdruck und den Marktkräften innerhalb der Union standhalten zu können, verfügen. Der im Rahmen der Nachbarschaftspolitik aufgestellte Aktionsplan für Israel stellt ausdrücklich fest, dass Israel über eine funktionierende Marktwirtschaft verfügt.[609]

Der größte Anteil des wirtschaftlichen Gesamtaufkommens Israels (59 %) wird vom Dienstleistungssektor erbracht, danach folgt die Industrie mit 37 %.[610] Führend ist die israelische Wirtschaft und Forschung in der Zukunftstechnologie. Im Bereich der Ausgaben für Forschung und Entwicklung und im Bereich der öffentlichen Ausgaben für Bildung liegt Israel weltweit auf Platz 1.[611] 27 % der Fläche Israels ist landwirtschaftlich nutzbar. Mit der zunehmenden Urbanisierung und Industrialisierung des Landes hat die Landwirtschaft ihre dominierende volkswirtschaftliche Rolle der Anfangsjahre verloren. Die intensive und stark automatisierte Landwirtschaft erzeugt zwar nur 4 % des Bruttoinlandproduktes, sie erzielt aber 20 % der Exporterlöse. Neben landwirtschaftlichen Produkten werden vor allem High-Tech-Produkte exportiert.

Der Tourismus spielt aufgrund der Vielzahl bedeutender historischer und religiöser Stätten für Judentum, Christentum und Islam eine zentrale Rolle für die israelische Wirtschaft. Vor allem durch diesen Wirtschaftszweig kommen Devisen ins Land.

Ende 2000 begann für die israelische Wirtschaft eine mehrjährige Rezessionsphase, die vor allem auf den Ausbruch der zweiten Intifada und eine globale Krise im High-Tech-Bereich zurückzuführen war. Das Wirtschaftswachstum schrumpfte, die Zahl der Touristen ging stark zurück.[612]

2004 endete die dreijährige Rezession. Seit dem ist das Wirtschaftswachstum erheblich gestiegen,[613] die Arbeitslosigkeit zurückgegangen[614] und haben der

[609] Aktionsplan für Israel (Fn. 494), Introduction.

[610] Die folgenden Ausführungen stammen aus den länderkundlichen Informationen zu Israel, erarbeitet von ConAct (Koordinierungszentrum Deutsch-Israelischer Jugendaustausch), http://www.dija.de/cgi-bin/showcontent.asp? ThemaID=1378.

[611] Studie des Schweizer Instituts IMD, vgl. dazu Newsletter der israelischen Botschaft v. 31.05.2006, http://nlarchiv.israel.de.

[612] Im Jahr 2002 besuchten nur 861 900 Touristen Israel, 30% weniger als in 2001 mit 1,20 Millionen und 70% weniger als in 2000 mit 2,42 Millionen. Damit sanken die Einnahmen aus dem Tourismus im Jahr 2002 um 65 % gegenüber dem Jahr 2000.

[613] Im Jahr 2004 lag das Wirtschaftswachstum bei 4,2 %, im Jahr 2005 bei 5,2 % und im Jahr 2006 bei umgerechnet 6,6 % und bildet damit das größte Wirtschaftswachstum in der westlichen Welt. Das Bruttoinlandsprodukt (pro Kopf) wuchs im Jahr 2004 gegenüber dem Vorjahr um 2,6%, im Jahr 2005 um 3,3 % und im Jahr 2006 um umgerechnet 5,1 % und liegt derzeit

Export und der Tourismus wieder deutlich zugenommen.[615] Zurückzuführen ist die Wiederbelebung der Wirtschaft auf den spürbaren Rückgang der palästinensisch-israelischen Auseinandersetzungen. Dabei spielen auch der Bau des Sicherheitszauns und die damit verbundene sinkende Erfolgsquote von Selbstmordattentaten sowie die Vereinbarung einer Waffenruhe durch den damaligen israelischen Ministerpräsident Ariel Scharon und den Präsidenten der palästinensischen Autonomiebehörde Mahmud Abbas[616] im Februar 2005 eine Rolle.[617]

In Bezug auf die Staatsverschuldung haben sich die israelischen Regierungen freiwillig zur Anwendung der Maastricht-Kriterien[618] verpflichtet und waren damit auch bis 2002 erfolgreich, als die Staatsverschuldung wegen der Rezession auf 3,9 % des Bruttoinlandsprodukts stieg. Seit der Wiederbelebung der Wirtschaft sank die Staatsverschuldung im Jahr auf 1,9 %, die Auslandsschulden beliefen sich auf 61 %, womit die israelische Regierung die Maastricht-Kriterien wieder einhält.[619] Nimmt man die relativ kleine Einwohnerzahl und das über dem OECD-Durchschnitt liegende Bildungsniveau hinzu, dann wäre Israel unter

---

bei etwa 18.300 US $ (ca. 15.250 €). Vgl. Angaben des Israelischen Zentralamts für Statistik (CBS) v. 15.5.2006, abgedruckt im Newsletter der israelischen Botschaft v. 17.05.2006, http://nlarchiv.israel.de. Auf einer Liste von 61 weltweit führenden Industrie-Nationen belegt Israels Wirtschaftskraft derzeit Platz 20. Vgl. dazu Studie des Schweizer Insituts IMD, vgl. dazu Newsletter der israelischen Botschaft v. 31.05.2006, http://nlarchiv.israel.de.

614 Die Arbeitslosenquote, die von 2001 bis 2004 noch über 10 % betragen hatte, lag im Januar 2005 bei 9,9 % und im Januar 2006 nur noch bei 8,9 %.

615 So kamen 2004 insgesamt 1,2 Millionen Touristen nach Israel, 41% mehr als in 2003 und 74% mehr als in 2002. Von Januar bis Mai 2006 kamen 884.000 Touristen nach Israel, 25 % mehr als im gleichen Zeitraum 2005. Vgl. Zahlen des CBC, abgedruckt im Newsletter der israelischen Botschaft v. 03.07.2006, http://nlarchiv.israel.de.

616 Nach dem Tod von Jassir Arafat im November 2004 übernahm Mahmud Abbas das Amt des PLO-Vorsitzenden und wurde im Januar 2005 in den palästinensischen Präsidentschaftswahlen zum Präsidenten der palästinensischen Autonomiebehörde gewählt. Von März bis September 2003 sowie von Januar 2005 bis Februar 2006 bekleidete er außerdem das Amt des Ministerpräsidenten.

617 Scharon und Abbas erklärten die sofortige Beendigung der Gewalt auf beiden Seiten, d.h. Stopp jeglicher palästinensischer Angriffe gegen Israelis sowie Stopp der israelischen Militäraktionen gegen Palästinenser. Zwar erlitt die israelische Wirtschaft durch den Libanonkrieg vom Juli – August 2006 erneute einen leichten Einbruch, aber insgesamt boomt die israelische Wirtschaft nach wie vor.

618 Das Haushaltsdefizit muss unter 3 % und die Staatsverschuldung unter 60 % des BIP liegen.

619 Für 2006 wird ein Haushaltsdefizit von 2,7 % sowie eine Staatsverschuldung von 60 % prognostiziert; vgl. Angaben der Hessischen Landesbank v. Mai 2006, http://www.helaba.de/hlb/generator/Download/MaerkteUndTrends/msIsraelMai06.de.pdf.

ökonomischen Gesichtspunkten im Vergleich zu den übrigen Beitrittsländern bzw. -kandidaten leicht zu integrieren und wäre angesichts des derzeitigen Wirtschaftswachstums wahrscheinlich sogar Nettozahler.[620]

cc) Acquis-Kriterium

Israel müsste fähig und vor allem gewillt sein, das gemeinschaftliche Regelwerk, den acquis communautaire, zu übernehmen. Die Übernahme des Regelwerks an sich stellt für Israel keine größeren Probleme dar.[621] Das Assoziierungsabkommen wie auch die im Aktionsplan für Israel geregelten Maßnahmen sehen bereits die Übernahme eines großen Teils der EU-Rechtsvorschriften vor, insbesondere der handelsbezogenen Vorschriften, des Wettbewerbsrechts sowie der Regelungen, die sich auf die Grundfreiheiten, mit Ausnahme der Arbeitnehmerfreizügigkeit, beziehen. Auch übernimmt Israel häufig europäische Standards, die in der Regel einfacher zu verstehen sind als US-amerikanische.[622]

Fraglich ist aber, ob Israel auch bereit ist, die restlichen Vorschriften zu übernehmen und sich insoweit dem „europäischen Diktat" zu beugen.[623] Vor allem für die israelischen Gerichte, die bekannt sind für ihre Unabhängigkeit, ihre aktive (politische) Haltung und ihre gelehrten Urteile, wäre die Übernahme des Acquis schwierig, müssten sie sich doch von der Rechtsprechung der Europäischen Gerichte in Luxemburg beeinflussen lassen und diese sogar übernehmen.[624]

Bedingt durch verschiedene Einflüsse, wie der Übernahme eines Teil des britischen Mandatsrechts,[625] dem großen Einfluss europäischer und insbesondere deutscher Juristen in den ersten Jahren nach der Staatsgründung[626] sowie einem

---

620 *Tovias*, Mapping Israel's Policy Options, S. 9.

621 *Horovitz*, Israel facing the EU legal framework, S. 47, 55 ff.

622 *Tovias*, Mapping Israel's Policy Options, S. 4.

623 Diskussionsbeitrag von Oren Gross beim zweiten Treffen des Israel-EU Forums, abgedruckt in: Schael, Israel's Way to the European Union, S. 27 f.

624 *Harpaz*, Enhanced Relations between the EU and Israel, S. 257, 271.

625 Die Bindung an das englische Recht wurde noch dadurch verstärkt, dass die noch bis 1980 wirksame Vorschrift des Art. 46 Palestine Order-in-Council vorsah, Lücken im Recht (lacunae) durch Rückgriff auf britisches Recht zu schließen. Vgl. dazu *Gundermann*, Die Rolle des OGH, S. 67.

626 Vor allem im Bereich der Justiz war der Einfluss der deutschen Juden groß: 1949 stammten sowohl der Präsident des OGH, wie auch der Justizminister, der Leiter der Gesetzgebungsabteilung im Justizministerium, der Staatskontrolleur sowie der Generaldirektor des Justizministeriums (Amtschef) aus Deutschland. Vier Präsidenten des OGH kamen aus

starken US-amerikanischen Einfluss in den letzten Jahren, hat sich in Israel ein eigenes Rechtssystem entwickelt, ein „Israelisches Common Law“[627], das auf dem britischen System aufbaut, aber auch Elemente anderer Rechtsordnungen enthält.[628] Gerade die besondere Vorgehensweise der israelischen Richter, die „Lösungen für ihre gesetzgeberischen Probleme dort herzunehmen, wo sie die besten Vorbilder finden“[629], also durch umfassende internationale Rechtsvergleichung, wäre durch die Unterwerfung unter die Rechtsprechung der Europäischen Gerichte gefährdet.

*c) **Probleme des Beitritts aus israelischer Sicht***

Nicht nur aus europäischer, auch aus israelischer Sicht werden verschiedene Gründe gegen einen Beitritt des Landes zur EU angeführt.

aa) Jüdische Identität des Staates

Israel definiert sich nach seiner Unabhängigkeitserklärung vom 14. Mai 1948 als „jüdischer Staat im Lande Israel“, der „der jüdischen Einwanderung und Sammlung der Juden im Exil offen steht“. Es möchte eine „Heimstatt für alle weltweit zerstreuten Juden“ sein.[630]

Die jüdische Identität als solche ist an sich nicht problematisch, da die EU nach Art. 6 Abs. 3 EU die nationale Identität ihrer Mitgliedstaaten achtet. Problematisch ist aber, dass mit „dem uralten Traum der Rückkehr in das gelobte Land“ ein – von den zionistischen Gründungsvätern so nicht beabsichtigter – übermächtiger Einfluss der Religion auf Staat und Gesellschaft verbunden ist, der mit europäischen Normen, insbesondere dem Diskriminierungsverbot nach Art. 12 EU und dem allgemeinen Gleichheitssatz, nicht vereinbar ist. So wird

---

Deutschland, 50 % der ersten Richtergeneration wurden in Deutschland ausgebildet. Vgl. dazu *Salzberger/Oz-Salzberger*, Die geheimen deutschen Quellen am OGH, S. 289, 290, 293.

[627] Seit den 1990er wird aber verstärkt an einer Kodifizierung des israelischen Rechts gearbeitet. Der Entwurf für das israelische Zivilgesetzbuch orientiert sich in weiten Teilen am deutschen BGB. Es wurde der Knesset am 15.07.2004 vorgelegt, ist bislang aber noch nicht verabschiedet worden.

[628] *Barak*, The Tradition and Culture of the Israeli Legal System, S. 473, 486.

[629] So der frühere Generaldirektor des Justizministeriums Chaim Cohen, zitiert in: *Raacke*, Der Einfluss deutschbürtiger Juristen auf das Recht Israels, S. 308, 310.

[630] Unabhängigkeitserklärung v. 14. Mai 1948 (Fn. 605).

z.B. das gesamte Personenstandsrecht (Eheschließung, Scheidung, Unterhaltszahlungen, Testamentsrecht) durch die Religion geregelt.

Doch wird gerade in diesem Bereich in den letzten Jahren – unabhängig von einem potentiellen Beitritt zur EU – eine Diskussion über die Trennung von Staat und Religion geführt. Gestärkt wird diese Debatte durch die normative Kraft des Faktischen, die sich vor allem in der demographischen Entwicklung niederschlägt. Immer mehr Menschen in Israel sind Nichtjuden.[631] Das gilt, abgesehen von der großen arabischen Minderheit, gerade auch für die zum Teil nach der Halacha nichtjüdischen Einwanderer aus den GUS-Staaten[632] sowie deren Angehörigen[633]. Von den 900.000 Menschen, die zwischen 1990 und 2002 aus den GUS-Staaten nach Israel kamen, waren 240.000 Nichtjuden. Hinzu kommen noch die ca. 250.000 ausländischen Gastarbeiter, die sich dauerhaft in Israel niederlassen und Familien gründen bzw. ihre Familien nachholen.

Zwar diente der Rückzug aus dem Gazastreifen und Teilen des Westjordanlandes u.a. auch dazu, die jüdische Bevölkerungsmehrheit im Land Israel auch in Zukunft zu bewahren. Nicht verbunden ist damit aber eine stärkere Verbindung von Staat und Religion, sondern eher das Gegenteil. Der Einfluss der religiösen Israelis nimmt insgesamt ab. Viele Israelis sind zwar jüdisch, aber nicht religiös. Seit Jahren wird daher nach einem Kompromiss zwischen dem „jüdischen Staat“ und dem „Staat aller Bürger“ gesucht. Dementsprechend wird in Israel vielfach vertreten, dass der Begriff „jüdischer Staat“ nicht im Sinne der Halacha zu verstehen sei, sondern sich auf die universellen Werte beziehe, die dem Judentum entstammten, wie die Nächstenliebe, den Wert menschlichen Lebens, soziale Gerechtigkeit, Rechtsstaatlichkeit und Menschenwürde.[634] Sollte die Trennung von Staat und Religion in Israel tatsächlich erfolgreich durchgeführt werden, würde Israel in Zukunft ebenso jüdisch sein, wie Spanien oder Polen etwa katholisch sind.[635] In einem solchen Fall würde die jüdische Identität des Staates Israels nicht gegen einen Beitritt des Landes zur EU sprechen.

---

[631] Siehe dazu oben C. II. 1. b) aa) ccc).

[632] Dass sie dennoch nach Israel einwandern durften, auch wenn sie nach der Halacha keine Juden sind, liegt darin begründet, dass sie in der Sowjetunion als Juden angesehen wurden (dort richtete sich die Frage, wer Jude ist nach dem Vater und nicht nach der Halacha, nach der nur derjenige jüdisch ist, der eine jüdische Mutter hat) und als solche viele Nachteile erlitten. Israel konnte diesen Menschen, wie auch schon den Menschen, die im Dritten Reich als Juden deportiert und misshandelt wurden, obwohl sie im religiösen Sinn keine Juden waren, nicht die Einwanderung verweigern. Vgl. dazu *Spiegel*, Was ist koscher?, S. 27 f.

[633] Das Rückkehrgesetz von 1950 erlaubt nach Art. 4 A. auch Kindern und Enkelkindern von Juden sowie deren Ehegatten die Einwanderung.

[634] So der ehemalige Präsident des Obersten Gerichtshof Aharon Barak, zitiert in: *Gundermann*, Die Rolle des OGH, S. 185.

[635] *Lypp*, Europäische Perspektive für Israel, S. 155, 179.

bb) *Rückkehrrecht*

Verbunden mit der jüdischen Identität ist auch das Rückkehrrecht der Juden, dessen Vereinbarkeit mit dem Diskriminierungsverbot und dem Gleichbehandlungsgrundsatz zweifelhaft ist. Das israelische Rückkehrgesetz von 1950 sieht vor, dass alle Juden, die nach Israel immigrieren, automatisch den Status des „Oleh" (Einwanderers) erhalten. Dadurch haben sie das Recht – sofern sie nicht in Aktivitäten verwickelt sind, die gegen das jüdische Volk gerichtet sind, nicht die öffentliche Gesundheit oder die Sicherheit des Staates gefährden oder über eine kriminelle Vergangenheit verfügen, die geeignet ist, das öffentliche Wohl zu gefährden – sich in Israel aufzuhalten und die israelische Staatsbürgerschaft anzunehmen.[636]

Die Frage, wer Jude ist, richtet sich indes primär[637] nach religiösen Kriterien: Jude ist, wer eine jüdische Mutter hat oder wer zum Judentum konvertiert ist und nicht einer anderen Religion angehört.[638] Gerade der zweite Teil der Definition bereitet Schwierigkeiten, weil umstritten ist, nach welchen Regeln ein Nichtjude zum Judentum konvertieren kann. Aufgrund ihres starken politischen Einflusses sind die orthodoxen Rabbiner bislang die einzigen anerkannten Rabbiner in Israel, was bedeutet, dass nur sie gültige Konvertierungen in Israel vornehmen dürfen. Unklar ist aber, ob ein Zertifikat eines israelischen oder eines ausländischen Reformrabbiners[639] für eine Eintragung als Jude und damit für die Erteilung der israelischen Staatsbürgerschaft ausreicht. Der Oberste Gerichtshof hat sich bislang bei der Entscheidung dieser Frage sehr vorsichtig gezeigt und damit die Knesset (zumindest indirekt) aufgefordert, diese Frage gesetzlich zu regeln.[640]

---

636 Art. 1, Art. 2 des Rückkehrgesetzes von 1950, abgedruckt in: *Gundermann*, Die Rolle des OGH, S. 242.

637 Ausnahmen gelten für die in ihren jeweiligen Ländern als Juden verfolgte bzw. diskriminierte Nichtjuden, wie z.B. die Menschen aus den GUS-Staaten. Vgl. dazu C. II. 1. c) aa).

638 Art. 4 B. des Rückkehrgesetz.

639 Neben der in Israel vorherrschenden orthodoxen Strömung des Judentums gibt es das Reformjudentum und das konservative Judentum, das sich, was die Anzahl seiner Mitglieder betrifft, zwar weltweit durchgesetzt hat, in Israel aber nicht anerkannt ist. Nach dem orthodoxen Judentum hat Gott Moses die Thora (die fünf Bücher Moses) so wie sie ist, Wort für Wort, gegeben. Sie ist damit göttlich und unverrückbar. Kein Buchstabe, kein Satz darf verändert werden und der Mensch muss alle in ihr enthaltenen Gesetze und Gebote einhalten, egal ob er sie begreift oder nicht. Nach dem liberalen Judentum ist die Thora von Menschen geschaffen und darf dementsprechend an die veränderten Lebensumstände angepasst werden. Vgl. dazu *Spiegel*, Was ist koscher?, S. 24 ff.

640 Viele Nichtjuden entziehen sich diesem Problem: Will ein Nichtjude in Israel einen jüdischen Israeli heiraten, muss er zunächst konvertieren. Um sich die langwierige orthodoxe

Ähnlich wie bei der Frage des „jüdischen Staates" sind auch hinsichtlich des Rückkehrgesetzes – nicht zuletzt wegen der vielen Einwanderer aus den GUS-Staaten – Reformbestrebungen dergestalt im Gange, als auch liberalere Strömungen des Judentums offiziell anerkannt werden sollen.

Fraglich ist außerdem, ob das Rückkehrgesetz überhaupt gegen EG-Recht verstößt, da Deutschland mit der Eingliederung von Aussiedlern aus der früheren Sowjetunion über ein ganz ähnliches Instrument verfügt.[641] Nach §§ 4, 15 des Bundesvertriebenengesetz erhalten die deutschen Volkszugehörigen aus den Republiken der ehemaligen Sowjetunion gleichzeitig mit ihrer Anerkennung als so genannte Spätaussiedler die deutsche Staatsbürgerschaft. Anders als das israelische Rückkehrgesetz knüpft das deutsche Bundesvertriebenengesetz aber an das Merkmal der Zugehörigkeit zum deutschen Volk und nicht an die Religion an und verletzt daher nicht den Grundsatz der Gleichheit vor dem Gesetz.

In seiner derzeitigen Ausgestaltung spricht das israelische Rückkehrrecht daher gegen eine Mitgliedschaft Israels in der EU.

cc) Überschwemmung mit ausländischen Arbeitskräften

Befürchtet wird in Israel, wo die Arbeitslosigkeit derzeit bei 8,9 % liegt,[642] außerdem eine Überschwemmung des Arbeitsmarkts mit ausländischen Arbeitskräften. Bereits heute leben in Israel ca. 250.000 Fremdarbeiter. Der Anteil ausländischer Arbeitnehmer an der Gesamtzahl der arbeitenden Bevölkerung liegt dadurch in Israel bei 12,8 %, womit Israel weltweit an zweiter Stelle hinter der Schweiz liegt.[643] Allerdings sind diese Fremdarbeiter vor allem im Niedriglohnsektor tätig und haben lediglich die arabischen Arbeitskräfte aus den besetzten Gebieten ersetzt, die seit dem Ausbruch der zweiten Intifada im September 2000 aus Sicherheitsgründen nicht mehr nach Israel einreisen durften.

Um eine vermeintlich drohende Überschwemmung des Arbeitsmarkts zu verhindern, könnte Israel außerdem – wie Deutschland für die Osterweiterung der

---

Konvertierung zu ersparen, fliegen diese Paare lieber nach Zypern, heiraten dort standesamtlich und kehren anschließend nach Israel zurück, wo die im Ausland geschlossene Ehe anerkannt wird und der nichtjüdische Ehepartner die israelische Staatsangehörigkeit erhält. Allerdings sind die Kinder einer solchen Verbindung nur dann Juden, wenn die Mutter eine Jüdin ist, weswegen gerade Frauen im Interesse ihrer zukünftigen Kinder dann doch lieber den mühevollen Weg der Konvertierung auf sich nehmen, da nichtjüdische Kinder immer noch gegenüber jüdischen diskriminiert werden. Vgl. dazu *Spiegel*, Was ist koscher?, S. 29.

641 *Lypp*, Europäische Perspektive für Israel, S. 155, 177.

642 Vgl. Angaben bei http://www.ipicture.de/daten/wirtschaft_israel.html.

643 Vgl. Angaben des Israelischen Zentralbüros für Statistik (Fn. 576).

EU im Jahr 2004 – Übergangsregelungen treffen. Allerdings hat gerade die Osterweiterung gezeigt, dass auch in Ländern ohne Übergangsregelungen die befürchtete Einwanderungswelle von Arbeitnehmern weitestgehend ausgeblieben ist, selbst aus Ländern mit einem niedrigen Lohnniveau. Auch ist aufgrund der sicherheitspolitischen Situation in Israel nicht wirklich damit zu rechnen, dass Scharen von Arbeitnehmern gerade dorthin auswandern werden. Die Furcht vor der Wirkung der Arbeitnehmerfreizügigkeit ist also kein Hinderungsgrund für einen potentiellen Beitritt Israels.

dd) Sicherheit des israelischen Staates

Da sich das Land immer noch mit mehreren arabischen Staaten im Kriegszustand befindet[644] und es seit seiner Gründung im Jahr 1948 permanenten terroristischen Angriffen unterschiedlicher Intensität ausgesetzt ist, ist die Sicherheit des Staates in Israel immer noch oberste Staatsdoktrin. Es wird sowohl von europäischer als auch von israelischer Seite immer wieder vorgetragen, dass sich die im Lauf der Jahre herausgebildete „Sicherheitskultur“ nicht mit europäischen Vorstellungen vereinbaren lasse.

Auch wenn die Sicherheit des Staates oberste Staatsdoktrin ist, hat sie dennoch nicht Vorrang vor allem und muss sich insbesondere an demokratischen Grundsätzen messen lassen. Gerade für eine Demokratie verursacht der Kampf gegen den Terrorismus viele Schwierigkeiten, da er einerseits nur effektiv sein kann, wenn der Staat alle notwendigen Maßnahmen ergreift, selbst wenn dadurch Individuen zu Schaden kommen, andererseits der Staat aber die Rechte eines jeden Individuums, auch die des Terroristen, schützen muss.[645] Es ist das Wesen einer Demokratie, dass sie nicht alle Mittel und Methoden, die der Feind nutzt, selber anwenden kann. Eine wehrhafte Demokratie wie Israel muss deshalb „manches Mal mit einer Hand hinter dem Rücken kämpfen“ und jedes Mal aufs Neue die Balance zwischen Freiheit und Würde des Einzelnen und der Sicherheit des Staates bzw. des jüdischen Volkes treffen. [646] Dies geschieht in Israel vor allem durch den Obersten Gerichtshof.

Eine Besonderheit des israelischen Rechts ist, dass jeder eine sog. Bagaz-Beschwerde vor dem Obersten Gerichtshof erheben kann, „in jenen Angelegenheiten, die nicht in den Jurisdiktionsbereich eines anderen Gerichts oder einer

[644] Von den umliegenden Staaten besteht lediglich mit Ägypten (1978) und Jordanien (1994) ein Friedensvertrag.
[645] *Barak*, The role of a Supreme Court in a democracy, S. 16, 148.
[646] *Barak* (Fn. zuvor), S. 16, 148.

anderen gerichtlichen Institution fallen und in denen es das Gericht im Interesse der Gerechtigkeit für notwendig hält, Abhilfe zu schaffen".[647] Eine Verletzung in eigenen Rechten ist nicht erforderlich.[648] Das Beschwerderecht gilt für alle Bürger Israels, die Bewohner der von Israel besetzten Gebiete und alle übrigen, in Israel anwesenden Personen, wie z.B. Touristen. Auch Menschenrechtsorganisationen etc. können eine Bagaz-Beschwerde erheben und tun dies auch regelmäßig.[649] Der Beschwerdeführer kann verlangen, innerhalb von 24 Stunden angehört zu werden. Jede staatliche Maßnahme kann durch den OGH überprüft werden, auch militärische Maßnahmen und zwar nicht nur nach ihrem Abschluss, sondern auch noch während ihrer Durchführung. Da die Hürden für die Erhebung einer Beschwerde sehr niedrig sind,[650] gibt es kaum eine staatliche Maßnahme von nationaler Bedeutung, die nicht innerhalb kürzester Zeit vor dem Gerichtshof landet.[651] Gerade die vielen Bagaz-Entscheidungen des OGH, durch die dem Staat immer wieder seine rechtlichen Grenzen aufgezeigt werden, haben dazu geführt, dass die israelische Armee in jüngerer Zeit viel umsichtiger vorgeht und sich häufig vor dem Ergreifen von bestimmten Maßnahmen rechtlich absichert. So wurde z.B. seit Ende 2004 die Zerstörung von Häusern bzw. Wohnungen von Selbstmordattentätern praktisch eingestellt, weil die Anforderungen, die der Gerichtshof an eine zulässige Zerstörung gestellt hat,[652] in vielen

---

647 Art. 15 lit. c) des Justizgrundgesetzes: „The Supreme Court shall sit also as a High Court of Justice. When so sitting it shall hear matters in which it deems it necessary to grant relief for the sake of justice and which are not within the jurisdiction of another court.". Art. 15 lit. d) regelt, welche Maßnahmen der OGH in solchen Verfahren treffen kann.

648 *Barak*, The role of a Supreme Court in a democracy, S. 16, 153.

649 So wurde z.B. die Beschwerde gegen die Foltermethoden der israelischen Armee u.a. auch durch das Öffentliche Komitee gegen Folter in Israel und die Organisation für Menschenrechte in Israel erhoben.

650 Kein Anwaltszwang, niedrige Verfahrensgebühr etc.

651 *Gundermann*, Die Rolle des OGH, S. 49.

652 Die Mehrheit der Richter am OGH hat die Zerstörung von Häusern bzw. Wohnungen von Selbstmordattentätern, die auf Art. 119 der Notstandsgesetze von 1945 gestützt werden, grundsätzlich für rechtmäßig erklärt, da es sich dabei nicht um eine Strafmaßnahme, sondern um eine präventive Abschreckungsmaßnahme handelt. Es gibt nur wenige Maßnahmen, die einen zu allem entschlossenen Selbstmordattentäter von seiner Tat abhalten könnten. Die Zerstörung seines Hauses gehört wegen der damit verbundenen negativen Auswirkungen auf seine Familie dazu. Aber eine Zerstörung unterliegt verschiedenen rechtlichen Beschränkungen: Sie ist nur zulässig für besonders schwerwiegende terroristische Aktivitäten wie z.B. die Beteiligung an einem Anschlag, der gegen Zivilisten gerichtet ist, die Betroffenen haben ein Recht auf Anhörung vor der Durchführung der Maßnahme und der Grundsatz der Verhältnismäßigkeit muss gewahrt werden. Es muss insbesondere sichergestellt werden, dass die Zerstörung auf die Wohnung des Terroristen beschränkt werden kann. Vgl. Urteil des OGH v.

Fällen nicht eingehalten werden konnten. Vor allem das Recht auf Anhörung haben viele betroffene Familien genutzt und den OGH noch während der laufenden militärischen Operation mitten in der Nacht angerufen, der dann die Zerstörung bis zur endgültigen gerichtlichen Entscheidung ausgesetzt hat. Da die Häuserzerstörungen aus diesem Grund für die Armee immer ineffektiver wurden, hat sie letztlich auf diese verzichtet.[653]

Dies zeigt, dass auch in Sicherheitsfragen demokratische Grundsätze beachtet werden und versucht wird, rechtmäßige und vor allem verhältnismäßige Maßnahmen zu treffen – auch wenn die Vorstellungen der Israelis und Europäer in diesem Punkt durchaus voneinander abweichen, gerade weil viele Europäer sich nicht vorstellen können, wie es ist, in einem Zustand permanenter Bedrohung zu leben. Deswegen würde dieser Punkt, trotz der „Verrechtlichung" der militärischen Maßnahmen, im Falle eines Beitritts Israels zur EU schwierig bleiben, zumal nicht damit zu rechnen ist, dass Israel seine Sicherheitsdoktrin aufgeben wird. Zwar wird immer wieder vorgetragen, dass durch einen Beitritt Israels zur EU die Sicherheit des Staates verbessert würde, weil der Friedensprozess wiederbelebt und der Terrorismus abklingen würde.[654] Aber in der Vergangenheit hat sich gezeigt, dass sich extremistische Kräfte auch durch Friedensverhandlungen nicht von Anschlägen abhalten lassen.

ee) Verhältnis zu den USA

Ein weiteres Problem, das aus israelischer Sicht gegen einen Beitritt vorgebracht wird, ist das bestehende Verhältnis zu den USA. Auch wenn Israel die Europäischen Gemeinschaften schon kurz nach ihrer Gründung anerkannt hat, hat sich das Land seit dem Sechstagekrieg von 1967 – also insbesondere seit die Beziehungen zu Frankreich aufgrund dessen pro-arabischer Haltung merklich abgekühlt sind – verstärkt den USA zugewandt und unterhält zu diesen seither eine sehr enge Beziehung. Es sind auf politischer Ebene die bei weitem wichtigsten Kontakte, die Israel nach außen unterhält.[655] Dies könnte insoweit problematisch sein, als die EU eine einheitliche außenpolitische Haltung anstrebt, die häufig im Widerspruch zu den USA steht.

30.03.1997, HCJ 2006/97, Janimat vs. IDF Military Commander, abgedruckt in: Judgements of the Israel Supreme Court, S. 59 ff.

[653] Dies ergibt sich aus vielen Gesprächen, die die Verfasserin mit einem der Rechtsberater der israelischen Armee für die besetzten Gebiete, Eli Bar-On, geführt hat.

[654] *Tovias*, Mapping Israel's Policy Options, S. 9.

[655] *Primor*, Herausforderungen an Europa, S. 112, 119.

Außerdem hat Israel mit den USA 1985 ein Freihandelsabkommen abgeschlossen. Würde Israel der EU beitreten, müsste es die Gemeinsame Handelspolitik gegenüber Drittstaaten übernehmen. Das bedeutet, es müsste das Freihandelsabkommen mit den USA kündigen. Der letzte Punkt könnte für Israel aber hinnehmbar sein, da die EU auf lange Sicht ohnehin den Abschluss eines Freihandelsabkommens mit den USA anstrebt. Außerdem würde ein Beitritt dazu führen, dass sich das große Handelsdefizit, das Israel gegenüber der EU hat, erheblich verringern und die Israelis für die zurückgehenden Überschüsse aus dem Handel mit den USA entschädigen würde.[656] In politischer Hinsicht ist nicht zu erwarten, dass die USA etwas gegen den Beitritt Israels zur EU hätten, sondern Israel vielmehr in seiner Absicht unterstützen würde, so wie sie das auch bei anderen engen Verbündeten, wie z.B. Großbritannien, getan haben.[657] Außerdem würde es die arabische Welt begrüßen, wenn die engen Bindungen zwischen den USA und Israel zugunsten der EU gelockert werden würden.

d) Zusammenfassung

Insgesamt ist festzustellen, dass das Hauptproblem eines potentiellen Beitritts Israels zur EU nicht in wirtschaftlicher oder rechtlicher, sondern in psychologischer und politischer Hinsicht besteht. Weder in Israel noch in Europa ist derzeit der politische Wille vorhanden, mit Israel ernsthaft über einen Beitritt zu verhandeln.

Von vielen Israelis wird außerdem nicht die Notwendigkeit einer weiteren Annäherung an die EU gesehen, da sie zum einen zu der unerwünschten europäischen Einmischung in interne israelische Angelegenheiten führen würde.[658] Zum anderen sind viele der Auffassung, dass die Beziehungen zu den USA wichtiger sind als die zur EU – auch wenn die EU die USA mittlerweile als wichtigsten Handelspartner abgelöst hat und die USA Israel insbesondere keine Einbeziehung in das amerikanische Wirtschaftsgefüge bietet.

Die EU ihrerseits ist derzeit noch zur Genüge mit der Bewältigung der Osterweiterung der EU und den Beitrittsverhandlungen mit den Balkanstaaten und der Türkei beschäftigt, die für sich genommen schon schwierig genug sind und bei vielen Menschen in den Mitgliedstaaten auf Missfallen stoßen. Sie wird nicht das Risiko eingehen, das „Europäische Projekt“ durch das Inaussichtstellen einer Mitgliedschaft Israels – und sei es auch in ferner Zukunft – weiter zu gefährden.

---

[656] *Harpaz*, Enhanced Relations between the EU and Israel, S. 257, 267.
[657] *Tovias*, Mapping Israel's Policy Options, S. 9.
[658] *Dror/Pardo*, Grand Strategy towards the EU, S. 17, 34.

Auch würde die EU durch die Aufnahme von Beitrittsverhandlungen mit Israel ihre eigene Nachbarschaftspolitik ad absurdum führen. Deswegen hat die EU gerade auch im Rahmen der Nachbarschaftspolitik deutlich gemacht, dass für Israel – wie für alle anderen Nachbarstaaten – eine Beitrittsoption derzeit nicht besteht.

2. Teilnahme am Europäischen Wirtschaftsraum

Ein weiteres Modell, das immer wieder diskutiert wird, ist die Teilnahme Israels am Europäischen Wirtschaftsraum.

a) Merkmale des EWR

Durch das Abkommen über den Europäischen Wirtschaftsraum[659] nehmen Island, Liechtenstein und Norwegen mit Ausnahme der Gemeinsamen Handelspolitik, der Agrar- und Fischereipolitik am Binnenmarkt teil. Im EWR wurden die Zölle zwischen den EWR-Staaten und den EU-Mitgliedstaaten abgeschafft. Eine Zollunion mit einem gemeinsamen Zolltarif wurde aber nicht gegründet. Ausgenommen sind außerdem die gemeinsame Regional-, Steuer-, Finanz- und Währungspolitik sowie ein wesentlicher Teil der gemeinsamen Verkehrspolitik und die Gemeinsame Außen- und Sicherheitspolitik.[660]

aa) Übernahme des acquis communautaire

Um am gemeinsamen Binnenmarkt teilnehmen zu können, haben die EWR-Staaten den EWR-relevanten acquis communautaire übernommen und sich darüber hinaus verpflichtet, auch künftige EWR-relevante EG-Vorschriften, die nach Abschluss des Abkommens in Kraft treten, zu übernehmen.[661] Das bedeutet, dass diese Länder das EG-Recht, und zwar einschließlich des Sekundärrechts und der Rechtsprechung, das sich auf den freien Warenverkehr, die

---

[659] EWR-Abkommen v. 02.05.1992, Abl. EG 1994, L 1, S. 3 ff.

[660] Norwegen und Island werden aber auch zunehmend in den Bereichen Justiz und Inneres sowie der Gemeinsamen Außen- und Sicherheitspolitik in die EU durch separate Abkommen integriert, so z.B. durch die Assoziierung mit dem Schengen-Abkommen, durch welches auf Personenkontrollen an den gemeinsamen Grenzen verzichtet wird. Vgl. dazu *Vahl*, European Economic Area and the Northern Dimension, S. 8 f.

[661] Siehe oben dazu A. II. 2. d) und 5. b).

Dienstleistungs-, Niederlassungs- und Kapitalverkehrsfreiheit und das Wettbewerbsrecht bezieht, voll anwenden.

Trotz dieser weitreichenden Übernahme des Gemeinschaftsrechts sind die EWR-Staaten nicht in den gemeinschaftsinternen Entscheidungsprozess der EG eingebunden.[662] Zwar holt die EU-Kommission nach Art. 99 des Abkommens bei der Ausarbeitung neuer Rechtsvorschriften auf informellen Weg den Rat von Sachverständigen der EWR-Staaten ein, so wie sie auch den Rat von Sachverständigen der EU-Mitgliedstaaten einholt. Sachverständige der EWR-Staaten werden außerdem nach Art. 100 des Abkommens bei der Ausarbeitung jener Maßnahmenentwürfe beteiligt, die anschließend den Ausschüssen, die die Kommission bei der Ausübung ihrer Durchführungsbefugnisse unterstützen, unterbreitet werden. Eine direkte Beteiligung in diesen Ausschüssen ist aber ebenso wenig vorgesehen wie eine Mitwirkung bei der Entscheidungsfindung.

Die EWR-Staaten haben zwar die Möglichkeit, neue Regelungen nicht anzunehmen. Die Folge davon ist aber, dass die betroffenen Teile des EWR-Abkommens dann in der Regel vorläufig außer Kraft gesetzt werden, weswegen bislang noch kein EWR-Staat von dieser Möglichkeit Gebrauch gemacht hat.[663]

Die fehlenden Mitbestimmungsmöglichkeiten der EWR-Staaten sind trotz aller Kritik konsequent, da das EWR-Abkommen als Assoziierungsabkommen auf der Grundlage von Art. 310 EG geschlossen wurde und Art. 310 EG gerade keine Beteiligung an der Willensbildung der Gemeinschaftsorgane vorsieht.[664]

bb) Institutionelle Ausgestaltung

Die Willensbildung erfolgt vielmehr durch eigene Assoziationsorgane. Dementsprechend gibt es auch wie bei allen Assoziierungsabkommen einen Gemeinsamen EWR-Rat und einen Gemeinsamen EWR-Ausschuss sowie zusätzlich noch

[662] Zwar hatten die EFTA-Staaten ursprünglich eine angemessene aktive Beteiligung bei der Gestaltung zukünftigen EWR-Rechts gefordert. Durch den Zusammenbruch der sozialistischen Systeme in Osteuropa hatten sich jedoch die politischen Rahmenbedingungen entscheidend verändert und die EU konnte noch stärker ihre Macht als politisches und ökonomisches Kraftzentrum in Europa ausspielen. Dementsprechend war die EU nur noch zu wenigen Zugeständnissen bereit und beharrte kompromisslos auf ihren eigenen Standpunkten. Vgl. dazu *Hummer*, in: Dauses, K.III (6. EL), Rn. 35 f.

[663] Diese Möglichkeit der EWR-Staaten wird oft fälschlicherweise als Veto-Recht bezeichnet. Ziel des EWR-Abkommens ist aber, dass alle EWR-Staaten immer alle EWR-relevanten Vorschriften übernehmen. Dementsprechend sind in Art. 102 und 103 des Abkommens nur die Folgen geregelt, sollte es wider Erwarten einmal nicht zu einer Einigung über die Übernahme neuer Rechtsvorschriften kommen.

[664] Siehe oben A. II. 2. d).

einen Gemeinsamen Parlamentarischen Ausschuss. Der EWR-Rat hat nach Art. 89 des Abkommens die Aufgabe, die politischen Anstöße für die Durchführung des Abkommens zu geben und die allgemeinen Leitlinien für den Gemeinsamen EWR-Ausschuss festzulegen. Er setzt sich aus EU-Ratsmitgliedern, je einem Regierungsvertreter pro EWR-Staat und EU-Kommissionsmitgliedern zusammen. Der Gemeinsame EWR-Ausschuss ist nach Art. 92 des Abkommens das Hauptorgan zur Durchführung des Abkommens und ist auch für die Streitbeilegung zuständig. Außerdem achtet er auf die möglichst einheitliche Auslegung des Abkommens und der gemeinschaftsrechtlichen Bestimmungen. Dem Gemeinsamen Parlamentarischen Ausschuss, der aus Mitgliedern des EP und der Parlamente der EWR-Staaten besteht, kommen nach Art. 95 des Abkommens bestimmte Kontrollrechte zu.

Neben diesen drei typischen Assoziationsorganen überträgt das EWR-Abkommen auch den im Rahmen der EFTA[665] bestehenden bzw. einzurichtenden Organen Kompetenzen. Der Ständige EWR-Ausschuss der EFTA-Staaten dient der Ausarbeitung gemeinsamer Positionen, wobei in nahezu allen Fällen einstimmig beschlossen wird. Die EFTA-Überwachungsbehörde (Art. 108 Abs. 1 des EWR-Abkommens) stellt sicher, dass die EWR-Staaten ihren Verpflichtungen im Rahmen des EWR-Abkommens nachkommen. Hierzu ist sie mit denselben Kompetenzen ausgestattet wie die EU-Kommission. Ist die Überwachungsbehörde der Ansicht, dass ein EWR-Staat das Abkommen verletzt, kann sie gegen diesen Staat ein Vertragsverletzungsverfahren einleiten, welches in letzter Konsequenz mit einer Klage vor dem EFTA-Gerichtshof endet. Der EFTA-Gerichtshof (Art. 108 Abs. 2 des Abkommens), der sich aus je einem Richter aus jedem EWR-Staat zusammensetzt, hat nur eingeschränkte Befugnisse und kann nur über Streitigkeiten innerhalb der EFTA entscheiden.[666] Er ist für Vertragsverletzungsklagen, für die Beilegung von Streitigkeiten zwischen zwei oder mehreren EWR-Staaten sowie für Rechtsmittel gegen wettbewerbsrechtliche Entscheidungen der Überwachungsbehörde zuständig. Die nationalen Gerichte der EWR-Staaten haben außerdem die Möglichkeit mittels eines Vorabentscheidungsersuchen ein Gutachten hinsichtlich der Auslegung von EWR-Recht einzuholen. Im Gegensatz zu den Entscheidungen des EuGH sind diese

[665] Zu den EFTA-Staaten siehe oben A. II. 5. b).

[666] Die Einschränkung war erforderlich geworden, weil der EuGH in dem ersten EWR-Gutachten der ursprünglich geplanten Errichtung einer eigenständigen EWR-Gerichtsbarkeit seine Zuständigkeit versagt hatte, weil dadurch die Autonomie des Rechtssystems der Gemeinschaft bzw. die Grundlagen der Gemeinschaft selbst beeinträchtigt würden (EuGH, Gutachten 1/91, Slg. 1991, I-6079, Rn. 35, 46, 71). Die daraufhin geänderten Bestimmungen des EWR-Abkommen haben die Billigung des EuGH gefunden (EuGH, Gutachten 2/91, Slg. 1992, I-2821, Rn. 16 ff.).

Gutachten aber nicht rechtsverbindlich. Falls es um die Auslegung einer Bestimmung geht, die im Wesentlichen identisch mit einer Bestimmung des EG-Vertrags ist, ist nach Art. 111 des Abkommens auch eine Anrufung des EuGH möglich. Die Gerichte der EWR-Staaten sind nach Art. 107 des Abkommens außerdem ermächtigt, den EuGH in Anlehnung an Art. 234 EG mit einem Vorabentscheidungsersuchen anzurufen. Die Antwort des EuGH auf ein solches Ersuchen ist verbindlich.

cc) Sonstige Zusammenarbeit

Das EWR-Abkommen sieht eine Zusammenarbeit im Bereich der Sozialpolitik, des Verbraucherschutzes, des Umweltschutzes, der Forschung und technischen Entwicklung etc. vor. Die EWR-Staaten sind an Rahmenprogrammen, Sonderprogrammen, Projekten und anderen Aktionen der Gemeinschaft beteiligt. Insoweit werden sie nach Art. 81 des Abkommens auch voll in die jeweiligen Ausschüsse und die dort bestehenden Entscheidungsprozesse eingebunden und finanziell beteiligt.

Außerdem beteiligen sie sich am finanziellen Ausgleich für strukturschwache europäische Regionen.

Insgesamt kann man sagen, dass die EWR-Staaten die engste Beziehung zur EU haben, die – abgesehen von einem Beitritt – möglich ist. In wirtschaftlicher Hinsicht lassen sich EWR-Staaten und EU-Mitgliedstaaten kaum unterscheiden.

b) Aufnahme Israels in den EWR

Nach Art. 128 des EWR-Abkommens kann jeder europäische Staat, der Mitglied der EU oder Mitglied der EFTA wird, beantragen, Vertragspartei des EWR-Abkommens zu werden. Da Israel kein europäischer Staat ist und deswegen eine Mitgliedschaft in der EU oder der EFTA ausscheidet, ist eine direkte Aufnahme Israels ohne eine Änderung des EWR-Abkommens nicht möglich. Eine Änderung des Abkommens insoweit, dass auch nichteuropäische Länder Vertragspartei des EWR-Abkommens werden können, ist wenig wahrscheinlich. Das EWR-Abkommen wurde auf der Grundlage von Art. 310 EG geschlossen und fällt in den Bereich der Freihandelsassoziierung. Die Freihandelsassoziierung dient dazu, europäischen Ländern, die zwar nicht beitrittswillig, aber beitrittsfähig sind, in den Gemeinsamen Markt zu integrieren.[667] Dementsprechend enthält die Prä-

[667] Siehe dazu oben A. II. 5. b).

ambel des EWR-Abkommens auch eine Klausel, wonach der Abschluss des Abkommens in keiner Weise die Möglichkeit eines Beitritts eines jeden EWR-Staates zu den Europäischen Gemeinschaften berührt. Auch wenn die EWR-Staaten zurzeit keinen Beitritt anstreben, ist Ziel der Teilhabe am EWR letztlich die Mitgliedschaft in der EU, die für nichteuropäische Staaten nun einmal ausscheidet.

c) EWR-Modell für Israel

Denkbar wäre aber, Israel in vergleichbarer Weise wie die EWR-Staaten an die EU zu binden, d.h. mit Israel ein Abkommen zu schließen, dass wie das EWR-Abkommen einen annähernd ungehinderten Zugang zum EU-Binnenmarkt vorsieht, ohne dass Israel an der politischen Integration teilnimmt. Dieses Abkommen müsste aufgrund seiner Reichweite – wie auch das EWR-Abkommen selbst – auf der Grundlage von Art. 310 EG als Assoziierungsabkommen sui generis[668] bzw. nach Inkrafttreten der Verfassung auf der Grundlage von Art. I-57 VVE geschlossen werden.

Mit den EWR-Staaten müsste Israel eine vergleichbare Regelung treffen, was aber sicherlich ohne große Schwierigkeiten möglich wäre, da zwischen Israel und der EFTA seit 1993 ein Freihandelsabkommen in Kraft ist.[669] Das Abkommen sieht einen Freihandel für industrielle Produkte, Fisch und Meeresprodukte vor. Daneben ist die weitere Liberalisierung des öffentlichen Beschaffungswesen, der Schutz geistigen Eigentums, der über das diesbezügliche WTO-Abkommen hinausgeht, eine Zusammenarbeit im Bereich des Wettbewerbsrechts sowie die Gewährung von staatlichen Beihilfen an private Unternehmen geregelt. In drei bilateralen Abkommen mit Island, Norwegen und der Schweiz und Liechtenstein ist der Freihandel mit landwirtschaftlichen Produkten geregelt. Insgesamt besteht daher zwischen Israel und allen EFTA-Staaten eine umfassende Freihandelszone. Gerade da die EFTA selbst gegenüber der EU erheblich an Bedeutung verloren hat, ist davon auszugehen, dass die EWR-Staaten die quasi-Aufnahme eines weiteren Nicht-EU-Mitglieds in den EWR, das darüber hinaus auch in wirtschaftlicher Hinsicht erfolgreich ist, begrüßen würden.

---

[668] Abkommen sui generis deswegen, weil eine Beitritts-, Freihandels- oder Entwicklungsassoziierung für Israel ausscheidet. Vgl. dazu oben B. IV. 6. b).

[669] Abkommen zwischen den EFTA-Staaten und Israel v. 17.09.1992, http://secretariat.efta.int/Web/ExternalRelations/PartnerCountries/Israel/IL/IL_FTA.pdf.

d) Vorteile für Israel

Eine Anbindung an den EWR würde für Israel einige Vorteile insbesondere gegenüber einem Beitritt zur EU bieten.

Da sich das EWR-Abkommen nicht auf die Gemeinsame Handelspolitik der Gemeinschaft erstreckt, könnte Israel alle bestehenden Freihandelsabkommen mit Drittstaaten, insbesondere das mit den USA, aufrecht erhalten und müsste diese nicht kündigen. Auch dass die Währungspolitik ausgenommen ist, liegt in Israels Interesse, da ein wichtiger Teil des israelischen Handels auf US-Dollar-Basis abgewickelt wird und Israel außerdem mit den USA enge finanzielle Verbindungen hat.[670] Die EWR-Staaten nehmen auch nicht an der Gemeinsamen Außen- und Sicherheitspolitik der EU teil, was für Israel zum einen in Bezug auf ihre besonderen Beziehungen zu den USA wichtig ist, zum anderen aber auch in Bezug auf die zum Teil erheblich unterschiedlichen Vorstellungen von Sicherheitspolitik in Israel und Europa. Aufgrund der geopolitischen Lage ist für Israel auch wichtig, dass das EWR-Abkommen anders als ein Beitritt zur EU nicht auf Ewigkeit angelegt ist.[671] Das EWR-Abkommen sieht in Art. 127 vor, dass jede Vertragspartei nach einem Zeitraum von zwölf Monaten von dem Abkommen zurücktreten kann. Ein Austritt aus der EU ist zwar wohl möglich, im geltenden EG-Vertrag aber nicht explizit vorgesehen.[672]

Von Vorteil wäre für Israel außerdem, dass es seine jüdische Identität und die damit verbundene relativ starke Einflussnahme der Religion auf den Staat beibehalten könnte bzw. ohne Druck von außen ändern könnte. Auch müsste Israel für eine Teilnahme am EWR weder in der Bevölkerung umstrittene Maßnahmen, wie eine Reform des Rückkehrrechts oder die volle Gleichberechtigung der arabischen Minderheit, umsetzen noch den Nahostkonflikt zuerst lösen.

Am wichtigsten ist aber, dass durch eine Teilnahme am EWR die Politisierung der wirtschaftlichen Beziehungen zwischen Israel und der EU verhindert würden, da das EWR-Abkommen ein auf strikte Gegenseitigkeit angelegtes Wirtschaftsabkommen ist und gerade keine politische Integration vorsieht und damit auch keine von israelischer Seite unerwünschte Einmischung in innere Angelegenheiten droht.

Der EWR ist eine Vorstufe zum Beitritt. Ein weiterer Vorteil wäre, dass eine Teilnahme Israels am EWR dazu beitragen könnte, gegenseitiges Vertrauen zwischen Israel und der EU aufzubauen und so die politischen Voraussetzungen für

---

670 *Harpaz*, Enhanced Relations between the EU and Israel, S. 257, 268.

671 *Tovias*, Exploring the „Pros“ and „Cons“, S. 14, 19.

672 Dies soll durch die Verfassung geändert werden. Art. I-60 VVE sieht ausdrücklich einen freiwilligen Austritt aus der EU vor.

einen potentiellen Beitritt Israels zu schaffen. Außerdem wäre Israel gezwungen, bereits jetzt die in wirtschaftlicher Hinsicht notwendigen Reformen durchzuführen, die im Falle eines Beitritts ohnehin nötig werden würden.

Insgesamt würde Israel durch eine Teilnahme am EWR die gewünscht enge Beziehung zur EU haben, die unabhängig ist von vorübergehenden politischen Interessen.

e) Probleme aus israelischer Sicht

Auch wenn eine Teilnahme am EWR Israel viele Vorteile bietet, gibt es auch einige Nachteile gegenüber einem Beitritt.

Am problematischsten ist die fehlende Beteiligung am Rechtssetzungsprozess. Stellt sich schon hinsichtlich eines möglichen Beitritts Israels die Frage, ob Israel gewillt ist, die EG-Vorschriften zu übernehmen und sich insoweit dem „europäischen Diktat" zu beugen,[673] so gilt dies erst recht für die Teilnahme am EWR. Israel müsste EG-Recht übernehmen und anwenden, ohne aber auf die Rechtsetzung selbst Einfluss nehmen zu können. Auch müssten die israelischen Gerichte die Rechtsprechung des EuG und des EuGH in den von dem Abkommen betroffenen Bereichen befolgen, ohne dass aber ein israelischer Richter an diesen Gerichten tätig wäre und auf israelische Besonderheiten Rücksicht nehmen könnte. Für die anderen EWR-Staaten ist dies eher hinnehmbar, da sie zumindest jederzeit die Möglichkeit haben, doch noch der EU beizutreten und dann umfassend am Rechtssetzungsprozess teilzunehmen. Für israelische Bürger ist dieser nichtdemokratische Ansatz kaum akzeptabel.[674]

Ein weiteres Problem könnte sein, dass sich der EWR auf alle vier Grundfreiheiten, also auch auf die Freizügigkeit der Arbeitnehmer erstreckt. Wie aber bereits gezeigt wurde, ist nicht mit einer Überschwemmung des israelischen Arbeitsmarkts mit ausländischen Kräften zu rechnen. Auch ist nicht zu befürchten, dass verstärkt gut ausgebildete Israelis nach Europa auswandern werden (sog. „brain drain") – zumindest nicht mehr, als es bereits heute der Fall ist.[675]

Problematisch ist schließlich, dass die EFTA als Auslaufmodell betrachtet wird, was auch gerade der Umstand zeigt, dass zu dem Zeitpunkt, als das EWR-Abkommen ausgehandelt wurde, die EFTA-Staaten Finnland, Österreich und Schweden der EU beigetreten sind. Die restlichen EFTA-Staaten haben aber deutlich gemacht, dass sie zurzeit kein Interesse an einem Beitritt haben, so dass

---

673 Siehe dazu oben den Diskussionsbeitrag von Oren Gross (Fn. 623).
674 *Tovias*, Exploring the „Pros" and „Cons", S. 14, 23.
675 *Primor*, Herausforderungen an Europa, S. 112, 119.

die EFTA und damit verbunden auch der EWR zumindest in den nächsten Jahren weiter Bestand haben werden.

f) Probleme aus europäischer Sicht

Abgesehen davon, dass fraglich ist, ob die EU bereit ist, einen nichteuropäischen Staat am Europäischen Wirtschaftsraum teilnehmen zu lassen, könnte die Teilnahme Israels am EWR mit der Mittelmeerpolitik der EU kollidieren. Im Rahmen der Euro-Mediterranen Partnerschaft ist die EU um eine grundsätzliche Gleichbehandlung aller Mittelmeerländer bemüht. Es gibt aber keine rechtliche Grundlage im EG-Recht zur Gleichbehandlung dieser Länder.[676] Die Euro-Mediterrane Partnerschaft darf daher nicht die Bedingung für die Weiterentwicklung der bilateralen Beziehungen zwischen Israel und der EU sein. Außerdem hat der Europäische Rat in Essen bestätigt, dass Israel zwar Teil des Mittelmeerraumes ist, er Israel aber zugleich gänzlich anders betrachtet, wenn es um die wirtschaftliche Integration des Landes geht. Als einziger nichtarabischer Staat sind die Möglichkeiten Israels in Bezug auf die restlichen Mittelmeerländer auch sehr begrenzt.

Fraglich ist, ob sich die Teilnahme Israels am EWR mit der Nachbarschaftspolitik der EU vereinbaren lässt, da durch sie ein einheitlicher Rahmen für die Gesamtheit der EU-Anrainerstaaten geschaffen werden soll. Das Nachbarschaftskonzept sieht aber trotz des einheitlichen Konzeptes gerade einen maßgeschneiderten Ansatz für jedes Land vor, durch den auf die Besonderheiten des jeweiligen Landes Rücksicht genommen werden soll. Außerdem nimmt der Aktionsplan für Israel auch ausdrücklich Bezug auf den privilegierten Status Israels. Problematisch ist insoweit allerdings, dass sich die EU bislang noch nicht festgelegt hat, wie die engere Anbindung der Nachbarstaaten konkret erfolgen soll. Angedacht worden war, dass die Beziehungen zu den Nachbarstaaten denen ähneln sollen, die bereits im EWR bestehen.[677] Auch wenn dieser Ansatz in späteren Dokumenten der EU nicht weiter verfolgt wurde, könnte die Teilnahme Israels am EWR dazu führen, dass die anderen Nachbarstaaten dies als eine Festlegung auf dieses Konzept verstehen und ebenfalls auf eine künftige Teilnahme pochen werden – was zum einen die EU vermeiden will und was zum anderen die Privilegierung Israels auch wieder aufheben würde.

---

[676] *Horovitz*, Israel facing the EU legal framework, S. 47, 61 f.

[677] Siehe dazu oben B. V. 6. d).

3. Schweizer Modell

Ein weiteres Modell, das für die Umsetzung des privilegierten Status Israels diskutiert wird, ist das Schweizer Modell.

a) Merkmale des Schweizer Modells

Die Schweiz ist ein EFTA-Staat. Sie hat sich aber im Jahr 1992 in einer Volksabstimmung gegen den Beitritt zum EWR ausgesprochen. Um die negativen wirtschaftlichen Folgen, die sich aus dem Nichtbeitritt ergaben, abzufedern, nahm die Schweiz mit der EU bilaterale Verhandlungen auf, wobei die strittigen Punkte, die zur Ablehnung des EWR-Abkommens durch das Schweizer Volk geführt hatte, ausgeklammert wurden. Die Verhandlungen führten im Jahr 1999 zur Unterzeichnung von sieben sektorspezifischen Abkommen, die sich auf die Freizügigkeit der Personen, die Landwirtschaft, das öffentliche Beschaffungswesen, die gegenseitige Anerkennung von Standards, technologische Forschung und Entwicklung, den Binnen- und Luftverkehr beziehen.[678] Um ein „Rosinenpicken" zu vermeiden, wurden die Abkommen mit einer sog. Guillotine-Klausel miteinander verbunden. Das bedeutet, dass bei der Ablehnung eines Abkommens durch das Schweizer Volk, auch alle anderen nicht in Kraft getreten wären. Nach Billigung der Abkommen durch das Schweizer Parlament, einem positiven Referendum in der Schweiz sowie der Zustimmung des EP konnten die Abkommen am 1. Juni 2002 in Kraft treten.

Durch den Abschluss dieser Abkommen nimmt die Schweiz partiell am Binnenmarkt teil. Die Abkommen sind anders als das EWR-Abkommen keine dynamischen Verträge. Sie sehen keine automatische Übernahme künftigen EG-Rechts, das sich auf die sieben spezifischen Bereiche auswirkt, vor. Stattdessen überprüft der Gemeinsame Ausschuss, der für jedes der sektoriellen Abkommen eingerichtet worden ist und in dem sowohl die Schweiz als auch die Gemeinschaft über je eine Stimme verfügen, ob und wann Änderungen für die Schweiz gültig werden sollen.

---

[678] Abkommen zwischen den Europäischen Gemeinschaften und der Schweiz v. 21.06.1999, Abl. EG 2002, L 114, S. 1 ff. (wissenschaftliche und technische Zusammenarbeit), S. 6 ff. (Freizügigkeit), S. 73 ff. (Luftverkehr) S. 91 ff. (Güter- und Personenverkehr auf Schiene und Straße), S. 132 ff. (Handel mit landwirtschaftlichen Erzeugnissen), S. 369 ff. (gegenseitige Anerkennung von Konformitätsbewertungen), S. 430 ff. (bestimmte Aspekte des öffentlichen Beschaffungswesens), S. 468 ff. (wissenschaftliche und technologische Zusammenarbeit). Die Abkommen wurde alle als Assoziierungsabkommen auf der Grundlage von Art. 310 EG in der Form der Freihandelsassoziierung geschlossen.

Nach Abschluss der Bilateralen Verträge I nahmen die Schweiz und die EU Verhandlungen über die Bilateralen Verträge II auf. Die EU hatte ein Interesse an der Einbindung der Schweiz in das grenzüberschreitende System der Zinsbesteuerung und an einer Zusammenarbeit bei der Betrugsbekämpfung im Bereich der indirekten Steuern. Die Schweiz hatte ihrerseits ein Interesse am Beitritt zum Schengener und Dubliner Abkommen[679] und an der Lösung der aus den bilateralen Verträgen I übrig gebliebenen Fragen. Im Oktober 2004 wurden neun Abkommen unterzeichnet,[680] die Folgendes vorsehen: Beitritt der Schweiz zu den Abkommen von Schengen und Dublin, wobei das Schweizer Bankgeheimnis unter allen Umständen gewahrt bleibt; Ausweitung der Zusammenarbeit zur Aufklärung von Betrugsfällen, wobei auch hier Sonderkonditionen für die Schweiz bestehen; Ausdehnung des Freihandels auf verarbeitete landwirtschaftliche Produkte; Zusammenarbeit in den Bereichen Umwelt, Medien, Bildung, Altersvorsorgung, Statistik und Dienstleistungen. Einzig für das Abkommen, das den Beitritt der Schweiz zum Schengener und Dubliner Abkommen vorsieht, war eine Volksabstimmung in der Schweiz erforderlich. Im Juni 2005 nahm das Schweizer Volk das Abkommen an. Die restlichen Abkommen konnten nach den jeweils geltenden Bestimmungen und unabhängig voneinander in Kraft treten.

b) Vorteile für Israel

Das Schweizer Modell bietet den Vorteil, dass es aufgrund seines bilateralen Charakters genau auf die Bedürfnisse Israels angepasst werden könnte. Israel müsste nur in den Bereichen, in denen es zu einer vertieften Zusammenarbeit bereit ist, Abkommen mit der Gemeinschaft schließen.

Dadurch, dass die Abkommen nicht dynamisch sind, würde sich auch nicht das Problem ergeben, dass die Israelis europäisches Recht übernehmen müssten, ohne einen Einfluss auf den Rechtsetzungsprozess zu haben. Zwar haben sie beim Schweizer Modell noch nicht einmal den minimalen Einfluss auf den Rechtssetzungsprozess wie beim EWR-Modell, aber sie hätten bei jeder künftigen, für sie relevanten Regelung die Möglichkeit zu entscheiden, ob sie diese übernehmen wollen oder nicht. Zwar gibt es beim EWR-Abkommen auch die

---

[679] Durch das Dubliner Abkommen, das seit 1997 in Kraft ist, wird die Zuweisung von Asylbewerbern innerhalb der EU geregelt.

[680] Abkommen zwischen der Europäischen Gemeinschaft und der Schweiz v. 26.10.2005, Abl. EG 2006, L 90, S. 2 ff. (Zusammenarbeit im Bereich der Statistik), S. 23 ff. (audiovisuelle Medien), S. 37 ff. (Beteiligung an der Europäischen Umweltagentur). Die restlichen Abkommen sind abrufbar unter http://www.europa.admin.ch/nbv/off/abkommen/d/index.htm.

Möglichkeit, bestimmte Regelungen nicht zu übernehmen. Dies hat allerdings zur Folge, dass das Abkommen für die betroffenen Teilbereiche vorläufig suspendiert wird.[681]

Ein weiterer Vorteil des Schweizer Modells ist, dass es unabhängig ist von der weiteren Entwicklung der EFTA, insbesondere von einem möglichen Beitritt der EWR-Staaten zur EU. Positiv ist außerdem, dass das Schweizer Modell keine finanzielle Beteiligung am Strukturfond der EU vorsieht.

c) Nachteile für Israel

Auch wenn sich einige Vorteile aus dem Schweizer Modell ergeben, überwiegen doch die Nachteile.

Israel ist aufgrund der zunehmenden wirtschaftlichen Abhängigkeit von der EU an einer umfassenden wirtschaftlichen Integration und nicht nur an einer sektoriellen Integration interessiert. Nur diese umfassende Integration würde auch die Bereitschaft für die notwendigen wirtschaftlichen Reformen, wie die Beseitigung aller und nicht nur einiger Handelsbarrieren, erhöhen.[682]

Das größte Problem ist, dass – da das Schweizer Modell keine Übernahme künftiger Regelungen vorsieht – ständig Nachverhandlungen erforderlich wären, weil sich der Gemeinsame Markt stetig weiterentwickelt. Gerade im Bereich der für Israel so wichtigen Zukunftstechnologie würden sektorspezifische Abkommen bereits mit ihrem Inkrafttreten veraltet sein. Diese Nachverhandlungen wären zum einen in einer EU mit nunmehr 27 Mitgliedstaaten sehr zeitintensiv und zum anderen auch wieder abhängig von der jeweils bestehenden politischen Situation zwischen der EU und Israel. Dies ist aber nicht im Interesse Israels, das eine dauerhafte Verbindung mit der EU, die unabhängig ist von vorübergehenden politischen Interessen, anstrebt.

Ein weiteres Problem ist, dass beim Schweizer Modell Israel gar nicht am Entscheidungsprozess der EG teilnehmen würde. Zwar haben die EWR-Staaten nur einen sehr begrenzten Einfluss im unmittelbaren Entscheidungsprozess, aber durch ihre Teilnahme an verschiedenen EU-Programmen, Projekten und anderen Aktionen der Gemeinschaft sind sie in die europaweiten Netzwerke eingebunden und können durch diese zumindest mittelbaren Einfluss ausüben.

Insgesamt ist das Schweizer Modell nicht geeignet, um den privilegierten Status Israel umzusetzen.

---

[681] Siehe dazu oben C. II. 2. a) aa).

[682] *Tovias*, Exploring the „Pros“ and „Cons“, S. 14, 19.

4. Modell Türkei

Teilweise wird auch die Türkei als Vorbild für die Ausgestaltung der Beziehungen zwischen der EU und Israel angeführt. Dabei wird zum einen das Modell der Zollunion und zum anderen das Modell der privilegierten Partnerschaft diskutiert.

a) Zollunion

Die Türkei ist seit dem 1. Januar 1996 durch den Beschluss des Assoziationsrates EG-Türkei als einziges Nicht-EU-Mitglied durch eine Zollunion mit der Gemeinschaft verbunden.[683] Das bedeutet, dass zwischen der Türkei und der EU der freie Warenverkehr gilt. Allerdings beschränkt sich dieser bislang auf gewerbliche Produkte, ausgenommen sind Agrarprodukte sowie Kohle und Stahl. Auf lange Sicht wird aber auch insoweit eine Zollunion angestrebt. Des Weiteren hat die Türkei den gemeinsamen Außenzolltarif und die gemeinsame Handelspolitik der EG übernommen und die relevanten türkischen Rechtsvorschriften in diesen Bereichen angepasst.

Eine Zollunion wäre zwar auch für Israel durchaus wünschenswert, zumal die EU der wichtigste Handelspartner Israels ist. Aber die Gründung einer Zollunion alleine wäre nicht ausreichend genug, um so den privilegierten Status Israels umzusetzen, da Israel eine umfassende Teilnahme an den vier Grundfreiheiten und nicht nur am freien Warenverkehr anstrebt. Außerdem hat die Zollunion zwischen der EU und der Türkei in der Praxis zu einem wachsenden Handelsdefizit der Türkei gegenüber der EU geführt, d.h. die EU profitiert wesentlich stärker von der Zollunion als die Türkei.[684] Da Israel auch ohne Zollunion schon über ein immenses Handelsdefizit gegenüber der EU verfügt, wäre die isolierte Einführung einer Zollunion zum derzeitigen Zeitpunkt für Israel nicht wirklich erstrebenswert.

b) Privilegierte Partnerschaft

In anderer Hinsicht könnte die Türkei aber als Modell dienen. Auch wenn die EU mit der Türkei offiziell Beitrittsverhandlungen aufgenommen hat, steht nicht

[683] Beschluss Nr. 1/95 des Assoziationsrates EG-Türkei v. 22.12.1995 über die Durchführung der Endphase der Zollunion, Abl. EG 1996, L 35, S. 1 ff.

[684] *Jacobs*, Die Beziehungen der Türkei zur EU, S. 1.

fest, dass es auch wirklich zu einem Beitritt der Türkei kommen wird.[685] Nach dem Verhandlungsrahmen handelt es sich vielmehr um einen offenen Prozess, dessen Ergebnis nicht im Voraus garantiert werden kann. Auch wenn in der Geschichte der EU bislang Beitrittsverhandlungen immer zu einer Vollmitgliedschaft geführt haben, könnte dies im Fall der Türkei angesichts des großen Widerstandes in einigen Mitgliedstaaten anders sein. Sollte es nicht zu einem Beitritt der Türkei kommen, sieht der Verhandlungsrahmen vor, dass „die Türkei voll in den europäischen Strukturen durch die stärkste mögliche Anbindung verankert wird".

Als Alternative zu einem Beitritt wurde 2004 von deutschen konservativen Politikern eine „privilegierte Partnerschaft" vorgeschlagen – eine Idee, die auch in Österreich und Frankreich großen Anklang findet. Kernelemente dieser privilegierten Partnerschaft sind: Schaffung einer alle Gütergruppen umfassenden Freihandelszone, Vertiefung der Zusammenarbeit zur Stärkung der Zivilgesellschaft und des Umweltschutzes, zur Förderung der kleinen und mittelständischen Unternehmen und im Gesundheits- und Bildungsbereich. Zudem soll die Türkei verstärkt in die Gemeinsame Außen- und Sicherheitspolitik und in die Europäische Verteidigungspolitik einbezogen werden. Zur Bekämpfung von Terrorismus, Extremismus und Organisiertem Verbrechen soll die Zusammenarbeit der Behörden und Institutionen in den Bereichen Justiz und Inneres sowie die Zusammenarbeit der Geheimdienste intensiviert werden.[686] Gerade die letzten Punkte machen deutlich, dass die EU vor allem aus strategischen und sicherheitspolitischen Gesichtspunkten an der Türkei interessiert ist.[687]

Eine Zusammenarbeit in diesen Bereichen wird weder von Israel noch von der EU angestrebt, sondern wichtig ist vor allem eine enge wirtschaftliche Zusammenarbeit. Dazu enthält das Modell der privilegierten Partnerschaft wenig konkrete Ansätze und geht auch nicht über das hinaus, was zwischen der EU und Israel schon Realität ist: Seit 1989 besteht ein umfassender Freihandel für alle gewerblichen Produkte, der durch das zwischen der EG und Israel im Jahr 2003 geschlossene „Abkommen zur gegenseitigen Liberalisierung des Handels

---

685 Möglich ist, dass die Kommission die Verhandlungen vorzeitig aussetzt, weil die Türkei der Umsetzung des acquis communautaire nicht nachkommt oder es gravierende Rückschritte bei der Demokratisierung des Landes gibt; möglich ist, dass die Türkei trotz erfolgreichen Abschlusses der Beitrittsverhandlungen aufgrund von negativen Referenden oder eines Vetos eines Ratsmitglieds nicht beitreten kann; möglich ist, dass die Türkei aus politischen und wirtschaftlichen Gründen von sich aus auf eine Vollmitgliedschaft verzichtet.

686 Beschluss der Präsidien der CDU und CSU v. 07.03.2004, http://www.cdu.de/doc/pdf/03_08_04-beschluss-tuerkei.pdf.

687 Siehe dazu oben C. II. 1. a) dd).

mit landwirtschaftlichen Produkten“[688] auch weitgehend auf landwirtschaftliche Produkte ausgeweitet wurde. Das Modell der privilegierten Partnerschaft kann aufgrund der unterschiedlichen Interessenlage beider Länder nicht als ein Modell für die Umsetzung des privilegierten Status Israels dienen.

c) Abgestufte Integration

Der Gegenentwurf zur privilegierten Partnerschaft ist das Modell der „abgestuften Integration“ des Politologen Cemal Karakas.[689] Das Modell sieht eine schrittweise Heranführung der Türkei an die EU-Strukturen durch eine sektorale Teilintegration vor. Im integrierten Bereich hat die Türkei ein sektorales Mitentscheidungsrecht – allerdings ohne ein Veto-Recht. Der Beginn der nächsten Integrationsstufe ist verbunden mit der Umsetzung angekündigter Reformen. Der Hauptunterschied zur privilegierten Partnerschaft ist, dass nach Inkrafttreten der letzten Integrationsstufe eine Vollmitgliedschaft der Türkei erfolgen kann. Außerdem soll die Türkei nach diesem Modell möglichst früh nicht nur wirtschaftlich, sondern auch politisch in die EU integriert werden.

Gerade dieser letzte Punkt macht dieses Modell für Israel weniger attraktiv, da Israel – unterhalb der Stufe eines Beitritts – primär an der Vertiefung der wirtschaftlichen Beziehungen interessiert ist. Von europäischer Seite ist außerdem nicht zu erwarten, dass sie bereit ist, einem nichteuropäischen Staat wie Israel ein – wenn auch nur sektorielles – Mitentscheidungsrecht einzuräumen, da anders als bei der Türkei ein Beitritt nicht unbedingt als letztendliches Ziel in Betracht kommt.

5. Levante-Modell

Vorgeschlagen wird auch, dass Israel engere institutionelle Beziehungen zur EU zusammen mit anderen Mittelmeerländern sucht, um der Initiative so einen mehr regionalen Charakter zu geben, statt auf eine israelische Ausnahme zu pochen.[690] Dazu könnte der alte Geist der Levante wiederbelebt werden.[691] Die Levante war einst eine Region, die geprägt war von multikultureller Vielfalt und regem Han-

[688] Abkommen zwischen der EG und Israel mit Maßnahmen zur gegenseitigen Liberalisierung des Handels v. 22.12.2003, Abl. EG 2003, L 346, S. 67 ff.
[689] *Karakas*, „Abgestufte Integration“ statt „Privilegierter Partnerschaft“?
[690] *Horovitz*, Israel facing the EU legal framework, S. 47, 62.
[691] *Lypp*, Europäische Perspektive für Israel, S. 155, 173.

delsaustausch.[692] Reste dieser Traditionen sind immer noch zu finden. Diese Gruppierung wäre – wie ein „Europa der verschiedenen Geschwindigkeiten" – offen für andere Mitglieder. Das heißt, die arabischen Mittelmeeranrainer, die am weitesten fortgeschritten sind, könnten sich dieser neu konstituierten Levante anschließen.

Abgesehen davon, dass damit das Barcelona-Konzept aufgegeben werden würde, an dem die EU aber nach wie vor festhalten will, ist auch nicht zu erwarten, dass Israel auf seine von der EU eingeräumte Sonderrolle verzichten wird – auch wenn die Ausgestaltung dieser Sonderrolle bislang noch wenig konkrete Formen angenommen hat.

6. Sonderstatus für Regionalgruppe

In eine ähnliche Richtung wie das Levante-Modell geht auch die Idee, die Balkanstaaten – unabhängig von ihren derzeit unterschiedlichen Beitrittsperspektiven – sowie die Türkei und Israel zu einer Regionalgruppe zusammenzufassen und dieser Gruppe insgesamt Sonderrechte einzuräumen.[693] Allerdings wäre die Zusammenarbeit in dieser Gruppe zeitlich beschränkt auf den Zeitpunkt des Beitritts der Balkanstaaten und der Türkei. Die Sonderrechte müssten weit über die Regularien der Euro-Mediterranen Partnerschaft hinausgehen und müssten in einem gesonderten Abkommen geregelt werden. Der Vorteil einer solchen Regionalgruppe wäre, dass die EU Zeit gewinnen würde, um die schwer wiegenden Probleme der Vertiefung der Integration und der institutionellen Reformen in Angriff zu nehmen. Außerdem könnte sie die Beitrittsaspiranten in aller Ruhe auf eine mögliche Mitgliedschaft vorbereiten und stünde nicht wie bei Rumänien und Bulgarien vor dem Problem, dass sie diese Staaten vor ihrer Beitritts-

---

[692] Als Levante (ital. für Osten oder Sonnenaufgang) bezeichnet man die Küstengebiete des östlichen Mittelmeeres. Die Levante umfasst die heutigen Staaten Türkei, Syrien, Jordanien, Libanon und Israel. Im Mittelalter unterhielten die Länder der Levante intensive Handelsbeziehungen vor allem mit den italienischen Stadtstaaten, die vor dem Hintergrund der Kreuzzüge zustande kamen. Die Levante war ein wichtiger Umschlagplatz für Orientwaren, die über den Indischen Ozean und die asiatischen Karawanenwege herangeschafft wurden und die man gegen europäische Erzeugnisse wie z.B. Tuch eintauschte. Der Levantehandel trug erheblich zum Reichtum der Städte Genua und Venedig bei, wurde aber durch das Vordringen des Osmanischen Reiches schwer gestört, da die Osmanen in der Mitte des 15. Jahrhunderts eine Handelssperre verhängten. Durch die Erschließung neuer Seewege im 15. und 16. Jahrhundert nahm die wirtschaftliche Bedeutung der Levante stark ab.

[693] *Lypp*, Europäische Perspektive für Israel, S. 155, 172 ff.

reife aufnehmen müsste.[694] Die Gruppe ihrerseits hätte die Vorteile eines weitgehenden Zugangs zu Europa und könnte die in vielen Mitgliedstaaten bestehenden Vorbehalte gegen eine EU-Mitgliedschaft der Balkanstaaten und der Türkei ausräumen. Sollte es dennoch nicht zu einem Beitritt der genannten Staaten kommen, wären diese – wie das dann noch verbleibende Israel – durch das bestehende Abkommen mit der EU in einer hinreichend institutionalisierten Weise verbunden.

Es ist aber nicht zu erwarten, dass die Beitrittskandidaten einer solchen Vorgehensweise zustimmen würden, da für sie das ultimative Ziel der Beitritt ist. Würden sie sich auf eine Vorstufe zum Beitritt einlassen, bestünde die Gefahr, dass es dann letztlich gar nicht mehr zum angestrebten Beitritt käme. Aber auch die EU wird sich kaum die Mühe machen wollen, neben dem ohnehin schon schwierigen Beitrittsprozess noch in zusätzliche Verhandlungen mit diesen Staaten treten zu wollen. Und Israel, das in wirtschaftlicher Hinsicht viel weiter fortentwickelt ist als die Balkanstaaten und die Türkei, wird sich nicht auf eine Regelung einlassen, in der dieser Umstand nicht angemessen berücksichtigt wird.

7. Verwirklichung durch bestehende Abkommen

Statt über eine Privilegierung Israels weiter nachzudenken, wird vertreten, dass durch die zwischen der Gemeinschaft und Israel bestehenden Abkommen bereits ein Sonderstatus Israels gegeben sei.[695] Dieser Sonderstatus könnte durch das Assoziierungsabkommen von 1995 und/oder durch die zahlreichen weiteren Abkommen, die Israel mit der EG geschlossen hat, verwirklicht worden sein.

a) Privilegierung durch das Assoziierungsabkommen von 1995

Das mit Israel geschlossene Assoziierungsabkommen ist in der Tat am weitreichendsten, da nur das Abkommen mit Israel vollständig auf Gegenseitigkeit – auch in Bereichen wie der Niederlassungs- und Dienstleistungsfreiheit – angelegt ist sowie eine Zusammenarbeit in vielen Bereichen, wie z.B. im Bereich der

[694] Zwar „musste" die EU diese beiden Staaten nicht aufnehmen. Sie hat aber trotz der zum Teil noch gravierenden Mängel in beiden Ländern am ursprünglichen Beitrittsdatum festgehalten, so dass beide Staaten zum 1. Januar 2007 Mitgliedstaaten der EU geworden sind. Vgl. dazu FAZ v. 15.06.2006, Rumänien und Bulgarien schon 2007 in der EU.

[695] Vgl. dazu *Lypp*, Europäische Perspektive für Israel, S. 155, 170.

Wissenschaft und Forschung, vorsieht. Außerdem erhält Israel als einziger Mittelmeerstaat keine MEDA-Zuschüsse.[696]

Aber auch wenn das Assoziierungsabkommen im Vergleich zu den anderen Abkommen weiter fortgeschritten ist, kann es trotzdem nicht als Realisierung des privilegierten Status angesehen werden. Ziel der Euro-Mediterranen Partnerschaft ist die Schaffung einer umfassenden Freihandelszone bis zum Jahr 2010. Das bedeutet, dass auf lange Sicht den restlichen Mittelmeerländern vergleichbare Bedingungen eingeräumt werden sollen, wodurch die präferentiellen Regelungen in Bezug auf Israel ausgehöhlt werden.

b) Verwirklichung durch sonstige Abkommen

Neben dem Assoziierungsabkommen hat die EG mit Israel in den letzten Jahren noch einige weitere Abkommen geschlossen und Israel außerdem in verschiedene europäische Projekte eingebunden, ohne den restlichen Mittelmeerländern eine ähnliche Zusammenarbeit anzubieten. So hat die EG mit Israel 1997 zwei Abkommen über das öffentliche Beschaffungswesen[697] und 1999 ein „Abkommen über die gegenseitige Anerkennung der OECD-Grundsätze der Guten Laborpraxis" geschlossen.[698] Israel ist der einzige nichteuropäische Staat, mit dem die EG ein derartiges Abkommen über die Laborpraxis geschlossen hat. Durch das „Abkommen zur gegenseitigen Liberalisierung des Handels mit landwirtschaftlichen Produkten"[699] im Jahr 2003 wurde der gegenseitige Handel für die meisten landwirtschaftlichen Produkte liberalisiert. Nur Israel ist durch diverse Abkommen über die wissenschaftlich-technische Zusammenarbeit seit 1996 voll in die Forschungsrahmenprogramme der EU eingebunden. Allerdings hat die EG mit Ägypten, Marokko und Tunesien Abkommen geschlossen, die eine Kooperation im Bereich der Forschungsrahmenprogramme vorsehen.[700] Langfristig ist für diese Staaten wie auch für die restlichen Mittelmeerländer eine umfassende Teilnahme an den Rahmenprogrammen vorgesehen, was auch die im Rahmen der Nachbarschaftspolitik aufgestellten Aktionspläne bestätigen.[701]

---

[696] Vgl. dazu im Einzelnen oben B. IV. 5.

[697] Siehe dazu oben B. IV. 5. g) bb).

[698] Abkommen v. 27.07.1999, Abl. EG 1999, L 263, S. 7 ff.

[699] Siehe oben Fn. 688.

[700] Siehe dazu oben B. IV. 5. g) cc).

[701] Vgl. zum für den Zeitraum von 2007 – 2013 geplanten 7. Forschungsrahmenprogramm Mitteilung der Kommission, Wissenschaft und Technologie – Leitlinien für die Forschungsförderung der Europäischen Union v. 16.06.2006, KOM(2004) 353 endg.; Veränderter Kom-

Im März 2000 erhielt Israel den Status eines COST-Kooperationsstaates (Coopération européenne dans le domaine de la recherche scientifique et technique).[702] Das COST-Programm wurde 1971 durch die Wissenschaftsministerkonferenz auf der Grundlage von Art. 170 EG gegründet. Das Programm fördert die wissenschaftliche und technische Zusammenarbeit in Europa und ergänzt die Forschungsrahmenprogramme der EU. Es stellt einen „privilegierten Rahmen" der Zusammenarbeit zwischen der Gemeinschaft und Nicht-EU-Staaten dar, der nicht der Formulierung einer übergreifenden gesamteuropäischen Forschungspolitik dient, sondern gleichsam à la carte in wechselnden Partnerschaften Projekte von gemeinsamen Interesse fördern soll.[703] Während die Kosten der Forschungsaktivitäten national getragen werden, wird die Koordinierung von der EU finanziert. Die Schwerpunkte der Zusammenarbeit setzen die teilnehmenden Staaten selbst (bottom-up-approach). Mitgliedstaaten sind die EU-Mitgliedstaaten, die EFTA-Staaten sowie die Türkei und Kroatien. Israel ist das einzige nichteuropäische Mitgliedsland.

Seit Juni 2000 ist Israel Vollmitglied der Eureka-Forschungsinitiative. Eureka wurde 1985 ebenfalls auf der Grundlage von Art. 170 EG gegründet mit dem Ziel, Forschungs- und Entwicklungsprojekte im Bereich der Hochtechnologie zwischen Unternehmen und wissenschaftlichen Einrichtungen in Europa zu fördern.[704] Bereits seit Dezember 1994 hatte Israel einen Sonderstatus bei Eureka durch die Einrichtung eines israelischen Informationsbüros. Derzeit hat Eureka 36 Mitglieder, nämlich die EU, die EU-Mitgliedstaaten mit Ausnahme von Malta, die EWR-Staaten Island und Norwegen sowie Israel, Kroatien, Monaco, Rumänien, die Russische Föderation, San Marino, die Schweiz, Serbien und Montenegro und die Türkei. Albanien, Bulgarien und die Ukraine nehmen an einzelnen Eureka-Projekten durch nationale Informationsbüros teil. Marokko ist ein assoziierter Mitgliedstaat. Auch im Rahmen von Eureka ist Israel das einzige nichteuropäische Vollmitglied.

Israel ist seit 2004 am europäischen Projekt Galileo, einem Satellitennavigationssystem, beteiligt.[705] Dazu haben die Europäische Kommission, die Europäische Weltraumagentur (ESA) und Israel ein Abkommen im März 2004 geschlossen. Derzeit nehmen neben Israel als Nicht-EU-Länder China, Indien, Marokko, Schweiz, Südkorea und die Ukraine teil. Argentinien, Brasilien, Chile, Kanada, Malaysia, Mexiko und Norwegen verhandeln derzeit über eine Teil-

missionsvorschlag für eine Entscheidung des Europäischen Parlaments und des Rates über das 7. Rahmenprogramm v. 28.06.2006, COM(2006), 364 final.

[702] Siehe dazu http://www.cost.esf.org.

[703] *Hilf*, in: von der Groeben/Schwarze, Bd. 3, Art. 170, Rn. 36.

[704] Siehe dazu http://www.eureka.be.

[705] Pressemitteilung der EU v. 14.07.2004, IP/04/900.

nahme. Wegen der Vielzahl der nichteuropäischen Teilnehmer ist insoweit jedenfalls keine Privilegierung Israels gegeben.

Durch die anderen zusätzlichen Abkommen, die die EG mit Israel geschlossen hat, und die Einbindung Israels in zahlreiche europäische Projekte hat Israel in der Tat eine gewisse Sonderrolle in der EU inne. Aber die Abkommen bzw. Projekte beziehen sich zum größten Teil auf den Forschungs- und Wissenschaftssektor. Zwar ist dieser Bereich in Israel sehr erfolgreich, auch in finanzieller Hinsicht. Er bildet aber dennoch nur einen Teilbereich der israelischen Wirtschaft. Im Dienstleistungsbereich ist die Zusammenarbeit zwischen der EU und Israel noch nicht zufriedenstellend, gleiches gilt für das Abkommen über das öffentliche Beschaffungswesen.[706] Außerdem hat sich beim Abschluss dieser sektoriellen Abkommen gezeigt, dass die wirtschaftlichen Beziehungen immer auch von den politischen Beziehungen beeinflusst werden.

Letztlich wird die Sonderrolle, die Israel zurzeit noch durch diese Abkommen hat dadurch relativiert, dass die EU im Rahmen ihrer Nachbarschaftspolitik alle Staaten an ihrer Peripherie stärker in die europäischen Programme einbinden will.

III. Zusammenfassung

Bislang ist wenig getan worden, um den privilegierten Status, der Israel 1994 auf dem Europäischen Gipfel von Essen verliehen wurde, mit Leben zu füllen. Eine Umsetzung des Status durch die bisherigen mit Israel geschlossenen Abkommen ist nicht gegeben. Eine dauerhafte institutionalisierte Verbindung, die unabhängig ist von vorübergehenden politischen Interessen, könnte zwar am ehesten durch einen Beitritt Israels zur EU erreicht werden. Dieser scheitert aber daran, dass Israel kein europäischer Staat ist und die EU derzeit kein politisches Interesse daran hat, die Diskussion über die Grenzen Europas durch das Inaussichtstellen der Mitgliedschaft eines nichteuropäischen Staates in der EU zu verkomplizieren. Auch von israelischer Seite wäre ein Beitritt zur EU politisch nur schwer durchsetzbar.

Das Schweizer Modell sowie die anderen danach vorgestellten Modelle sind alle nicht weitreichend genug, da sie nur eine sektorielle Integration vorsehen, Israel aber gerade an einer umfassenden wirtschaftlichen Integration interessiert ist. Diese umfassende wirtschaftliche Integration kann am besten durch das EWR-Modell erfolgen. Dadurch würde Israel an den vier Grundfreiheiten teilnehmen, ohne aber politisch in die EU integriert zu sein – was beiden Seiten

[706] *Tovias*, Exploring the „Pros“ and „Cons“, S. 14, 17.

entgegenkäme. Da die Teilnahme am EWR auch nicht mit einer Beitrittsperspektive für Israel verbunden werden muss, würde die EU damit auch nicht Gefahr laufen, dass andere nichteuropäische Staaten gleichermaßen auf einen Beitritt zur EU drängten. Es bestünde lediglich die Gefahr, dass diese Staaten ebenfalls einen Beitritt zum EWR anstreben würden, was aber noch am ehesten hinnehmbar wäre.

Israel wurde der privilegierte Status „in Anbetracht seines hohen Entwicklungsstandes auf der Grundlage der Gegenseitigkeit und des gemeinsamen Interesses im Verhältnis zur Europäischen Union" verliehen. Von einer Teilnahme Israels am EWR würden beide Seiten in wirtschaftlicher Hinsicht sehr profitieren, zumal für Israel der wirtschaftliche Zugang zu vielen Staaten in der Region voraussichtlich auch in den nächsten Jahren noch blockiert sein wird. Statt auf konstruktive Vorschläge seitens der EU zu warten, sollte Israel unabhängig davon damit beginnen, EU-Standards umzusetzen und die israelische Gesetzgebung in den relevanten Bereichen an die EG-Gesetzgebung anzupassen. Dadurch würden von selbst engere Beziehungen entstehen, die dann in ein spezielles vertragliches Abkommen, wie ein Abkommen über die Teilnahme am EWR, münden könnten.

D. Gesamtergebnis

Anhand der Ausgestaltung der Beziehungen der Gemeinschaft zu den Mittelmeerländern hat sich gezeigt, dass die Gemeinschaft von Anfang an mit dritten Staaten vor allem Assoziierungsabkommen geschlossen hat, selbst wenn diese – wie die ersten Abkommen mit den arabischen Mittelmeerländern – kaum über den handelspolitischen Bereich hinausgingen. Spätestens seit dem Abschluss der Europa-Abkommen mit den mittel- und osteuropäischen Staaten, die als Modell für die danach mit den Mittelmeerländern geschlossenen Europa-Mittelmeer-Abkommen dienten, hat sich die Assoziierungskompetenz nach Art. 310 EG zur wichtigsten Außenkompetenz der Gemeinschaft herausgebildet. Daneben gibt es noch sektorielle Abkommen, die sich auf eng abgegrenzte Bereiche, wie die Forschungszusammenarbeit, beschränken und auf der Grundlage anderer ausdrücklicher Kompetenzen, wie in dem Fall Art. 170 EG, stützen. Reine Handelsabkommen, die auf der Grundlage von Art. 133 EG geschlossen werden, gibt es hingegen so gut wie gar nicht mehr. Das liegt zum einen daran, dass die Gemeinschaft insoweit über eine ausschließliche Kompetenz verfügt, die Mitgliedstaaten aber nicht bereit sind, auf ihren Einfluss bei der Ausgestaltung der einzelnen Abkommen zu verzichten und dementsprechend auf den Abschluss gemischter Abkommen drängen. Zum anderen ist die Gemeinschaft selber aber auch bemüht, ein eigenständiges außenpolitisches Profil zu entwickeln und versucht, durch den Abschluss von weitreichenden Assoziierungsabkommen, die unter anderem einen politischen Dialog sowie die Achtung der Grundsätze der Demokratie und der Menschenrechte als wesentliches Element der Abkommen vorsehen, ihre Beziehungen zu Drittstaaten auch in politischer Hinsicht zu vertiefen. Gerade die Assoziierungsabkommen mit den Mittelmeerstaaten zeigen aber, dass dies nur ansatzweise gelingt. Anders als bei den mittel- und osteuropäischen Staaten fehlt die Aussicht auf einen späteren Beitritt zur EU, der die Bereitschaft für die Durchführung umfassender Reformen erhöhen würde. Ohne diesen Anreiz fassen die meisten Mittelmeerländer die versuchte politische Einflussnahme der EU lediglich als unerwünschte Einmischung in ihre eigenen Angelegenheiten auf. Deswegen beschränkt sich die Zusammenarbeit mit den Mittelmeerländern auch im Wesentlichen auf wirtschaftliche Bereiche. Es bleibt abzuwarten, ob es der EU mit ihrem Nachbarschaftskonzept und dem darin enthaltenen Instrument der verstärkten Konditionalisierung besser gelingen wird, die Nachbarstaaten von der Durchführung politischer, wirtschaftlicher und sozialer Reformen zu überzeugen.

Die auf der Grundlage von Art. 310 EG geschlossenen Assoziierungsabkommen werden im Allgemeinen in drei Arten unterteilt, die sich an dem jeweils mit der Assoziierung verfolgten politischen Ziel orientieren. Die von der Gemeinschaft verfolgte Abkommenspraxis im Mittelmeerraum zeigt aber, dass diese herkömmliche Einteilung jedenfalls für die Ausgestaltung der Beziehungen zwischen der Gemeinschaft und Israel nicht ausreicht. Die mit Israel geschlossenen Assoziierungsabkommen bilden bereits seit 1977 einen Assoziierungstypus eigener Art. Bereits durch diesen Umstand wie auch durch die inhaltliche Reichweite der jeweiligen Abkommen, die zum Teil weit über die mit den restlichen Mittelmeerländern abgeschlossenen Abkommen hinausgeht, wird deutlich, dass Israel innerhalb der Mittelmeerregion eine Sonderrolle innehat. Diese Sonderrolle hat die Mitgliedstaaten der EU auch dazu bewogen, Israel 1994 einen „privilegierten Status" zu verleihen. Da die EU aber nicht definiert hat, was sie darunter versteht, gehen die Vorstellungen Israels und der EU über den Umfang und die inhaltliche Ausgestaltung dieses Status auseinander – weswegen letztlich auch wenig getan worden ist, um den privilegierten Status Israels umzusetzen.

Zeittafel zur Geschichte Israels[707]

1882 – 1903	Erste zionistische Einwanderungswelle (Alijah) nach Palästina, überwiegend russische Einwanderer (ca. 20.000 bis 30.000)
1896	„Der Judenstaat“ von Theodor Herzl erscheint in Wien
1897	Gründungskongress der Zionistischen Weltorganisation in Basel, Annahme des Baseler Programms, d.h. Ziel der Schaffung einer „Heimstätte für das jüdische Volk in Palästina“
1904 – 1914	2. Alijah, hauptsächlich aus Russland und Polen (ca. 35.000 bis 40.000 Einwanderer)
1909	Grundsteinlegung von Tel Aviv
1910	Offizielle Gründung des ersten Kibbuz Degania am See Genezareth
1917	Balfour-Erklärung Großbritanniens: den Juden wird eine nationale Heimstätte in Palästina zugesagt
1917/1918	Großbritannien besiegt die Armee des Osmanischen Reiches und besetzt Palästina
1919 – 1923	3. Alijah, überwiegend aus Russland bzw. der Sowjetunion und Polen (ca. 35.000 Einwanderer)
1920	Wahlen zum ersten Parlament des Jischuv; antijüdische Pogrome in Jerusalem; Konferenz der Entente-Staaten in San Remo: Übertragung des Mandats über Palästina an Großbritannien; Gründung der jüdischen Verteidigungsorganisation Haganah
1921	Arabische Unruhen in Jaffa
1922	Bestätigung des britischen Mandats über Palästina durch den Völkerbund
1924 – 1931	4. Alijah, vor allem aus Polen und der Sowjetunion (ca. 80.000 Einwanderer)

707 Quellen: Bundeszentrale für politische Bildung (Hrsg.), Informationen zur politischen Bildung, Heft 278 (Israel), Bonn 2003, S. 73 f.; Matern, Von der Kooperation zur Assoziation, S. 142 ff.; Länderlexikon von Spiegel online; Israelisches Zentralbüro für Statistik, Statistical Abstract of Israel 2003, No. 54, Jerusalem 2003; Newsletter der israelischen Botschaft in Berlin, http://nlarchiv.israel.de; Länderkundliche Informationen zu Israel, erarbeitet von ConAct (Koordinierungszentrum Deutsch-Israelischer Jugendaustausch), http://www.dija.de/cgi-bin/showcontent.asp?ThemaID=1378; http://www.ipicture.de/daten/regierung_ israel.html.

1925	Eröffnung der Hebräischen Universität in Jerusalem, u.a. durch Albert Einstein
1929	Arabische Unruhen in Hebron, Safed und Jerusalem
1932 – 1938	5. Alijah nach der Machtergreifung Hitlers in Deutschland; Einwanderungswelle aus Europa (ca. 200.000 Einwanderer)
1936 – 1938	Arabische Aufstände gegen die britische Mandatspolitik und die jüdische Einwanderung
1939	Weißbuch der britischen Regierung: Beschränkung der Einwanderung von Juden nach Palästina
1939 – 1947	Einwanderung von Verfolgten des Nazi-Regimes trotz britischer Einwanderungsbeschränkungen
1947	Übergabe der Palästina-Frage an die UNO (14. Februar); Tragödie des Flüchtlingsschiffs Exodus (Juli/August)
29. Nov. 1947	Resolution 181 (II) der UN-Vollversammlung: Teilung Palästinas in einen jüdischen (ca. 55 % des Gebietes für ca. 609.000 Juden) und einen arabischen (ca. 42 % des Gebietes für ca. 1,38 Mio. Araber) Staat sowie die Internationalisierung Jerusalems; die arabischen Staaten lehnen die Teilung ab
14. Mai 1948	Beendigung des britischen Mandats und Unabhängigkeitserklärung des Staates Israel in Tel Aviv durch David Ben Gurion
15. Mai 1948	Einmarsch arabischer Militärverbände in Palästina/ Israel
1948/1949	Unabhängigkeitskrieg Israels: vier arabische Staaten greifen Israel unmittelbar nach der Staatsgründung an, werden aber von Israel besiegt; etwa 750.000 Araber werden zu Flüchtlingen, ihr Eigentum wird von Israel konfisziert; ca. 690.000 Juden werden aus arabischen Ländern vertrieben, dazu noch Einwanderer aus Rumänien und Polen
1949	Wahlen zur 1. Knesset; David Ben Gurion (Mapai, heutige Arbeitspartei) wird erster Ministerpräsident, Chaim Weizmann erster Staatspräsident; Waffenstillstandsabkommen mit Ägypten (24. Februar), Libanon (23. März), Transjordanien (3. April) und Syrien (20. Juli)
11. Mai 1949	Aufnahme Israels in die UNO

1950	Knessetbeschluss über (West-)Jerusalem als Hauptstadt Israels (23. Januar); Rückkehrgesetz (5. Juli)
10. Sept. 1950	Annexion des Westjordanlands und Ost-Jerusalems durch Jordanien
1952	Luxemburger Abkommen über die „Wiedergutmachung" zwischen der BRD und Israel
1955 – 1957	Jüdische Einwanderungswelle vor allem aus Nordafrika (ca. 100.000 Einwanderer)
29. Okt. – 5. Nov. 1956	Sinai-Krieg (Suezkrise), ausgelöst durch die ägyptische Blockade der Straße von Tiran für die israelische Schifffahrt
1959	Jassir Arafat gründet mit drei anderen palästinensischen Studenten die Fatah, die den „bewaffneten Kampf zur Befreiung Palästinas" zum Ziel hat; Fatah greift in den folgenden Jahren von Gaza und dem Westjordanland aus zivile Ziele in Israel an
1961	Eichmann-Prozess in Jerusalem, endet mit Todesurteil am 15. Dezember
1961 – 1964	Weitere jüdische Einwanderung aus Nordafrika
1963	Rücktritt David Ben Gurions als Ministerpräsident; Levi Eshkol (Mapai, heutige Arbeitspartei) wird neuer Ministerpräsident
1964	Gründung der PLO (Palestinian Liberation Organisation), Ziele: Schaffung der arabischen Einheit und Befreiung Palästinas
1965	Aufnahme diplomatischer Beziehungen zwischen Israel und der BRD
5. – 10. Okt. 1967	Sechs-Tage-Krieg Israels gegen Ägypten, Syrien und Jordanien: Einnahme von Ostjerusalem, Besetzung der Sinai-Halbinsel, des Westjordanlandes (bis dahin von Jordanien besetzt), der zu Syrien gehörenden Golanhöhen und des Gaza-Streifens (von Ägypten besetzt) durch Israel
22. Nov. 1967	Resolution 242 des UN-Sicherheitsrates: erklärt Erwerb von Territorien durch Krieg für unzulässig und fordert Israel zum Abzug aus besetzten Gebieten (nicht „allen" oder „den"), im Gegenzug soll Israel territoriale Unversehrtheit garantiert werden
1969	Golda Meir (Arbeitspartei) wird Ministerpräsidentin; Fatah und PLO vereinigen sich

1969 – 1970	„Zermürbungskrieg“ zwischen Israel und Ägypten
1970	Nach einem Aufstand gegen die jordanische Regierung wird die PLO aus Jordanien vertrieben und geht in den Libanon
Sept. 1972	Attentat der „Schwarzen-September“ Terrorgruppe auf israelische Sportler bei den olympischen Spielen in München
6. – 26. Okt. 1973	Yom-Kippur-Krieg/Oktoberkrieg Syriens und Ägyptens gegen Israel; Syrien und Ägypten erzielen zunächst Erfolge, werden aber von Israel zurückgedrängt
22. Okt. 1973	Resolution 338 des UN-Sicherheitsrates: Aufforderung zum Waffenstillstand und zur Umsetzung der Resolution 242
21./22. Dez. 1973	UN-Nahost-Friedenskonferenz in Genf
1974	Entflechtungsabkommen Israels mit Ägypten (18. Januar) und Syrien (31. Mai); Rücktritt Golda Meirs, Jitzchak Rabin (Arbeitspartei) wird Ministerpräsident
1975	Sinai-Abkommen zwischen Israel und Ägypten (4. September)
1977	Wahlsieg des Likud; Menachem Begin (Likud) wird Ministerpräsident; Rede des ägyptischen Staatspräsidenten Anwar Al-Sadat vor der Knesset in Jerusalem (20. November)
1978	Israel und Ägypten unterzeichnen ein Rahmenabkommen über Frieden im Nahen Osten in Camp David; Friedensnobelpreis für Begin und Sadat
1979	Friedensvertrag zwischen Israel und Ägypten; Israel sichert darin die vollständige Rückgabe der Sinaihalbinsel an Ägypten zu
1980	Venedig-Erklärung der Europäischen Gemeinschaft; Knesset verabschiedet Grundgesetz über das vereinigte Jerusalem als „ewige und ungeteilte“ Hauptstadt Israels
Okt. 1981	Sadat wird in Kairo wegen des Friedensabkommens mit Israel von Islamisten ermordet
Dez. 1981	Ablösung der Militärverwaltung in der Westbank und in Gaza durch eine Ziviladministration; Knessetbeschluss über die Annexion der Golan-Höhen
25. April 1982	Abschluss der Rückgabe des Sinais an Ägypten

6. Juni 1982	Einmarsch israelischer Truppen in den Libanon, Einnahme Beiruts, Vertreibung der PLO nach Tunesien; Massaker durch christliche libanesische Milizen an palästinensischer Bevölkerung in Flüchtlingslagern Sabra und Schatila unter Duldung Israels; Massendemonstration der Friedensbewegung „Schalom Achschaw" (Frieden jetzt) mit 400.000 Teilnehmer in Tel Aviv gegen den Libanon-Krieg
1983	Rücktritt Menachem Begins, Jitzchak Schamir (Likud) wird neuer Ministerpräsident
1984	Regierung der „nationalen Einheit" (große Koalition) unter Schimon Peres (Arbeitspartei) als Ministerpräsident
1984 – 1985	„Operation Moses" bringt ca. 10.000 äthiopische Juden nach Israel
1985	Israelischer Rückzug aus dem Libanon
1986	Jitzchak Schamir wird Ministerpräsident der Regierung der „nationalen Einheit"
Dez. 1987	Ausbruch der 1. Intifada
1988	Palästinensischer Nationalrat proklamiert in Algier den Staat „Palästina"
1989	Beginn der Masseneinwanderung aus der Sowjetunion
1990	Misstrauensvotum der Knesset beendet Regierung der nationalen Einheit; Jitzchak Schamir wird erneut Ministerpräsident
Aug. 1990	Einmarsch irakischer Truppen in Kuwait; Beginn der Golfkrise
Jan./Feb. 1991	Irakische Raketenangriffe auf Israel während des Golf-Krieges
Mai 1991	„Operation Salomo" zur Evakuierung äthiopischer Juden
Okt./Nov. 1991	Internationale Nahost-Friedenskonferenz in Madrid
Jan. 1992	Beginn der multilateralen Phase des Friedensprozesses; EG übernimmt die Leitung der Arbeitsgruppe „Regionale Wirtschaftsentwicklung" (REDWG)
Juli 1992	Koalitionsregierung aus Arbeitspartei, Merez und Schas unter Jitzchak Rabin als Ministerpräsident
Jan. – Aug. 1993	Geheimverhandlung zwischen Vertretern Israels und der PLO bei Oslo; gegenseitige Anerkennung von Israel und PLO durch einen Briefwechsel zwischen Jitz-

	chak Rabin und Jassir Arafat, PLO erklärt Gewaltverzicht, Israel sichert Errichtung eines autonomen palästinensischen Staates zu
13. Sept. 1993	Unterzeichnung der Israelisch-Palästinensischen Grundsatzerklärung über die palästinensische Selbstverwaltung in Washington („Oslo I"): befristete Autonomie der Palästinenser in Jericho und im Gaza-Streifen; Friedensnobelpreis für Arafat und Rabin
29. April 1994	Unterzeichnung des Wirtschaftsabkommens zwischen Israel und der PLO
1994	Überfall des jüdischen Siedlers Baruch Goldstein auf muslimische Gläubige in Hebron
4. Mai 1994	Unterzeichnung des Autonomieabkommens über Gaza und Jericho in Kairo
Sept./Okt. 1994	Vereinbarungen über die Aufnahme diplomatischer Beziehungen Israels mit Marokko und Tunesien
26. Okt.1994	Friedensvertrag zwischen Israel und Jordanien
Juli/Aug. 1995	Terroranschläge palästinensischer Selbstmordattentäter in Tel Aviv und Jerusalem
28.10.1995	Unterzeichnung des Interimsabkommens zwischen Israel und der PLO über die Ausdehnung der palästinensischen Selbstverwaltung im Westjordanland („Oslo II")
Okt. – Dez. 1995	Rückzug der israelischen Streitkräfte aus sechs Städten des Westjordanlandes
4. Nov. 1995	Ermordung von Ministerpräsident Jitzchak Rabin auf einer Friedenskundgebung in Tel Aviv durch den jüdischen Extremisten Yigal Amir
22. Nov. 1995	Schimon Peres wird Ministerpräsident
20. Jan. 1996	Wahlen zum Palästinensischen Rat im Westjordanland, im Gaza-Streifen und in Ost-Jerusalem
Feb./März 1996	Selbstmordattentate palästinensischer Hamas-Terroristen in Jerusalem, Aschkelon und Tel Aviv mit 58 Toten
April 1996	Israelische Militäroperation „Früchte des Zorns" im Südlibanon
Mai 1996	Wahlen zur 14. Knesset; erstmalige Direktwahl des Ministerpräsidenten Benjamin Netanjahu (Likud)
Okt. 1996	Ernennung von Miguel Angel Moratinos zum Sondergesandten der EU im Nahen Osten

Jan. 1997	Unterzeichnung des Hebron-Abkommens durch Benjamin Netanjahu und Jassir Arafat; Israel übergibt 80 % von Hebron an die Verwaltung der Palästinenser
1998	Wye-Abkommen über den Abzug der israelischen Armee aus 13 % des Westjordanlandes und umfangreiche palästinensische Sicherheitsgarantien
1999	Wahl zur 15. Knesset und Direktwahl Ehud Baraks (Arbeitspartei) zum Ministerpräsidenten
24. Mai 2000	Rückzug Israels aus dem Südlibanon
Juli 2000	Israelisch-palästinensische Gespräche in Camp David scheitern
28. Sept. 2000	Besuch Ariel Scharons auf dem Tempelberg in Jerusalem; Ausbruch der 2. Intifada
Sept./Okt. 2000	Abbruch der diplomatischen Beziehungen zwischen Israel und Ägypten und Jordanien
Dez. 2000	Rücktritt Ehud Baraks
21. – 27. Januar 2001	Israelisch-palästinensische Verhandlungen in Taba: UN-Resolution 242 als Grundlage für die Festlegung endgültiger Grenzen zwischen Israel und Palästina; Rückgabe von 94 % des Westjordanlands, Jerusalem als ungeteilte Hauptstadt beider Staaten; Israel bereit 40.000 palästinensische Flüchtlinge im Wege der Familienzusammenführung aufzunehmen
6. Februar 2001	Ariel Scharon wird in direkter Wahl Ministerpräsident
Feb. 2002	Saudi-arabischer Friedensplan: vollständiger Rückzug Israels aus den besetzten Gebieten, faire Lösung des Flüchtlingsproblems, Anerkennung des israelischen Staates durch Palästina, dafür Beendigung der Gewaltaktionen
März/April bzw. Juni 2002	Militäroperationen „Schutzschild“ und „Entschlossenes Handeln“ in den palästinensischen Autonomiegebieten als Reaktion auf die Selbstmordanschläge in Jerusalem und Tel Aviv mit mehr als 100 Opfern
24.06.2002	Vorstellung der Road-Map durch den US-Präsidenten George W. Bush: Zuerkennung eines unabhängigen palästinensischen Staates, Gewaltverzicht seitens der Palästinenser und Durchführung demokratischer Reformen, im Gegenzug Anerkennung der Staatsgründung Palästinas durch Israel und Rückzug aus Gazastreifen und Westjordanland

28. Januar 2003	Wahlen zur 16. Knesset; Ariel Scharon wird erneut Ministerpräsident
2003	Beginn des Baus des 720 km langen Sicherheitszauns um das Westjordanland
14. April 2004	Vereinbarung zwischen Israel und den USA über den einseitigen Rückzug Israels aus dem Gazastreifen sowie Teilen des Westjordanlandes („Abkoppelungsplan“)
22. April 2004	Gezielte Tötung von Scheich Yassin, dem geistigen Führer der palästinensischen Terrororganisation Hamas durch das israelische Militär
31. August 2004	Palästinensischer Selbstmordanschlag in Beer-Sheva, 16 tote und über 100 verletzte Israelis
September/Oktober 2004	Israelische Offensive „Tag der Buße“, mit der palästinensischer Raketenbeschuss auf israelische Grenzorte unterbunden werden sollen, im Norden des Gazastreifen; über 120 tote und zahlreiche verletzte Palästinenser
7. Oktober 2004	Terroranschläge in Taba (Sinai), Tod von einigen Israelis
26. Oktober 2004	Knesset beschließt die Aufgabe aller Siedlungen im Gazastreifen sowie die Räumung von vier Siedlungen im Westjordanland
11. November 2004	Tod von Jassir Arafat
1. Dezember 2004	Regierungskoalition zerbricht im Streit um Haushalt 2005; Bildung einer großen Koalition aus Likud, Arbeitspartei und der ultra-orthodoxen Partei Vereinigtes Thora-Judentum, um Abzug aus dem Gazastreifen nicht zu gefährden; Scharon bleibt Ministerpräsident
15. Januar 2005	Vereidigung von Mahmud Abbas zum neuen Palästinenserpräsidenten
8. Februar 2005	Nahostgipfel in Scharm al-Scheich; Scharon und Abbas einigen sich auf beiderseitige Waffenruhe; damit Ende der 2. Intifada
26. Februar 2005	Selbstmordanschlag in Tel Aviv mit 4 Toten und ca. 50 Verletzten
17. März 2005	Wiederaufnahme der diplomatischen Beziehungen zwischen Ägypten und Israel

9. Juni 2005	Entscheidung des Obersten Gerichtshofs, dass der Gazastreifen und das Westjordanland als im Krieg eroberte Regionen kein israelisches Staatsgebiet sind
21. Juni 2005	Treffen zwischen Scharon und Abbas in Jerusalem
13. Juli 2005	Selbstmordanschlag in Netanja mit 4 Toten und über 20 Verletzten
August 2005	Räumung der jüdischen Siedlungen im Gazastreifen
28. August 2005	Selbstmordanschlag in Beer-Sheva mit 48 Verletzten
11. September 2005	Israelische Regierung beschließt formell das Ende der Militärverwaltung im Gazastreifen
21. September 2005	Israel erklärt seine Grenze zum Gazastreifen zu einer internationalen Grenze
28. Sept. – 2. Okt. 2005	Israelische Luftoffensive im Gazastreifen um palästinensische Raketenangriffe auf israelische Städte zu verhindern
26. Oktober 2005	Selbstmordanschlag in Hadera mit 5 Toten
26. Okt. – 2. Nov. 2005	Abriegelung des Gazastreifens und Westjordanlands, israelische Luftangriffe und Razzien in besetzten Gebieten; dabei 13 Palästinenser getötet
21. November 2005	Scharon verlässt den Likud, kündigt Gründung einer neuen Partei Kadima („Vorwärts“) an und reicht seinen Rücktritt als Ministerpräsident ein
5. Dezember 2005	Selbstmordanschlag in Netanja mit 5 Toten; Israel reagiert mit Militärschlägen in besetzten Gebieten
4. Januar 2006	Ministerpräsident Scharon erleidet massiven Gehirnschlag und Gehirnblutungen, liegt seitdem im künstlichen Koma; sein Stellvertreter Ehud Olmert übernimmt die Regierungsgeschäfte
15. Januar 2006	Tagelange Krawalle jüdischer Siedler in Hebron
27. Januar 2006	Überraschender Sieg der radikal-islamischen Hamas bei der palästinensischen Parlamentswahl; Ismail Hanija, Führungsmitglied der Hamas, wird palästinensischer Ministerpräsident
1. Februar 2006	Heftige Zusammenstöße bei der Räumung eines illegalen Siedler-Außenpostens bei Dschenin (Westjordanland) mit über 200 Verletzten
19. Februar 2006	Keine Weiterleitung der durch Israel treuhänderisch eingetriebenen Zoll- und Steuergelder an die Autonomiebehörde

6. März 2006	Israel nimmt nach über einem Jahr gezielte Tötungen wieder auf, nachdem der islamische Dschihad in vergangenen Wochen wiederholt israelische Orte mit Raketen beschossen hat
14. März 2006	Israelische Truppen erstürmen das Gefängnis im palästinensischen Jericho, um Ahmed Saadat (Drahtzieher für Ermordung von Tourismusminister Rechavam Seevi 2001) in Gewahrsam zu nehmen; Palästinenser stürmen westliche Einrichtungen und entführen mindestens 8 Ausländer
28. März 2006	Neuwahlen in Israel, Kadima wird stärkste Fraktion, Ehud Olmert (Kadima) wird Ministerpräsident
30. März 2006	Selbstmordanschlag nahe der Siedlung Kedumim mit vier Toten; als Reaktion israelische Luftangriffe im Gazastreifen
17. April 2006	Selbstmordanschlag in Tel Aviv mit 9 Toten und über 60 Verletzten
8. Mai 2006	Abschuss von vier Kassam-Raketen aus dem Gazastreifen auf den Negev; seit dem permanenter palästinensischer Raketen-Beschuss von israelischen Städten und Dörfern
9. Mai 2006	Heftige Auseinandersetzungen zwischen Fatah und Hamas im Gazastreifen, 3 Tote und 10 Verletzte
16. Mai 2006	Abschuss einer Katjuscha-Rakete aus dem Gazastreifen auf Israel
18. Mai 2006	Israelische Regierung beschließt die Räumung von 12 illegalen Siedlungen
22. Mai 2006	Jordanien will wieder Botschafter nach Israel senden
26. Mai 2006	Gezielte Tötung von Mahmoud Majzoub, Führer des Islamischen Dschihad, und dessen Bruder Nadir durch israelische Armee
28. Mai 2006	Hisbollah schießt vom libanesischen Staatsgebiet aus mehrere Katjuscha-Raketen und Granaten auf Israel ab; israelische Armee reagiert mit Luftangriffen auf Kommandozentralen der Hisbollah im Südlibanon
30. Mai 2006	Erste Operation von israelischen Bodentruppen im Gazastreifen seit dem Rückzug im August 2005; israelische Razzia in Nablus und im Flüchtlingslager Balata

9. Juni 2006	Gezielte Tötung des Hamas-Aktivisten Jamal Abu Samhadaneh im Gazastreifen; siebenköpfige palästinensische Familie wird am Strand von Gaza durch Bombe getötet
10. – 13. Juni 2006	Abschuss von 69 Kassam-Raketen aus dem Gazastreifen auf Israel
11. Juni 2006	Palästinensischer Selbstmordanschlag bei Jerusalem, dabei ein israelischer Araber tödlich getroffen
13. Juni 2006	Israelischer Luftangriff auf Transporter von Grad-Raketen; dabei mehrere tote palästinensische Zivilisten; in Untersuchung der israelischen Armee stellt sich heraus, dass Tod der palästinensischen Familie am Strand von Gaza durch im Sand vergrabene Bombe der Hamas verursacht
24. Juni 2006	Israelische Armee entführt Hamas-Aktivisten Osama und Mustafa Abu Muamar nach Israel
25. Juni 2006	Palästinensischer Überfall auf Grenzübergang zum Gazastreifen „Kerem Schalom“, dabei zwei israelische Soldaten getötet, vier verletzt und einer (Gilad Schalit) entführt
26. Juni 2006	Hermetische Abriegelung des Gazastreifens durch israelische Armee und Beginn einer breit angelegten Bodenoffensive
28. Juni 2006	Israelische Luftwaffe überfliegt Palast des syrischen Präsidenten in Damaskus, der nach israelischer Auffassung Terroristen und Entführern Deckung gibt
29. Juni 2006	Verhaftung von ca. 100 Mitgliedern der Hamas durch israelische Armee, darunter auch Minister und Abgeordnete der palästinensischen Regierung bzw. des Parlaments
6. Juli 2006	Verhandlungen um Freilassung von Schalit scheitern; Ausweitung der israelischen Bodenoffensive auf den nördlichen Gazastreifen
12. Juli 2006	Hisbollah-Terroristen greifen israelische Grenzpatrouille auf israelischer Seite der Grenze zum Libanon an, töten dabei 3 und entführen 2 israelische Soldaten; Israel reagiert mit Bombardierung von Straßen, Brücken, des Beiruter Flughafens und vermuteten Stellungen der Hisbollah im Südlibanon (Operation „Gerechter Lohn“)

12. Juli – 14. August 2006	Libanonkrieg zwischen Israel und der vom libanesischen Staatsgebiet aus operierenden Hisbollah: Einsatz von israelischer Marine, Luftwaffe und Artillerie im Südlibanon; Raketenangriffe der Hisbollah auf Städte und Dörfer im Norden Israels; dabei insgesamt ca. 1.200 tote Libanesen (überwiegend Zivilisten) und ca. 170 tote Israelis
14. Juli 2006	Beginn der israelischen See- und Luftblockade des Libanons
30. Juli 2006	Israelischer Luftangriff auf vermeintliche Raketenbasis der Hisbollah in Kana, dabei 28 Zivilisten getötet, darunter 16 Kinder
6. August 2006	12 israelische Reservisten durch Katjuscha-Rakete der Hisbollah getötet
11. August 2006	Verabschiedung der Resolution 1701 des UN-Sicherheitsrates: Hisbollah für Krise verantwortlich, bedingungslose Freilassung der Geiseln gefordert, Aufruf zur Erfüllung der UN-Resolution 1559, Beendigung der bewaffneten Angriffe, Schaffung einer neuer starken UNIFIL-Truppe
14. August 2006	Waffenstillstand zwischen Israel und der Hisbollah

Literaturverzeichnis

Allen, David/Smith, Michael , External Policy Developments, Journal of Common Market Studies 2005 (Vol. 43), S. 109 ff.

Aumont, Laure, Frankreich und die neue EU-Nachbarschaftspolitik: Welche Perspektiven für den Mittelmeerraum?, http://weltpolitik.net/ print/1731.html

Barak, Aharon, Foreword: A judge on judging: The role of a Supreme Court in a democracy, Harvard Law Review, No. 116 (Nov. 2002), S. 16 ff.

Barak, Aharon, The Tradition and Culture of the Israeli Legal System, in: Rabello, Alfredo Mordechai (Hrsg.), European Legal Traditions and Israel, Jerusalem 1994, S. 473 ff.

Bleckmann, Albert, Europarecht, 6. Auflage, Köln u.a. 1997

Bourgeois, Jacques H. J., The EC in the WTO and Advisory Opinion 1/94: An Echternach Procession, CML Rev. 32 (1995), S. 763 ff.

Calliess, Christian/Ruffert,Matthias (Hrsg.), Kommentar des Vertrages über die Europäische Union und des Vertrages zur Gründung der Europäischen Gemeinschaft – EUV/EGV -, 2. Auflage, Neuwied, Kriftel 2002

Cremona, Marise, The European Neighbourhood Policy: Legal and Institutional Issues, CDDRL Working Papers, No. 25 (Nov. 2004)

Cremona, Marise, The Draft Constitutional Treaty: External relations and external action, CML Rev. 40 (2003), S. 1347 ff.

Cremona, Marise, EC External Commercial Policy after Amsterdam: Authority and Interpretation within Interconnected Legal Orders, in: J.H.H. Weiler (ed.), The EU, the WTO and the NAFTA, Oxford 2000

Dauses, Manfred A. (Hrsg.), Handbuch des EU-Wirtschaftsrechts, Loseblattsammlung, Band 2, München

Dorau, Christoph, Die Öffnung der Europäischen Union für europäische Staaten, EuR 1999, S. 736 ff.

Dror, Yehezkel/Pardo, Sharon, Approaches and Principles for an Israeli Grand Strategy towards the European Union, European Foreign Affairs Review 2006, S. 17 ff.

Ehlermann, Claus-Dieter, The scope of Article 113 of the EEC Treaty, in: Mélanges offerts à Pierre-HenriTeitgen, Paris 1984, S. 145 ff.

Emerson, Michael, European Neighbourhood Policy: Strategy or Placebo?, CEPS Working Document No. 215, November 2004

Fischer, Klemens H., Der Europäische Verfassungsvertrag, Baden-Baden u.a. 2005

Fischer, Robert, Der Umfang der Befugnis der Europäischen Gemeinschaft zum Abschluss von Handels- und Assoziierungsabkommen, in: Kölner Schriften zum Europarecht, Bd. 25, Köln u.a. 1974, S. 1 ff.

Geiger, Rudolf, Vertragsschlusskompetenzen der Europäischen Gemeinschaft und auswärtige Gewalt der Mitgliedstaaten, JZ 1995, S. 20 ff.

Gillespie, Richard, Spanish Protagismo and the Euro-Med Partnership Initiative, in: Gillespie, Richard, The Euro-Mediterranean Partnership, London 1997, S. 33 ff.

Gilsdorf, Peter, Die Außenkompetenzen der EG im Wandel – Eine kritische Auseinandersetzung mit Praxis und Rechtsprechung, EuR 1996, S. 145 ff.

Grabitz, Eberhard/Hilf, Meinhard (Hrsg.), Kommentar zur Europäischen Union, Altband II (Maastrichter Fassung des EGV), Loseblattsammlung, München

Grabitz, Eberhard/Hilf, Meinhard (Hrsg.), Das Recht der Europäischen Union, Kommentar, Bd. 1 und 2, Loseblattsammlung, München

Greilsammer, Ilan, Israel et l'Europe – une histoire des relations entre la Communauté européenne et l'Etat d'Israel, Lausanne 1981

Griller, Stefan, Europarechtliche Grundfragen der Mitgliedschaft in der WTO, in: Köck, Heribert Franz/Lengauer, Alina Maria/ Ress, Georg (Hrsg.), Europarecht im Zeitalter der Globalisierung – Festschrift für Peter Fischer, Wien 2004, S. 53 ff.

Groeben, Hans von der/Schwarze, Jürgen (Hrsg.), Kommentar zum Vertrag über die Europäische Union und zur Gründung der Europäischen Gemeinschaft, Bd. 1, 6. Auflage, Baden-Baden 2003

Groeben, Hans von der/Schwarze, Jürgen (Hrsg.), Kommentar zum Vertrag über die Europäische Union und zur Gründung der Europäischen Gemeinschaft, Bd. 2, 6. Auflage, Baden-Baden 2003

Groeben, Hans von der/Schwarze, Jürgen (Hrsg.), Kommentar zum Vertrag über die Europäische Union und zur Gründung der Europäischen Gemeinschaft, Bd. 3, 6. Auflage, Baden-Baden 2003

Groeben, Hans von der/Schwarze, Jürgen (Hrsg.), Kommentar zum Vertrag über die Europäische Union und zur Gründung der Europäischen Gemeinschaft, Bd. 4, 6. Auflage, Baden-Baden 2004

Groeben, Hans von der/Thiesing, Jochen/Ehlermann, Claus-Dieter (Hrsg.), Kommentar zum EWG-Vertrag, Bd. 4, 4. Auflage, Baden-Baden 1991

Groeben, Hans von der/Thiesing, Jochen/Ehlermann, Claus-Dieter (Hrsg.), Kommentar zum EWG-Vertrag, Bd. 5, 5. Auflage, Baden-Baden 1997

Gundermann, Albrecht, Die Rolle des Obersten Gerichtshofs bei der Entwicklung der israelischen Verfassung, Baden-Baden 2002

Haack, Stefan, Europas doppelte Finalität, in: Tagungsband der 45. Assistententagung Öffentliches Recht, Die Europäische Verfassung – Verfassungen in Europa, Baden-Baden 2005, S. 90 ff.

Hable, Angelika, The European Constitution: Changes in the Reform of Competences with a Particular Focus on the External Dimension, EI Working Paper, March 2005, Wien 2005

Hailbronner, Kay, Die Freizügigkeit türkischer Staatsangehöriger nach dem Assoziations-Abkommen EWG/Türkei, EuR 1984, S. 54 ff.

Hallstein, Walter, Europäische Reden (Sammlung), in: Oppermann, Thomas (Hrsg.), Stuttgart 1979

Hansen, Niels, Aus dem Schatten der Katastrophe, Deutschland – Sonderheft Israel, 40 Jahre diplomatische Beziehungen Deutschland-Israel, 2005, S. 9 ff.

Harders, Cilja, Europäische Mittelmeerpolitik aus arabischer Sicht, APuZ 2005, S. 14 ff.

Harpaz, Guy, Enhanced Relations between the European Union and the State of Israel under the European Neighbourhood Policy: some Legal and Economic Implications, Legal Issues of Economic Integration 2004, 257 ff.

Herrmann, Christoph, Die Außenhandelsdimension des Binnenmarktes im Verfassungsentwurf – von der Zoll- zur Weltordnungspolitik, EuR 2004, Beiheft 3, S. 175 ff.

Herrmann, Christoph, Common Commercial Policy after Nice: Sisyphus would have done a better job, CML Rev. 39 (2002), S. 7 ff.

Herrmann, Christoph, Vom misslungenen Versuch der Neufassung der gemeinsamen Handelspolitik durch den Vertrag von Nizza, EuZW 2001, S. 269 ff.

Herzl, Theodor, Der Judenstaat, Neudruck der Erstausgabe von 1896, Osnabrück 1968

Hilf, Meinhard, EG-Außenkompetenzen in Grenzen, EuZW 1995, S. 7 ff.

Hilf, Meinhard, The ECJ's Opinion 1/94 on the WTO – No Surprise, but Wise?, EJIL 6 (1995), S. 245 ff.

Hilpold, Peter, Die EU im GATT/WTO-System, 2. Auflage, Frankfurt am Main, 2000

Hirsch, Günter, Die Rechtsprechung des EuGH zu den Assoziierungsabkommen, in: Antalovsky, Eugen/König, Karin/Perching, Bernhard/Vana, Heinrich (Hrsg.), Assoziierungsabkommen der EU mit Drittstaaten, Wien 1998, S. 41 ff.

Hoffmeister, Frank, Menschenrechts- und Demokratieklauseln in den vertraglichen Außenbeziehungen der Europäischen Gemeinschaft, Berlin u.a. 1998

Horovitz, Dan, Israel facing the EU Legal Framework, in: Schael, Christa (Hrsg.), Israel's Way to the European Union, Tel Aviv 2002, S. 47 ff.

Israel Central Bureau for Statistics, Statistical Abstract of Israel 2003, No. 54, Jerusalem 2003

Israel Supreme Court, Judgements of the Israel Supreme Court: Fighting Terrorism within the Law, Jerusalem 2005

Jacobs, Adam S., Die Beziehungen der Türkei zur Europäischen Union und die Frage des türkischen EU-Beitritts, Aus Politik und Zeitgeschichte 2000, B 29/30

Jünemann, Annette, Zehn Jahre Barcelona-Prozess: Eine gemischte Bilanz, APuZ 2005, S. 7 ff.

Jünemann, Annette, Europas Mittelmeerpolitik im regionalen und globalen Wandel: Interessen und Zielkonflikte, in: Zippel, Wulfdieter (Hrsg.), Die Mittelmeerpolitik der EU, Baden-Baden 1999, S. 29 ff.

Karakas, Cemal, „Abgestufte Integration" statt „Privilegierter Partnerschaft"?, http://www.europa-digital.de/text/aktuell/doessier/ tuerkei/altprivpa.shtml

Kempe, Iris/van Meurs, Wim, Neues Denken für ein Großes Europa, Osteuropa 2003, S. 1149 ff.

Khalatbari, Babak, Über welche Möglichkeiten der Einflussnahme verfügt die Europäische Union im Rahmen der euro-mediterranen Partnerschaft im Nahen Osten und Nordafrika, Münster 2004

Kloke, Martin, 40 Jahre deutsch-israelische Beziehungen, in: Bundeszentrale für politische Bildung (Hrsg.), info aktuell, Bonn 2005, S. 2 ff.

Krenzler, Horst Günter, Die Außenhandelsbefugnisse der EU, in: Jürgen Schwarze (Hrsg.), Der Verfassungsentwurf des Europäischen Konvents, Baden-Baden 2004, S. 385 ff.

Krück, Hans, Die Freizügigkeit der Arbeitnehmer nach dem Assoziierungsabkommen EWG/Türkei, EuR 1984, S. 289 ff.

Lypp, Lucas, Die Nachbarschaftspolitik der Europäischen Union, http://weltpolitik.net/print/2416.html

Malanczuk, Peter, The legal framework of the Economic Relations between Israel and the European Union, in: Kellermann, Alfred E./Siehr, Kurt/Einhorn, Talia, Israel among the nations, The Hague 1998, S. 263 ff.

Masala, Carlo, Die Euro-Mediterrane Partnerschaft, Geschichte – Struktur – Prozess, ZEI Discussion Paper, C 68, Bonn 2000

Matern, Michael, Von der Kooperation zur Assoziation – Die Beziehungen der Europäischen Union zu Israel, Marburg 1997

Meessen, Karl Matthias, Das Abkommen von Lomé als gemischter Vertrag, EuR 1980, S. 36 ff.

Mertins, Silke, Investitionen und Hightech: Deutschland und Israel als Wirtschaftspartner, Deutschland – Sonderheft Israel, 40 Jahre diplomatische Beziehungen Deutschland-Israel, 2005, S. 25 ff.

Müller, Manfred, Die Handelsregelungen in den Abkommen der Europäischen Gemeinschaft mit den Mittelmeerländern, in: Regul, Rudolf (Hrsg.), Die Europäischen Gemeinschaften und die Mittelmeerländer, Baden-Baden 1977, S. 119 ff.

Müller-Kraenner, Sascha, Die Europäische Nachbarschaftspolitik, http://www.ecologic.de/download/dinner_dialogue/2004/europaeische_nachbarschaft_smk.pdf

Nettesheim, Martin, Die Kompetenzordnung im Vertrag über eine Verfassung für Europa, EuR 2004, S. 511 ff.

Nicolaysen, Gert, Zur Theorie von den implied powers in den EG, EuR 1966, S. 129 ff.

Nienhaus, Volker, Euro-Mediterrane Freihandelszone: Intensivierung der Wirtschaftsbeziehungen und Förderung nachhaltiger Entwicklung, in: Zippel, Wulfdieter (Hrsg.), Die Mittelmeerpolitik der EU, Baden-Baden 1999, S. 91 ff.

Oppermann, Thomas, Cooperation, Association, Accession: Reflections on the legal options for the European-Israeli economic relationship, Tel Aviv University Studies in Law, Vol. 13 (1997), S. 9 ff.

Oppermann, Thomas, Kooperation, Assoziierung, Beitritt – Zu den Beziehungen zwischen der Europäischen Gemeinschaft und Israel, in: Beyerlin, Ulrich/Bothe, Michael/Hofmann, Rainer/Petersmann, Ernst-Ulrich (Hrsg.), Recht zwischen Umbruch und Bewahrung, Festschrift für Rudolf Bernhardt, Berlin u.a., 1995, S. 1251 ff.

Oppermann, Thomas, Europarecht, 2. Auflage, München 1999

Pache, Eckhard/Bielitz, Joachim, Das Verhältnis der EG zu den völkerrechtlichen Verträgen ihrer Mitgliedstaaten, EuR 2006, S. 316 ff.

Perthes, Volker, Geschichte des Nahost-Konflikts, in: Bundeszentrale für politische Bildung (Hrsg.), Informationen zur politischen Bildung, Heft 278 (Israel), Bonn 2003, S. 56 ff.

Perthes, Volker, Der Mittelmeerraum, der nahöstliche Friedensprozess und die Europäische Union: Die Suche nach einer politischen Rolle, in: Zippel, Wulfdieter (Hrsg.), Die Mittelmeerpolitik der EU, Baden-Baden 1999, S. 173 ff.

Pescatore, Pierre, Les rélations extérieures des Communautés Européennes, RdC 1961, II, S. 1 ff.

Pescatore, Pierre, Opinion 1/94 on „Conclusion" of the WTO-Agreement: Is there an Escape from a Programmed Disaster?, CML Rev. 36 (1999), S. 387 ff.

Petersmann, Ernst U., Struktur und aktuelle Rechtsfragen des Assoziationsrechts, ZaöRV 33 (1973), S. 266 ff.

Pitschas, Christian, Anmerkung zum Open-Skies-Urteil des EuGH, EuZW 2003, S. 92 ff.

Pomfret, Richard, Mediterranean Policy of the European Community, New York 1986

Pomfret, Richard/ Toren, Benjamin, Israel and the European Common Market, Tübingen 1980

Primor, Avi, Herausforderungen an Europa, in: Primor, Avi, Europa, Israel und der Nahe Osten, Düsseldorf 2000, S. 112 ff.

Primor, Avi, Introduction, in: Schael, Christa (Hrsg.), Israel's Way to the European Union, Tel Aviv 2002, S. 7 ff.

Puttler, Adelheid, Sind die Mitgliedstaaten noch „Herren der Verträge" der EU? – Stellung und Einfluss der Mitgliedstaaten nach dem Entwurf des Verfassungsvertrages der Regierungskonferenz, EuR 2004, S. 669 ff.

Raacke, Günter, Der Einfluss deutschbürtiger Juristen auf das Recht Israels – Gespräche mit Chief Justice Chaim Cohn, ZRP 1997, S. 308 ff.

Regul, Rudolf, Struktur und Perspektiven einer Mittelmeerpolitik, in: Regul, Rudolf (Hrsg.), Die Europäischen Gemeinschaften und die Mittelmeerländer, Baden-Baden 1977, S. 25 ff.

Rhein, Eberhard, Die Europäische Gemeinschaft und das Mittelmeer, Europa-Archiv 22 (1986), S. 641 ff.

Rhein, Eberhard, Mit Geduld und Ausdauer zum Erfolg – Die neue Mittelmeer-Politik der Europäischen Union, Internationale Politik 1996, S. 15 ff.

Richter, Stefan, Die Assoziierung osteuropäischer Staaten durch die Europäischen Gemeinschaften, Berlin u.a. 1993

Rosas, Allan, The European Union and Mixed Agreements, in: Dashwood, Alan/Hillion, Christophe (Hrsg.), The General Law of E.C. External Relations, London 2000, S. 200 ff.

Sachs, Klaus Michael, EG-Handelspolitik und zwischenstaatliche Kooperationsabkommen, Baden-Baden 1976

Salzberger, Eli/Oz-Salzberger, Fania, Die geheimen deutschen Quellen am Obersten Gerichtshof, Kritische Justiz 1998, S. 289 ff.

Sasse, Christoph, Kooperationsabkommen und Handelspolitik, in: Kölner Schriften zum Europarecht, Bd. 25, Köln u.a. 1974, S. 29 ff.

Schael, Christa (Hrsg.), Israel's Way to the European Union, Documentation of the Israel-EU-Forum at Tel Aviv University from its Establishment in Spring 2000 until June 2002, Tel Aviv 2002

Schäfer, Isabel, Die Europäische Union und der Nahostkonflikt, Aus Politik und Zeitgeschichte 2004, S. 46 ff.

Schäfer, Isabel, Die Euro-Mediterrane Partnerschaft und der Nahostkonflikt, Aus Politik und Zeitgeschichte 2005, S. 22 ff.

Schlotter, Peter, Euro-Mediterrane Partnerschaft, Reader Sicherheitspolitik 2002, S. 49 ff.

Schön, Cordula, Der Rechtliche Rahmen für Assoziierungen der Europäischen Gemeinschaft, Frankfurt a.M. u.a., 1994

Schumacher, Tobias, Die Maghreb-Politik der Europäischen Union, Wiesbaden 1998

Schwarze, Jürgen (Hrsg.), EU-Kommentar, 1. Auflage, Baden-Baden 2004

Shpiro, Shlomo/Rynhold, Jonathan, Bestimmungsfaktoren der Außenpolitik, in: Bundeszentrale für politische Bildung (Hrsg.), Informationen zur politischen Bildung, Heft 278 (Israel), Bonn 2003, S. 48 ff.

Spiegel, Paul, Was ist koscher? Jüdischer Glaube – jüdisches Leben, 3. Auflage, München 2003

Streinz, Rudolf, Der „effet utile" in der Rechtsprechung des Gerichtshof der Europäischen Gemeinschaften, in: Due, Ole/Lutter, Marcus/Schwarze, Jürgen, Festschrift für Ulrich Everling, Baden-Baden, 1995, Bd. II, S. 1491 ff.

Streinz, Rudolf, Europarecht, 6. Auflage, Heidelberg 2003

Streinz, Rudolf (Hrsg.), EUV/EGV, Vertrag über die Europäische Union und Vertrag zur Gründung der Europäischen Gemeinschaft, München 2003

Timm, Angelika, Israel: Die Geschichte des Staates seit seiner Gründung, 3. Auflage, Bonn 1998

Tovias, Alfred, Exploring the „Pros" and „Cons" of Switzerland's and Norway's Model of Relations with the EU: What can be learned from these two countries' experience by Israel, Newsletter of the Israeli Association for the Study of European Integration, Oktober 2004, S. 14 ff.

Tovias, Alfred, Israel and the Barcelona Process: The First Five Years, in: Boehnke, Klaus (Hrsg.), Israel and Europe, Wiesbaden 2003, S. 4 ff.

Tovias, Alfred, Mapping Israel's policy options regarding its future institutionalised relations with the European Union, CEPS Working Paper No. 3, Januar 2003

Tovias, Alfred, Tariff preferences in mediterranean diplomacy, London 1977

Vahl, Marius, Models for the European Neighbourhood Policy – The European Economic Area and the Northern Dimension, CEPS Working Document No. 218, Februar 2005

Vedder, Christoph Wilhelm, Die Auswärtige Gewalt des Europa der Neun, Göttingen 1980

Veith, Winfried, Eine europäische Perspektive für Israel: Schlüssel zur Lösung des Nahostkonflikts, IPG 2003, S. 155 ff.

Vogel, Wolfgang, Die Maghreb- und Mashrek-Staaten im Rahmen der Europäischen Mittelmeerpolitik, in: Hasenpflug, Hajo (Hrsg.), Die EG-Außenbeziehungen, Hamburg 1979, S. 289 ff.

Wallace, William, Looking after the Neighbourhood: Responsibilities for the EU-25, Notre Europe Policy Papers, No. 4, Juli 2003

Weiß, Wolfgang/Herrmann, Christoph, Welthandelsrecht, München 2003
Wolfrum, Rüdiger, Handbuch Vereinte Nationen, 2. Auflage, München 1991

FSC
www.fsc.org
MIX
Papier | Fördert gute Waldnutzung
FSC® C083411

Kolibri 360 GmbH
Ferdinand-Jühlke-Straße 7
99095 Erfurt, Deutschland
produktsicherheit@kolibri360.de

Druck:
CPI Druckdienstleistungen GmbH
im Auftrag der
Kolibri 360 GmbH
Ferdinand-Jühlke-Str. 7
99095 Erfurt